国家文化产业资金支持媒体融合重大项目

创新人才培养规划教材

连锁经营管理

特许经营实务

（第三版）

曹 静 主 编

郑 蓓 副主编

东北财经大学出版社 | 大连

Dongbei University of Finance & Economics Press

图书在版编目（CIP）数据

特许经营实务 / 曹静主编. —3版. —大连：东北财经大学出版社，
2019.1

（创新人才培养规划教材·连锁经营管理）

ISBN 978-7-5654-3402-0

Ⅰ．特… Ⅱ．曹… Ⅲ．特许经营-高等学校-教材 Ⅳ．F713.3

中国版本图书馆CIP数据核字（2019）第002613号

东北财经大学出版社出版

（大连市黑石礁尖山街217号 邮政编码 116025）

网 址：http://www.dufep.cn

读者信箱：dufep@dufe.edu.cn

大连力佳印务有限公司印刷 东北财经大学出版社发行

幅面尺寸：185mm×260mm 字数：318千字 印张：14.25 插页：1

2019年1月第3版 2019年1月第4次印刷

责任编辑：郭海雷 责任校对：思 齐

封面设计：冀贵收 版式设计：钟福建

定价：32.00元

第三版前言

特许经营作为一种规模化、低成本的智慧型商业扩张模式，在西方发达国家已有上百年的历史，现已成为连锁零售企业一种强有力的商业经营模式。自20世纪90年代进入我国开始，特许经营已成为推动许多企业快速扩张的重要方式之一。经过近30年的发展，特许经营模式逐渐走向成熟和规范。伴随着社会经济的快速发展，线上、线下融合发展的全零售模式已成为零售行业发展的必然方向，线上零售企业纷纷向线下进行扩张，特许经营的发展也出现了许多新情况和新问题。因此，有必要在理论上澄清特许经营的一些基本概念和操作要点，理清思路来促进特许经营模式进一步健康、有序的发展。

《特许经营实务》一书，从特许经营概述入手，分别介绍了特许经营的发展历史和现状、特许经营方案规划与设计、特许经营合同、特许经营手册、总部特许经营系统管理、门店特许经营系统管理、特许经营系统的推广和维护、特许经营系统的选择、特许经营法律法规等内容。

全书在内容和体例的设计上，突出应用型人才的培养目标，力求克服理论说教的空洞，既强调实践操作，又有理论支撑，做到理论和实践相结合，兼顾不同的业态和业种，在把握特许经营核心内涵的基础上，反映了零售业最新的发展趋势和实践成果。书中灵活设置了引例、案例精析、职场指南、基础训练、实践训练等栏目，特别注重案例的选择、编写和分析，重视实践训练的针对性、操作性与应用性。本次修订结合零售行业的最新发展，着重更新了部分案例和数据，以使本书的实效性更强；同时，本次修订还使用二维码对拓展内容进行链接，构建教材的新形态，便于学生时刻关注学科最新进展和相关业内资讯。本书可供应用型本科院校、高职高专院校、特许投资者、研究人员及相关实践工作人员使用。

本书由上海商学院曹静教授主编并统稿，沈荣耀和郑蓓老师参与了部分章节的编写工作。在原有第二版的基础上，由曹静和郑蓓老师负责本次修订。上海商学院是全国开设零售业管理本科专业的第一家高等院校，该校的零售业管理专业是上海市一流本科重点建设项目，本书是上海市一流本科建设成果之一。本书在编写过程中，参阅了不少文献资料，得到了上海商学院有关领导、专家和老师的支持，在此一并致谢！

由于时间仓促，加之作者水平有限，不妥与疏漏之处在所难免，敬请读者批评指正，以便进一步修订完善。

编　者

2018年11月

目　录

第4章 　　　　　特许经营合同 / 61

第5章 　　　　　特许经营手册 / 78

第6章 　　　　　总部特许经营系统管理 / 97

第1章 特许经营概述

学习目标

通过本章学习，理解特许经营的含义、类型、基本特征、一般性原则，了解特许经营与其他商业形式的区别以及涉及的行业。

【引例】

2018年5月，中国连锁经营协会发布了2017年中国特许连锁百强名单。2017年，特许百强销售规模约3 300亿元，同比增长13%；门店总数超过16万个，同比增长11%，其中加盟店数量超过12万个，同比增长12%。

虽然特许百强的销售与门店均保持了两位数增长，但增长幅度与上一年相比略有下降。根据统计，2017年，百强企业特许发展指数（简称特许指数）为108，比2016年下降5个百分点，特许指数所包含的三个系数中，体系规模系数为113，比上一年下降7%，加盟人气系数为112，比上一年下降8%，单店业绩系数102，与上一年持平。

数字化应用成为行业创新热点

特许百强积极投身数字化创新浪潮，在营销、加盟商招募与管理等方面的应用较为普遍。

经济型酒店是特许百强中数字化水平最高的行业。参加调研的企业全面导入微信服务号和微信小程序，线上培训和线上招募加盟商也成为标配，线上招募加盟商占比平均达到60%。快餐和食品专卖也是数字化应用水平较高的业态，线上招募加盟商的占比分别达到25%和50%。在数字化实施过程中，特许百强主要采取与第三方专业机构和平台合作的方式。

食品专卖、便利店和健身成为行业业绩领跑者

食品专卖和便利店特许指数分别为116和114，体系规模系数分别为125和123，加盟人气系数分别为116和113，单店业绩系数分别为110和109，表现稳健。从加盟店到期续约率及加盟费缴纳率等加盟关键指标看，食品专卖在各个行业中最高，分别达到93%和98%，便利店分别为89%和90%。

健身是2017年特许百强中增速最快的行业，门店增幅和单店营业额增幅分别达到96%和106%，多店率达到48%，成为百强企业中最引人注目的板块。

快餐与汽车后市场面临增长压力，正在寻求突破

快餐与汽车后市场特许百强2017年销售增长分别为2%和1%，快餐企业门店总数和加盟店总数分别下降4%和9%。汽车后市场单店营业额下降了14%，两个行业发展指数均低于特许指数7个百分点，作为特许经营两个主要行业，随着消费升级和市场规范

化水平的不断提高，未来市场空间仍被看好。

　　资料来源　CCFA.2017中国特许连锁百强出炉［EB/OL］.［2018-05-31］. http: //www.ccfa.org.cn/portal/cn/view.jsp?lt=37&id=434869.

1.1 特许经营的含义

　　特许经营一词译自英文franchising，目前国内对franchising这个词的翻译和理解大致有以下两种：

　　第一种方法是把franchising译为特许连锁或加盟连锁，这种译法认为特许连锁是连锁店的一种组织形式，与公司连锁、自由连锁并列为连锁的三种类型。但在西方国家，这几种经营形式各自的定义不同，在实践中各自的特点也不同，是有严格区别的。

　　第二种方法是把franchising译为特许经营，把特许经营组织与连锁店、自由连锁、合作社等并列，属于所有权不同的商店的范畴。这种译法与西方市场营销学的界定是一致的。特许经营一词的内涵也与英文franchising的含义相符，是一种常用的翻译方法。

　　特许经营是一种销售商品或服务的方法，而非一个行业。特许经营这种现代商业销售形式在过去几十年内取得了长足的发展，无论是发达国家，还是发展中国家的实践都证明，特许经营是一种行之有效的分销商品与服务的方法。同时，特许经营还对经济发展起到了积极作用。

　　特许经营作为一种商业经营模式，具有以下四个特点：

　　第一，特许人对商标、服务标志、独特概念、专利、商业秘密、经营诀窍等拥有所有权。

　　第二，权利所有者授权其他人使用上述权利。

　　第三，在授权合同中包含一些调整和控制条款，以指导受许人的经营活动。

　　第四，受许人需要支付权利使用费和其他费用。

　　特许经营的定义有很多种，目前广泛通用的定义是国际特许经营协会（International Franchise Association，IFA）的定义。该定义如下：特许经营是特许人和受许人之间的合同关系，根据合同，特许人向受许人提供一种独特的商业经营特许权，并给予人员训练、组织结构、经营管理、商品采购等方面的指导与帮助，受许人向特许人支付相应的费用。

　　欧洲特许经营联合会（European Franchise Federation）的定义是：特许经营是一种营销产品和（或）服务和（或）技术的体系，特许人和他的单个受许人在法律和财务上相互独立，但他们之间保持紧密和持续的合作，受许人依靠特许人授予的权利和义务，根据特许人的概念进行经营。双方通过直接或间接财务上的交换，受许人可使用特许人的商号、商标、服务标记、经营诀窍、商业和技术方法、持续体系及其他工业或知识产权，在经双方一致同意而制定的书面特许经营合同的框架和条款内进行经营。

　　自2007年5月1日起开始实施的《商业特许经营管理条例》指出，商业特许经营是指拥有注册商标、企业标志、专利、专有技术等经营资源的企业（以下称特许人），以合同形式将其拥有的经营资源许可其他经营者（以下称受许人）使用，受许人按照合同约定在统一的经营模式下开展经营，并向特许人支付特许经营费用的经营活动。

1.2　特许经营的类型

从不同的角度，可对特许经营进行不同的分类。

1.2.1　按特许的内容分类

1）商品商标型特许经营（product and trade mark franchising）

商品商标型特许经营是指受许人使用特许人的商标/标志和销售方法来批发或零售特许人的产品，作为受许人的加盟店仍保持原有的商号，单一地或在销售其他商品的同时销售特许人生产并取得商标/标志所有权的商品。商品商标型特许经营由来已久，最早是一种供货厂商和代销商的契约关系，是商人为供货厂商代销某种产品的关系。随着不断发展，代销商就逐渐集中为一个供货厂商服务。这样，供销两家就签订契约或协议，代销商专门为一个供货厂商销售商品，或者代销商就直接使用供货厂商的字号、商标，成为供货厂商的一个销售部门。代销商与供货厂商就形成了母公司和子公司的关系，就产生了最初的特许经营，因此也被称为"第一代特许经营"。现在，商品商标型特许经营通常是由一个大制造商，为其名牌化的产品寻找销路，与加盟者签订合约，授权加盟者对特许商品或商标进行商业开发的权利，作为回报，加盟者定期向特许人支付费用。这类特许经营主要包括名牌饮料、汽车销售商、汽油服务站等，比较著名的有可口可乐、百事可乐等饮料生产商，通用及福特汽车制造商，美孚石油公司等。

2）经营模式型特许经营（business model franchising）

经营模式型特许经营被称为"第二代特许经营"，目前人们通常说的特许经营就是这种类型。经营模式型特许经营是指受许人完全按照特许人设计好的单店经营模式来经营。受许人以特许人的形象在公众中出现，特许人对受许人的内部运营管理、市场营销等方面实行统一管理，具有很强的控制力。受许人不仅有义务维护特许人的商标/标志等不受侵犯，还有义务服从特许人的统一管理，即加盟店购买的不仅仅是商品的销售权，而且是整个模式的经营权。这种经营模式型特许经营范围广泛，尤其在零售行业、快餐业、服务业中最为突出，其中消费者较为熟悉的麦当劳、肯德基和"7-Eleven"便利店等都属于这种形式。

经营模式型特许经营可分为三种类型：工作型特许经营、业务型特许经营和投资型特许经营。

工作型特许经营只需受许人投入很少的资金，通常可在受许人的家中开展业务，受许人实际上为自己买了一份工作。只需一个人手的业务，如家务服务等，并不需要一个营业场所。

业务型特许经营需要相对较大的投资，用于采购商品、设备和购买或租赁营业场所。因其经营规模比工作型特许经营大许多，因此受许人需要雇用一些员工以便进行有效的经营。这种类型的业务范围相对较广，包括照片冲印、会计服务、洗衣店以及快餐外卖等。

投资型特许经营需要的资金数额更大。投资型受许人首要关心的是获得投资回报，而不是为自己找到一份工作。旅店业可作为投资型特许经营的典型。许多快餐店也可被认为是投资型特许经营，因为在许多情况下，开一家快餐店的费用也相当高。

经营模式型特许经营有如下特征：

①一个包含业务经营所有方面内容的合同，合同中还明确规定了双方的义务。

②受许人被允许使用特许人的商号、经营方式等在限定的区域和时间内进行业务经营。

③特许人提供包含经营各方面内容的全套方案，该方案通常包括在操作手册中。受许人必须遵守这些规定，以保证所有分店提供的商品和服务保持同一质量标准。

④特许人提供的经营模式需在其直营店中经过全面测试，并被证明是成功的以后才能出售给受许人。

⑤在受许人开业之前，须由特许人对其进行培训。

⑥特许人在受许人开业以后应提供持续不断的支持和协助。这些支持包括各种必要的服务以及广告和促销活动。

⑦受许人得益于特许人的良好商誉。

⑧受许人应为特许权、特许人的培训及其他服务支付首期特许费和后续的年金。受许人也应为特许人安排的广告和促销活动提供资金支持。

⑨特许人可要求受许人为其业务经营投入自己的相当一部分资金，并在日常经营中积极工作。

⑩受许人拥有其业务，在法律上与特许人相互独立，可自由处置其业务。

在过去几十年特许经营的整个销售额中，商品商标型特许经营大约占70%，其中绝大部分是汽车销售额，而经营模式型特许经营大约占30%。最近10年来的发展表明，前者正呈逐渐衰落的趋势，而后者发展较快，成为颇引人注目的特许经营方式。

1.2.2　按授予特许权的方式分类

1）一般特许经营

这是我们最常见到的形式，即总店向加盟店授予产品、商标、店名、经营模式等特许权，加盟店使用这些特许权进行经营，并支付一定费用作代价。

2）委托特许经营

总店把自己的产品、商标、店名等特许权出售给一个代理人，授予该代理人特许权，允许该代理人负责某个地区的特许权授予，代理人可以代表总店向他所负责地区内的加盟申请者授予特许权。可以说，这个代理人是中间人，他既是总店的特许权使用者，又是该地区的特许权授予者，但他自己并不直接经营，而是采取转嫁他人的方式开发和经营。总店之所以采取这种方式，是因为总店面向众多加盟者出售特许权比较繁杂，而总店集中向一个代理人出售特许权比较省事。美国特许连锁公司向海外扩张时，常常采用这种方法，先向外国当地的代理人出售特许权，再由该代理人负责一个国家或一个地区的特许权授予业务。例如，美国 Hisby 乳果公司在1986年授予了一家日本公司开设2 000家分店的特许权。

3）发展特许经营

这是指加盟店向总店购买特许经营权的同时也购买了在一个区域内再建若干家分店的特许权。加盟店有了这个权力，一旦事业发展顺利，就可以在该地区内根据本店经营发展的需要，再建若干家分店，而不必向总店重新申请了。

4）复合特许经营

这是指总部将一定区域内的独占特许权授予加盟者，加盟者在该地区内可以独自经营，也可以再次授权给下一个加盟者经营特许业务。也就是说，该加盟者既有受许人身份，又有这一区域内的特许人身份。加盟者支付给总部的特许费一般根据区域内的常住人口数量确定，若他再将特许权转让给他人，那么，从他人手中收取的特许费须按一定比例上交给总部。

5）分配特许经营

这是指总店不仅授予加盟店特许经营权，还授予加盟店建立批发仓库或配送中心，向其他加盟店供应、分配货物的权力。

1.2.3 按加入特许契约联盟成员不同分类

1）制造商-零售商特许系统

这种经营系统由制造商发起并提供特许经营权，零售商则是特许经营人。它在汽车行业最为普遍，如在美国，特许汽车经销商是很常见的。

2）制造商-批发商特许系统

特许人仍是制造商，同时特许经营人也是批发商。饮料行业常采用此种特许经营系统。例如，可口可乐公司把浓缩糖浆销售给瓶装厂（批发商）后，由瓶装厂进行灌装并分销到商店、自动售货机。酒吧和旅馆等零售行业，所采用的也多是这种特许经营系统。

3）批发商-零售商特许系统

它是由一个批发商发起、同时吸收大量零售店加入所形成的经营系统，如 Rexall Rugs、Sentry Hardware 等。

4）服务特许系统

这种特许经营系统由一个创造出独一无二服务概念的公司发起建立，它通过特许经营协议授予特许经营人使用总部的商业名称和专长的特权，总部则收取一定的加盟费作为补偿。服务特许经营形式最近几年在美国发展很快，主要得益于快餐店、便利店、饭店和汽车旅馆等行业的迅速增长。

1.2.4 按授予特许权的范围分类

按授予特许权的范围分类，可分为单位特许、区域开发特许、代理特许和二级特许。表1-1是这四种形式的比较。

表1-1 特许经营四种基本形式比较

基本形式	单位特许（Unit by Unit Franchising）	区域开发特许（Area Development Franchising）	代理特许（Master Franchising）	二级特许（Sub Franchising）
概念	特许者赋予被特许者在一个地点开设一家加盟店的权利	特许者赋予被特许者在规定区域、规定时间开设规定数量的加盟网点的权利	特许代理商经特许者授权为特许者招募加盟者	特许者赋予二级特许者在指定区域销售特许权的权利
被特许者的主要特征	被特许者亲自参与店铺的运营；相当一部分是在原有网点基础上加盟，加盟者的经济实力普遍较小	由区域开发商投资、建立、拥有和经营加盟网点；被特许者不得再行转让特许权；区域开发商要为获得区域开发权交纳一笔费用；开发商要遵守开发计划	特许代理商作为特许者的一个服务机构，代表特许者招募加盟者，为加盟者提供指导、培训、咨询、监督和支持	二级特许者扮演着特许者的角色；对特许者有相当的影响力；要支付数目可观的特许费
应用范围	在有限的区域内发展特许网点	在一定的区域（如一个地区、一个省乃至一个国家）发展特许网络；该种方式运用得最为普遍	开展跨国特许的主要方式	开展跨国特许的主要方式
特许经营合同	由特许者与加盟者直接签订合同	特许者与区域开发商首先签订开发合同，赋予开发商在规定区域、时间的开发权；当每个加盟网点达到特许者要求时，由特许者与开发商分别就每个网点签订特许经营合同	特许者与特许代理商签订代理合同，特许者与加盟者签订特许经营合同，合同往往是跨国合同，必须了解和遵守所在国法律；代理商不构成特许经营合同的主体	特许者与二级特许者签订授权合同；二级特许者与加盟者签订特许经营合同
优点	特许者直接控制加盟者；对加盟者的投资能力没有限制；没有区域独占；不会对特许者构成威胁	有助于开发商尽快实现规模效益；发挥开发商的投资开发能力	扩张速度快；减少了特许者开发特许网络的费用支出；对特许权的销售有较强的控制力；能够对加盟者实施有效控制而不会过分依赖代理商；能够方便地中止	扩张速度快，特许人没有管理每个受许人的任务和相应的经济负担；二级特许人可根据当地市场改进特许体系；降低被起诉的风险

1.3 特许经营的基本特征

1) 特许经营的核心是特许权的转让

特许权的转让方是加盟总部,接受方是加盟店。总部转让的特许权一般包括商标、专利、商业秘密、技术秘密、经营诀窍等无形资产,如果总部没有形成这些无形资产,就不会出现特许经营模式。这些无形资产都属于知识产权范畴,所以,特许经营的核心实际上是知识产权的转让。

在我国,目前还有一部分人对无形资产认识不够,擅自使用别人注册的专利、商标等侵权现象时有发生。而特许经营是将无形资产完全用有形资产体现出来的一种方式,它推出的是一个活生生的样板店,而这些样板店经实践证明都有一定的盈利水平。就像肯德基、麦当劳,人们很容易就看到这一经营模式所带来的效益,于是,人们很容易接受这样一种无形资产的转让。

当然,一些人也可以依葫芦画瓢模仿着经营,但由于得不到公认的商标、商誉和技术上的帮助以及总店的各种支持和特殊的商品供应,管理水平也跟不上,很难被消费者接受。结果,模仿者还是要从头创牌子,走总店已经走过的路,这样是要冒一定风险的。所以,接受别人已经成熟的特许经营权的转让对希望能迅速成功的加盟者来说是一个稳妥的方法。

2) 特许经营加盟双方的关系是通过签订合约而形成的

特许经营的加盟店与加盟总部之间的关系是以签订特许合约为基础的,特许合约是总部与加盟者之间签订的一个协议书,根据协议书,总部被称为特许权所有方(franchiser)或特许人,加盟者被称为特许权使用方(franchisee)或受许人,这个协议书具有法律效力,它将加盟总部与加盟者紧紧地连在一起。

通过合约,总店允许加盟店使用自己的全套软件,并要求加盟店不折不扣地按自己的模式去经营,总店对加盟店有监督、指导权利,并有培训加盟者、向加盟者提供合同规定的帮助和服务的义务。特许合约的基本条款是由总部制定的,为维护连锁的统一性,加盟申请者对合同条款几乎没有修改的余地,他必须服从特许合约的约定,根据总部提出的销售或技术上的计划来经营企业。

3) 特许经营的所有权是分散的,但对外要形成同一资本经营的一致形象

特许经营是特许总部将自己开发的产品、服务、商标和经营模式等许可给加盟店去经营,加盟店需出钱购买,因此,总店与加盟店不是同一资本。一般来说,特许连锁系统里,加盟店对自己的店铺拥有所有权,经营权则高度集中于总部。加盟店是独立法人、资产的所有者,店主对自己的经营成败负责,当店主认为加盟连锁组织比独自经营更有利,就会对市场上现有的加盟连锁组织进行调查、比较,最后决定向哪家连锁组织提出加盟申请。

也有另一种情况,即总店将自己经营一段时间的店铺或承租并装修、添置设备后的店铺许可给加盟者,由加盟者出钱购买,加盟者拥有销售、人事和分配权,但经营决策权则高度集中于总部。麦当劳常用这一方法招募加盟者,"7-Eleven"便利店在中国也用这种方法推出自己的特许经营计划。无论是哪种加盟形式，加盟店都是自出资金，自担费用，自负盈亏。

尽管特许经营的所有权是分散的，但在表面上与正规连锁相似，要对外形成同一资本经营的形象，使公众把加盟店看作加盟总部业务的有机组成部分。例如，截至 2018 年 8 月，麦当劳在世界上 121 个国家和地区拥有超过 37 000 家分店，它们的标记、商标、布局、风格都一模一样，像一个模子压出来的，这里面有的是正规连锁分店，有些是特许连锁分店，除了总部知道它的区别外，消费者是无法分辨两者的。当然，加盟店在加盟后为了取得与总店一样的声誉，会努力按总店的要求标准去做，因为他们知道这是取得成功的关键。

4）加盟总部提供特许权许可和经营指导，加盟店为此要支付一定费用

当店主提出加盟申请后，加盟总部为了慎重起见，往往要对申请加盟的店铺或投资者进行十分严格、周密的调查研究，如店铺的地理位置、与公司合作的诚意，店主或投资者的财务状况、销售能力等，在综合考查上述诸多因素后才予以敲定。一旦加盟总部接受加盟者的申请，就可以允许加盟店使用总部特有的商标、连锁店名和字号，使用总部开发的生产、加工、销售、服务及其他经营方面的技术，总部在合约有效期内应持续提供各种指导和帮助，这种后续服务的目的在于帮助加盟者了解、吸收和复制特殊技术，并在开业之后尽快走上正轨，取得收益。

加盟店在取得这些权利时要付出一定代价，即要向总部交纳一定费用。一般情况下，加盟者在签订特许合约时，要一次性交纳一笔加盟金，各特许连锁组织的加盟金视自身情况而定。对于总部提供的指导、服务，统一开展的广告宣传，加盟店则要按合约规定每月向总部交纳特许权使用费和广告费等，这些费用将根据加盟连锁组织开发的先后、加盟店数的多少、总店知名度的高低、总店服务内容的不同而不同，有的是按毛利、销售额提成，有的则是制定一个定额。

总之，特许经营要取得成功，关键在于加盟总部和加盟者双方的通力合作。一方面总部本身要经营有法，另一方面加盟者要全力配合，双方共同努力。成功的连锁总部，一定会十分重视每一家加盟店的经营情况，不是撒手不管，任其发展，而是将自己的利益与加盟店的利益连在一起，加盟店生意好，总部才有利可图，如果加盟店生意欠佳，总部的利润也会受影响。只有这样，总部和加盟店之间才能建立一个互利互惠的关系，双方才会为同一个目标努力，把特许事业搞好。

1.4 特许经营的一般性原则

1.4.1 "3S" 原则

"3S" 是简单化（simplification）、标准化（standardization）、专业化（specialization）三个词的英文第一个字母的组合。

1）简单化

简单化主要是指单店和总部的作业及管理流程简单化、各岗位作业活动简单化。

单店是特许权的载体，如果单店的作业和管理流程过于复杂，就会增加加盟商的学习成本、单店的营建成本以及日常的运营管理成本，也就不利于推广加盟。那些快速拓展的特许经营体系在单店的设计上无一不重视这一点。中国是麦当劳全球第三大市场，在 2017 年，麦当劳中国新公司的名字已变更为"金拱门（中国）有限公司"，其开设新餐厅的速度在 2018 年一年里达到约 300 家，预计到 2022 年底，中国内地麦当劳餐厅将从 2 500 家增加至 4 500 家，开店速度将逐步提升至 2022 年每年约 500 家。

2）标准化

标准化主要是指单店和总部的作业标准化、组织形象标准化、商品/服务标准化等。

作业标准化是单店运营效率的保障。由于实行统一的工作标准，因此可以消除员工在工作中的沟通与协调方面的障碍，从而提高工作效率，同时容易实现工作的互换性，从而提高人力资源的使用效率。而组织形象标准化，给客户提供了识别的便利；商品/服务标准化则给客户以消费的信心。

3）专业化

专业化是指特许人、总部、受许人、单店等实行严格的专业分工，各司其职。

现代社会专业化分工越来越细，这是社会经济发展的必然趋势。特许经营正是这种趋势在商业领域的典型代表。尤其值得注意的是单店和总部之间要严格界定其专业职责，总部作为后台要甘于寂寞，做好后台的保障工作，单店作为前台要兢兢业业为客户服务。

"3S"原则中的三者之间有一定的辩证关系。特许经营的主要诉求点是使单店能够吸引客户，标准化的服务和组织形象与吸引客户有直接的关联，而复杂的事物和流程很难实现标准化。效率也是特许经营的主要诉求点。专业化分工与效率有直接的关联，而非标准化的工作很难实现专业化（因为边界不明确）。

"3S"原则，是特许经营体系设计、构建以及运营管理的基本原则。"3S"原则实际上是现代化生产流水线作业的基本思想在商业上的应用。

1.4.2　统一性原则

统一管理：单店日常管理流程按照总部设计的营运管理规范手册进行。

统一广告促销：单店日常广告促销活动按照总部的统一规划和计划进行。

统一配送：单店货品统一由总部配送中心配送或由总部指定的供应商以指定的价格配送。

统一价格：单店商品进销价格执行总部的统一标准。

统一商品和服务标准：单店商品和服务标准遵照总部设计的商品手册和服务手册执行。

统一性原则确保了消费者无论走到哪里，看到的和接触到的都是一致的品牌形象，享受的是标准的服务，支付的是统一的价格，这无疑会给消费者以信心，从而建立起可靠的商业诚信。

1.5 特许经营与其他商业形式的区别

1.5.1 特许经营与商务代理

商务代理是指代理人按被代理人的委托，以被代理人的名义或代表被代理人同第三方订立买卖合同或办理与交易有关的其他事宜。代理人为被代理人提供代理服务，被代理人向代理人支付一定的佣金作为报酬。

在商务代理活动中，代理人只是扮演卖方和买方中间人的角色，代理人与被代理人之间既不发生商品买卖也不发生任何形式的产权交易。代理人根据被代理人的授权，按被代理人意志行事。授权的范围可能很小，只是完成两三样特定的工作，也可能普遍授权，从而使代理人有无限制的行动权力。基本上，代理人不是根据自己的利益行事，也不是被代理人的产品的买者或卖者。在第三方看来，代理人与被代理人是没有分别的，代理人所说和所做的完全代表被代理人。在代理人和被代理人之间，双方的权利义务在合同中有明确的规定，但第三方根本不用考虑这些问题。

而在所有的特许协定中，双方都要尽力保证不会有代理关系出现。事实上特许经营合同中必不可少的一点就是受许人不是特许人的代理人或伙伴，没有权力代表特许人行事。合同中要求受许人明确他的身份，以便在同消费者打交道时不致发生混淆。

代理的概念和特许的概念一样，经常被人错误地使用，尤其是在涉及分销安排的时候。分销商通常是所有权独立、财务自主的批发商，被授予分销某种产品的特定权力。分销商与制造商之间的关系是买者和卖者的关系，分销商是完全独立的商人。与代理不同，在他的经营中，他并不受给他分销权力的人的约束，他可以为许多制造商分销产品。他的业务是他自己的业务，因此在他是否接受分销合同的限制时，他所考虑的是自己的商业利益。分销商用自己的钱买进产品，并承担能否从销售中得到足够盈利的全部风险。买卖关系也可能出现在特许关系中，但这只是其特征之一，而不是特许协定的实质。

1.5.2 特许经营与许可证交易

许可的含义与代理差不多。许可证交易是指一方授权另一方执行某项特定功能。这些交易起源于专利和商标的开发利用，通常是授权制造某种产品或某种设备。被许可人同时还可能有其他业务，被许可制造的产品可能只是他生产的其他产品的补充或附件。被许可人也是独立的商人，他努力自己经营业务，不按照给予他权力的人的意志行事。总之，许可证交易与经营模式型特许经营很相似，但被许可人没有采纳和遵从某个模式或体系的义务。

1.5.3 特许经营与多层传销

特许经营的核心在于授权人向被授权人转让知识产权；而多层传销是公司向购买者销售分销商资格。具体区别如下：

①利润来源不同。特许经营的受许人只能从业务经营中获得利润；而多层传销是传销商从销售商品以及销售传销资格中获得利润。

②发展方式不同。特许人可通过多种方式发展体系，如广告、展览、直接沟通、他

人介绍等；而多层传销是通过销售传销资格发展。

③权利内容不同。特许经营的核心是知识产权，包括商标、商号、管理模式、商业秘密、专利等；多层传销的核心是销售某种商品的资格。

④包含的要素不同。特许经营需要合同，需要一定的投资（设备、场地、产品、加盟费）；多层传销则无须合同，但需花钱购买一定数量的产品。

⑤涉及的范围不同。特许经营涉及制造业、服务业、流通业，对象包括个人和组织；而多层传销涉及销售某种或某几种产品，对象为个人。

⑥工作的内容不同。特许经营根据合同要求经营好自己的业务；而多层传销则是寻找下线，偶尔也会推销产品。

⑦法律关系不同。特许经营是受法律保护的；而多层传销不受法律保护，甚至为法律所禁止。

⑧其他方面不同。特许经营有长期的合作与支持，透明度很高，产品和服务一般为名牌或市场急需的；多层传销的产品往往质次价高，很难卖掉。

1.5.4　特许经营与直营连锁

直营连锁是指连锁公司的店铺均由公司总部全资或控股开设，在总部的直接领导下统一经营。总部对各店铺人、财、物及商流、物流、信息流等方面实施统一管理。直营连锁作为大资本运作，利用连锁组织集中管理、分散销售的特点，充分发挥了规模效应。

一般来说，特许经营与直营连锁的区别如下：

1）定义不同

直营连锁是指同一资本所有，经营同类商品和服务，由同一个总部集中管理领导，共同进行经营活动的组织化的零售企业集团。欧美国家一般要求连锁店的数目要在11个以上。这个定义中的关键是同一资本所有，这也是区别连锁店与其他经营形式的标准。从中可以看出特许经营与直营连锁在本质上是不同的。

2）管理模式不同

特许经营的核心是特许权的转让，特许人是转让方，受许人是接受方，特许经营体系是通过特许人与受许人签订合同形成的；各个加盟店的人事和财务关系是独立的，特许人无权干涉；受许人需要对特许人授予的特许权和提供的服务以某种形式支付报酬。而直营连锁经营中，总部对各分店拥有所有权，对分店经营中的各项具体事务均有决定权；分店完全按总部意志行事。

3）产权构成不同

特许经营的资本是相互独立的。而直营连锁是同一资本所有、集中管理、高度组织化的零售企业。

4）涉及的经营领域不同

特许经营的范围有商业、零售业、服务业、餐饮业、制造业、高科技信息产业等。而直营连锁的范围一般仅限于商业和服务业。

5）法律关系不同

在特许经营中，特许人与受许人之间的关系是合同双方当事人的关系，双方的权利和义务在合同条款中有明确的规定。而直营连锁中的总部与分店之间的关系则由内部的管理制度进行调整。

6）运作方式不同

特许经营业务开展的基础是一整套经营模式或某项独特的商品、商标。特许人把这些东西以特许权组合的形式转让给受许人，有了它，受许人就可以独立开展业务。而直营连锁则不需要这些内容，一般的直营连锁实际上只需足够的资金和合适的业务类型就可以进行。

7）发展方式不同

特许经营通过吸收独立的商人加入而扩大体系，特许人不仅需要吸引潜在的受许人，还需选择受许人，并为受许人提供培训等服务；而直营连锁欲扩大规模只需进行市场调查，选择合适的地点，并筹集到足够的资金就可以了。同时，由于发展的方式不同，特许经营体系的扩展速度要比直营连锁快许多。对总部而言，一般特许经营由于利用了他人的资金，扩大了产品的市场占有率，所需的资金较少。相比之下，直营连锁的发展更容易受到资金的限制。

1.5.5　特许经营与自由连锁

自由连锁也称自愿连锁，连锁的店铺均为独立法人，各自的资产所有权关系不变，在公司总部的指导下共同经营。各成员店使用共同的店名，与总部订立有关购、销、宣传等方面的合同，并按合同开展经营活动。在合同规定的范围之外，各成员店可以自由活动。根据自愿原则，各成员店可自由加入连锁体系，也可自由退出。特许经营与自由连锁的主要区别为：

①自由连锁经营中的成员店有比特许经营加盟店更大的经营自主权。

②特许经营加盟店在合同期中不能自由退出，自由连锁店可以自由退出。

1.6　特许经营的行业分布

当前，特许经营的触角已经遍及了几乎所有的零售业和服务业，并且正在以更快的速度向其他领域扩张。特许经营涉及的行业主要有：

1）餐饮业

餐饮业是特许经营的主力，尤其是快餐店，一项调查显示，美国增长最快的十大特许经营企业里，有5家是快餐店，其中最著名的是麦当劳，排名第二。目前，各餐饮业还纷纷致力于各种新式食品和食谱的开发，如健康食谱、儿童食谱、老人食谱、减肥食谱、家庭套餐等，美国早在1991年就有高达40%的新业种出现。

2）旅店

这一行业的特许经营合同期限大部分都在20年或以上，一项调查显示，有36.4%的特许总部要求加盟者有从业经验，另有40%的特许总部要求加盟者拥有不动产，可见这一行业特许经营的复杂性及高度专业化。经济型酒店是特许企业中数字化水平最高的行业。一些企业全面导入微信服务号和微信小程序，线上培训和线上招募加盟商也成为标配，线上招募加盟商占比平均达到60%。

3）休闲旅游

科技的进步使得现代人的休闲时间增多，休闲活动也变得多姿多彩，休闲旅游便成了一个极具潜力的行业。不过，在特许经营里面，休闲旅游尚属相当新的一个行业，大约有一半以上的加盟者是在1989年以后才开业的。这种行业的特许经营合同期限一般都相当长，有的甚至是无限期，说明这一行业对稳定性要求比较高，但总部征收的广告费用却比其他行业低得多。

4）汽车用品及服务

作为特许经营行业，汽车用品及服务加盟体系大部分是20世纪80年代才出现的。这一行业约有30%的加盟总部规定加盟者的店面及地址必须由总部负责，或由总部作为店面租借的中间人。

5）商业服务

由于社会分工的进一步发展，许多公司都将一些过去由内部自行承担的工作，转包到外面由专门的服务公司承担，从而使得满足此方面需求的服务业也向连锁化方向发展。商业服务是一个全新的特许经营业务，绝大部分出现于20世纪80年代末期，主要有会计记账、广告代理、企业顾问、不动产中介、快递公司、秘书公司、包装公司等。

6）印刷、影印、招牌服务

此项业务所需投资额较大，对稳定性要求也较高，半数以上的特许合约期限为20年或以上。

7）人力中介

这一行业的85%的特许总部要求加盟者必须亲自经营。

8）家庭清洁服务

中国劳动和社会保障科学研究院发布的《中国家政服务业发展报告（2018）》显示，近年来，我国家政服务业产业规模继续扩大，连续保持了20%以上的年增长率。一些家政服务公司在全国拓展加盟门店和城市代理，这说明随着家庭劳动社会化逐渐兴起，家庭清洁业务以及家庭服务业在现代社会生活中具有较大的发展潜力。

9）建筑装修服务

这一行业较为常见的是家庭装修服务，但目前在国内还没有完全发展起来，有一定的发展空间。

10）便利店

这是在全球发展较为成功的特许业务。最早的便利连锁店是1927年美国南方公司创建的"7-Eleven"便利店，至今已有91年的历史。截至2018年第一季度，它在全世界有66 000家门店，是全球最大的连锁便利店集团。

11）洗衣店

这一行业75%的加盟店是在1980年以后才出现的。在美国，有75%的加盟店是1991年以后签订新契约或再续约的，说明这一业务特许合约一般为10年，并且有40%的总部要求加盟者必须亲自经营。

12）教育用品及服务

这是一个正被人们所看好的特许经营业务，它需要较大的投资，并且特许合约期限一般都很长。

13）汽车租赁

此行业的特许合约期限一般都较短，一般总部按月征收权利金和广告费。

14）机器设备租赁

这一行业几乎所有的特许合约期限在10年左右，40%的总部要求加盟者亲自经营。

15）日用品零售店

这一行业的稳定性及成功率都较其他行业高，美国目前在经营的加盟者中有89.2%是原始契约者。

16）食品零售店

这一行业有45%的总部要求加盟者亲自经营，28%的总部会出面以总部名义代加盟者协商或承租零售店铺，投资额不大，无须相关经验，这也是有较多人申请加盟的原因。

17）健身、美容服务

这一特许业务出现较早，但一直持续不衰。据美国几位连锁专家的见解，几个被看好的服务连锁行业包括健身减肥中心、美发美容中心、医疗保健中心以及教育性商品和服务。

当前，健身、美容服务行业正通过特许经营的方式走向大众化。其中，健身是2017年特许百强中增速最快的行业，门店增幅和单店营业额增幅分别达到96%和106%，多店率达到48%，已成为特许百强企业中最引人注目的板块。

18）其他服务业

近几十年来，服务业成为特许经营发展最为迅速、最为活跃的领域，除了上面已经介绍过的行业外，还包括婴儿用品及服务业、信息咨询服务业、快递运输业、宠物商品及服务业等，几乎无所不包。

🔍 **案例精析**

洲际酒店的"特许经营+"试水中国市场

近些年，各大国际酒店品牌为了谋求更好的发展，相继开始寻找特许经营的商业机会。国际酒店品牌采用的特许经营就是输出其旗下的品牌的使用权以及它品牌背后相应的知识产权，所有品牌在建设时期的建造、机电、内装以及在酒店开业之后的所有的营运SOP的标准全部特许给酒店的业主方来使用，酒店的业主方需要自行组建团队或者是聘用第三方的管理公司的团队来运营酒店。品牌公司不出管理团队，也就是说在酒店的日常经营当中的人、财、物由业主方来掌控。

特许经营在欧美国家其实是一种非常常见的酒店运作方式，它的优点就在于投资少、成本低，有利于品牌快速扩张，以及快速提高酒店品牌影响力。此外，特许经营还降低了品牌方的风险。近几年，在中国，洲际、万豪、希尔顿、雅高等一众行业巨头旗下的品牌已在特许经营模式的路上迈出了第一步。相比之下，洲际酒店集团开放特许经营的时间较晚，其在2016年5月才对旗下的"智选假日"品牌在华开放特许经营权，而旗下中高端品牌"皇冠假日酒店"及"假日酒店"品牌的特许经营权在2017年年底才开放。"我们在等中国市场的完全成熟，加盟商成熟了我们才会百分之百地交给对方做完全的特许经营。"洲际酒店集团大中华区首席发展官孙健对集团姗姗来迟的特许经营给出如此解释。

洲际酒店集团对智选假日酒店开放的特许经营也并不是传统意义上的特许经营模式。据孙健介绍，智选假日的特许经营准确来说是"Franchise Plus"（特许经营+），所谓的"Franchise Plus"，是洲际酒店集团为中国市场专属定制的一款合作模式：洲际酒店集团将委派酒店总经理人选，也会负责酒店业主的培训，让业主在培训的过程中了解和热爱该品牌，这样既保证品牌方一贯的好口碑和品质，也兼顾降低酒店业主的风险。此外，洲际酒店集团还提供一套完整的培训计划，针对酒店各部门总监和部门经理乃至员工。

据了解，2017年智选假日酒店在大中华区共签约73个新项目，其中有54个采用的是"Franchise Plus"模式。单从数据角度看，这个高达70%的比例验证了"Franchise Plus"模式的可操作性。其在实现品牌的扩张的同时保持原有品牌的基因和品质，也避免了特许经营模式在中国的"水土不服"问题。

中高端品牌的开放对国际知名的酒店品牌来说是一件兹事体大的事情，洲际酒店集团也是第一个对旗下高端品牌在华开放特许经营的外资酒店管理公司。

既然洲际酒店集团愿意把旗下成熟的中高端品牌通过特许经营模式引入中国，那么就会涉及对酒店业主的选择，什么样的业主会被洲际酒店集团看中，进而成为合作伙伴呢？在采访中，孙健透露了三点：第一是大业主，即拥有自身的酒店运营体系，资金链完善；第二是老业主，对洲际旗下品牌有认同感并有10年及以上的合作经历；第三是好业主，即了解酒店品牌，能够尊重酒店品牌的发展。2018年5月初，洲际酒店集团在中国西部新签约了10家新酒店，分别位于成都、重庆、九寨、绵阳、眉山、西安、兰州、贵阳、桂林和云南普者黑，涵盖了旗下满足不同细分市场需求的七大品牌。这是洲际酒店集团34年来在西部签约新酒店最多的一次，也是其深耕中国、加速西部布局的重要一步。

国际酒店品牌想要在华谋求更多更快的发展，特许经营是必经之路。洲际酒店集团的特许经营之路才刚刚起步，其发展情况还有待时间来检验。

资料来源　执惠旅游. 洲际酒店集团孙健："特许经营+"试水中国市场，占2017新签约酒店70%[EB/OL]. [2018-11-10]. http://www.sohu.com/a/233260498_467197.

精析：洲际酒店集团的特许经营模式在全世界是领先的，全球5 300家酒店中超过80%采用的是特许经营模式。洲际酒店集团运用"特许经营+"的方式进入中国市场，作为中国市场专属定制的一款合作模式。为保持原有品牌的基因和品质，洲际酒店集团委派酒店总经理，将所有的营运SOP的标准全部特许给酒店的业主方来使用，并负责酒店业主的培训。

🛡 职场指南

如何建设与管理特许经营企业标准体系

特许经营企业标准体系的建设，是一个渐进的过程。策划建设标准基本上可以概括为六个步骤。

1.标准库构架建设

标准体系是由品牌延伸而来的，分为品牌保护和品牌发展两大类，两大类又各自细分，见表1-2。

表1-2　　　　　　　　　　　标准体系的类别细分及可能涉及的内容

类别	板块	可能涉及的内容
品牌商誉	待客原则	服务原则、质量方针、质量目标等
	公关原则	对处理公共事务的价值取向，公共事务的处理原则等
品牌商业个性	产品	产品线组合、产品品种组合、产品价格、产品质量、产品包装等
	服务	服务流程、服务标准、服务语言等
	营运	营运流程、作业标准、作业工具等
	采购	设备、器具、原材料等
	商圈选址	商圈类型、商圈甄选标准、店址标准等
	店内布局	店内功能、柜台要求、服务区要求、后勤区要求等
	客户群体	客户群体的定位、沟通原则、客户关系管理
	促销原则	促销中对品牌形象和利益的保护等
品牌文化个性	VI/SI使用	VI/SI的完整使用
	宣传性用语	企业口号、标准广告语等
	员工行为	员工行为规范等
知识产权保护	产权保护	保密措施、限制超范围使用等
管理提升	管理方法	管理方法的运用
	管理工具	流程、软件、表格等工具
	绩效提升	目标管理、绩效考核等
	员工关系	劳动关系、薪酬原则、员工沟通、员工参与管理等
宣传促销	宣传原则	品牌保护，杜绝夸大其词，防止误解等
	促销原则	价格约束、产品约束等

以上仅仅是列举，管理实践中，涉及管理内容的各方面都可能需要建立标准，企业可以组织几次头脑风暴，将要管理的内容罗列出来。

2.标准分级

连锁总部不可能完全规范、掌握连锁店所有的管理要素，也不可能对所有的管理要素同等对待，这就需要将全部的管理要素区别开来，将以上架构中的所有标准项统一分为2~3级，最好是3级：第一级，控制性标准，是加盟商必须遵守的；第二级，推荐性标准，是提供给加盟商参考的；第三级，授权性标准，由加盟商自行掌握。同时，连锁公司应为各级标准指定标准责任人，以监督各级标准的执行。

3.标准媒介化

"标准"必须用各种媒介表达出来，才能被各相关人员理解、接受。目前来说，标准的主要记载媒介很多，主要包括语言、文字、动作、声音、颜色、图像、空间标志、表格、设备与用具、管理软件等。其中，设备与用具、管理软件是最高形式的标准。

4.组织实施并监督

标准的实施应注意两点：一是前期的宣传和引导；二是后期的考核与监督。宣传可以帮助各级员工建立准确的认识，树立标准化、规范化管理的意识，为以后导入标准体系搭好桥梁。标准实施过程中，必定要学习、培训、试行、实施，但考核与监督也是关键环节。

5.营运过程中的动态管理

动态管理是针对二级标准的，其实质是过程标准化管理。二级标准是推荐性标准，连锁总部一般不作硬性规定，但也不是撒手不管，连锁店对二级标准的采用情况，连锁总部还是需要掌握的，这就是标准的动态管理。

6.标准体系的完善

连锁企业的管理是需要逐步完善的，标准体系也是需要不断完善的。一方面，标准的范围要不断扩大；另一方面，标准本身的精确度需要提高。连锁管理体系越成熟，其标准的内容就越多，只有这样，才能形成合力和规模效应，并形成品牌的内涵。标准范围的扩大，一方面表现为标准细分，另一方面表现为标准升级，这是最最重要的，经过实践检验的标准，如果已经成熟，那就应该成为更高一级的标准，最终成为一级标准，一级标准的范围越宽，说明连锁企业的管理越成熟。

当然，"标准体系"不是特许经营管理的全部，各项"标准"，都应该有落实、支持、检查的内容，这就是我们常说的"特许经营连锁管理体系"，"标准体系"是特许企业全面管理体系的一部分，处于核心地位和首要地位，"标准体系"的建设与"特许经营连锁管理体系"的建设最好同步进行。

资料来源　尹春洪. 管理：特许经营企业标准体系的建设与管理［EB/OL］.［2018-08-25］.http：//www.docin.com/p-833024805.html.

(((○))) 课后拓展

中国连锁经营协会成立于1997年，有会员千余家，会员企业连锁店铺35.6万个。本着"引导行业、服务会员、回报社会、提升自我"的理念，参与政策制定与协调，维护行业和会员权益，为会员提供系列化专业培训和行业发展信息与数据，搭建业内交流与合作平台，致力于推进连锁经营事业的发展。获取连锁经营及零售领域前沿资讯、政策法规、行业观点、数据资料，了解最新实务操作案例，请关注微信公众号"中国连锁经营协会"（微信号：CCFA2013）。

✎ 本章小结

商业特许经营是指拥有注册商标、企业标志、专利、专有技术等经营资源的企业（以下称特许人），以合同形式将其拥有的经营资源许可其他经营者（以下称受许人）使用，受许人按照合同约定在统一的经营模式下开展经营，并向特许人支付特许经营费用的经营活动。特许经营按特许的内容可以分为商品商标型特许经营和经营模式型特许经营；按授予特许权的方式分类可分为一般特许经营、委托特许经营、发展特许经营、复合特许经营和分配特许经营；按加入特许经营合同联盟成员不同可分为制造商-零售商特许系统、制造商-批发商特许系统、批发商-零售商特许系统和服务特许系统；按授予特许权的范围可分为单位特许、区域开发特许、代理特许和二级特许。特许经营具有一定的基本特征，必须遵循"3S"原则和统一性原则。特许经营与商务代理、许可证交易、传销、直营连锁和自由连锁具有区别，并在许多行业都有分布。

主要概念

特许经营　商品商标型特许经营　经营模式型特许经营　委托特许经营　发展特许经营　复合特许经营　分配特许经营　服务特许　代理特许　二级特许

基础训练

一、选择题

1.属于商品商标型特许经营的是（　　　）。

A.可口可乐　　　　　B.麦当劳　　　　C.肯德基　　　　　D.7-Eleven

2.总店把自己的产品、商标、店名等特许权出售给一个代理人，允许该代理人负责某个地区的特许权授予，代理人可以代表总店向他所负责地区内的加盟申请者授予特许权的是（　　　）。

A.一般特许经营　　　B.委托特许经营　C.发展特许经营　　D.复合特许经营

3.以下不属于"3S"原则的是（　　　）。

A.简单化　　　　　　B.标准化　　　　C.专业化　　　　　D.统一化

二、判断题

1.委托特许经营是指加盟店向总店购买了特许经营权，同时也购买了在一个区域内再建若干家分店的特许权。　　　　　　　　　　　　　　　　　　　　　（　　　）

2.标准化是指特许人、总部、受许人、单店等实行严格的专业分工，各司其职。

（　　　）

3.多层传销的核心在于授权人向被授权人转让知识产权。　　　　　（　　　）

三、简答题

1.特许经营的一般性原则是什么？

2.特许经营具有哪些基本特征？

3.特许经营与商务代理有何区别？

实践训练

【实训项目】

调查不同连锁企业特许经营的类型。

【实训情境设计】

根据当地实际情况，调查当地有代表性的连锁企业。

【实训任务】

以小组为单位，选取不同的连锁便利店、连锁洗衣店、连锁专卖店等进行调查，分析便利店、洗衣店、专卖店的特许经营类型，并提交调查报告。

【实训提示】

不同的小组可以选取不同的便利店、洗衣店、专卖店进行调查，区分和总结各种类型企业特许经营的类型。

【实训效果评价表】

实训效果评价表见表1-3。

表1-3   调查报告评价表

项目	表现描述	得分
调查的对象和目的		
人员分工		
调查方法		
报告内容和形式		
合计		

得分说明：各小组的调查表现分为"优秀""良好""合格""不合格"，对应得分分值为"25""20""15""10"，将每项得分记入得分栏，全部单项分值合计得出本实训项目总得分。得分90~100分为优秀，75~89分为良好，60~74分为合格，低于60分为不合格，必须重新训练。

第2章

特许经营发展历史及现状

学习目标

通过本章的学习，了解特许经营的发展历史，以及特许经营在美国、日本和中国的发展情况，并从特许人和受许人的角度分析特许经营的优势和劣势。

【引例】

2018年9月19日，位于北京彩和坊路的超市发罗森便利店开业，至此，超市发罗森便利店拓展至18家。

该店为24小时营业便利店，销售关东煮、饭团、寿司、三明治、沙拉、现磨咖啡、豆浆等多种快餐，满足消费者快节奏的生活需求，为顾客特别是白领上班族提供新鲜优质的商品与服务。

2017年7月12日，超市发与罗森签订合作协议，超市发基于潜力巨大的市场发展空间，结合整体业务的发展规划，在现有超市业态的基础上与罗森公司采用加盟合作形式开发便利店业态。

双方合作不同于罗森通常采取的城市或区域授权加盟，合作双方采用单店加盟模式。超市发董事长李燕川表示："超市发与罗森携手发展便利店，是看好年轻消费群体的需求，通过与罗森合作，学习罗森在便利店领域的商品经营和管理经验。"

资料来源　梁莹. 超市发罗森便利店第18家店在北京开业［EB/OL］．［2018-11-29］. http：//www.linkshop.com.cn/web/archives/2018/410182.shtml.

2.1 特许经营发展历史

特许经营的英文franchise的含义来自欧洲封建时期帝王君主赋予个人的某些特殊的权力。国王授予贵族领地，贵族享有领地内的行政管理权和征税权，以及从事酿酒和销售酒的权利、开展与殖民地的贸易等权利，作为回报，贵族将税收及经营利润的一部分上缴给王室，这部分费用当时被称作royalty，时至今日，royalty已经被赋予了"特许权使用费"的含义。

在中国封建社会，政府很早就将盐、铁、茶、对外贸易等生意授予民间商人来经营，实行"特殊许可经营"。

明朝官营解盐生产，征发盐户到盐池服役做工，叫做"盐丁"。盐丁另立户籍，世代相传，实际上是封建国家的工奴，劳动条件恶劣，生活困苦，盐丁不堪忍受，经常发生抗工逃亡现象，生产效率极低，这表明落后的生产关系已经不能适应生产力发展的需要。

1649年，清政府废除了"盐丁"制（顺治六年畦归于商），把解盐生产改官营为民营，交给商人自行浇晒。第二年又把盐池分为五百一十三号，规定一户商人经营一号，逐一登记。这种经营解盐生产的"坐商"，自筹资金，雇人捞盐，每产盐一百引（二百四十斛为一引），其中七十引要纳税，一引折合白银三钱二分，另外三十引不纳税，抵作商人工本费。坐商雇用工人的工资，以其技术高低来决定，按年支付，实际上已构成资本主义社会的生产关系。坐商就是早期的资本家，盐工则就是近代盐池产业工人的前身。当时，盐池有20 000多名工人，生产规模庞大，超过了欧洲早期资本主义工场手工业的水平。从明朝官营生产，"盐工"逃亡，到坐商经营，"居民踊跃赴工"看，这是一个深刻的历史性转变，显示出新的生产关系适应和促进生产力发展的积极作用。

由此我们可以看出，特许经营的概念最早发源于政府将自己的某些专属权利，授予私人或商家使用，本质上是一种政府的行政许可，称为"政府特许经营"。后来这种概念被商家所借用，某些商家也把他们的某些专属权利，授予其他私人或商家来使用，并从中获利，从而形成了所谓的"商业特许经营"，授权的一方就称为特许人（franchisor），被授权的一方就称为受许人或加盟商（franchisee）。

时至今日，"政府特许经营"仍然被世界各国政府广泛采用，成为吸引民间资本投入公用事业的经营以及公共资源的开发、规范市场的有力手段。"政府特许经营"不仅大大减轻了政府的财政负担，更通过引入市场化运作机制，使公用事业的经营以及公共资源的开发更加有效率，使市场更加规范，从而造福于全社会。

本书的特许经营是指"商业特许经营"。

2.1.1　特许经营发展的萌芽阶段

特许经营发展的萌芽阶段是19世纪40年代至20世纪初。

真正的商业特许经营开始于19世纪40年代，当时欧洲的一些主要啤酒酿造商将销售啤酒的专卖权授予一些小酒店。

1851年，胜家缝纫机公司为了推广其缝纫机业务，开始授予缝纫机经销权，在全美各地设置加盟店。胜家撰写了第一份标准的特许经营合同书，被公认为现代意义的特许经营起源。

2.1.2　特许经营发展的第二阶段

特许经营发展的第二阶段是20世纪初至20世纪30年代。

20世纪初，特别是第一次世界大战之后，当时美国的大型产业如以福特为代表的汽车制造商与德士古公司（Texaco）为代表的石油公司纷纷以授予汽车分销权和加油站经营权的方式建立起了大规模的营销网络。与此同时，可口可乐也通过将产品的生产和分销权授予2 000多个罐装厂的方式使其市场份额得以迅速扩张。

这一时期的特许经营集中在商品流通领域，其特点是以产品的分销权、产品商标的使用权为特许经营授权的主要内容；被授权的加盟商除了销售产品外，还负责向客户提供售前和售后的服务，并且被禁止销售竞争者的产品。这反映出这一时期社会化大规模生产对于社会化大规模分销的要求。当时众多的产品制造商一方面缺少建立产品零售专卖店的资金，同时，又需要产品尽快销售出去收回资金投入再生产，于是借助于经销商的资金来建立自己的分销网络。

2.1.3　特许经营发展的第三阶段

特许经营发展的第三阶段是20世纪40年代至70年代。

特许经营进入了一个全面发展的时期，并且在众多的行业展开，其主要表现是：

①以麦当劳、肯德基、当肯等为代表的快餐业和以洲际酒店集团、Travelodge等为代表的酒店业特许经营开始兴起，紧随其后的还有商务清洗业的Jani-King等，大大推动了特许经营进入消费及商务服务领域。

②在第二次世界大战之后，美国出现了大量的退伍兵，战争使其失去上学机会，就业难成为社会问题，于是美国政府推出一项退伍兵特许经营发展计划，帮助退伍军人利用手中的转业费加盟创业，从而大大推进了美国特许经营的发展。

③1960年，国际特许经营协会在美国成立，特许经营作为一股新兴的商业发展力量，正式登上了社会经济的舞台。

④1979年，美国联邦贸易委员会（Federal Trade Commission，FTC）颁布了436号法令（FTC Rule），对特许经营正式立法。FTC Rule主要在于保护加盟投资人的利益不受侵犯，防止特许经营诈骗。从这个意义上讲，FTC Rule的颁布实际上标志着特许经营正式作为一种投资方式被全社会所接受。

⑤在这一时期，美国许多大学开设了特许经营课程，甚至开办了特许经营管理学院，特许经营开始形成一门新兴的学科。这一时期的特许经营的特点有：

第一，特许经营授权的内容除了产品和服务的经销权、商标的使用权以外，还增加了单店经营模式和运营管理体系的使用权。

第二，特许人在对加盟商提供更多培训的同时，大大加强了对加盟商的管理和控制，实行统一管理，从而保证特许人品牌的核心竞争力。

2.1.4　特许经营发展的第四阶段

特许经营发展的第四阶段是20世纪80年代至今。

20世纪80年代开始，由于计算机网络通信技术在商业上的广泛应用以及现代化大规模物流配送的出现，特许经营在全球范围内进入了一个迅猛发展期。以美国和日本为例，在这一期间，高新技术如条形码、POS机、数据库、ERP、EOS、CRM系统等在商业上的广泛应用，以"7-Eleven"为代表的便利店在全球范围内迅速扩展。"7-Eleven"1973年进入日本，截至2017年12月底，其在日本国内共开设了19 979家门店。

在这一期间，国际上的优势企业不再局限于自有资本的规模，而将其成熟的品牌商品、管理模式、技术手段、文化理念和服务体系以特许经营合同的形式进行输出，迅速地在全球范围内把不同的投资主体凝聚在一起形成一个统一经营的外在形象，超大规模地进行海外市场的"强行进入"，成为绕过进入国投资领域限制，规避投资风险，扩大国际贸易的有效手段，产生了简单合资性企业集团难以超越的规模效益，创造了一次新的"全球性商业革命"。

根据国际特许经营协会（International Franchise Association，IFA）提供的数据，全球范围内平均有14%的本土特许经营企业在海外发展了特许加盟。1985—1995年，美国特许经营企业发展的加盟商，有48%来自美国本土以外。

在这一期间，特许经营也第一次跨出一般的商业领域，进入非营利性组织的市场化运作当中，奥运会特许经营项目就是最典型的例证。奥运会特许经营是指奥组委授权合格企业生产或销售带有奥运会标志、吉祥物形象和奥委会商用标志等奥林匹克知识产权的产品。奥运会特许计划旨在推广奥林匹克理念和奥运品牌，为公众提供接触奥运的机会，激发奥运热情。同时，被授权的企业要向国家奥组委交纳一定的特许权使用费，为奥运会做出贡献。奥运会特许经营始于1984年的洛杉矶奥运会，该次奥运会的特许权收入占到总收入的21.6%，达到1.34亿美元，共有65家企业获得特许权。

今天，随着移动互联网和数字化时代的到来，传统的生产方式和生活方式都发生了根本性的变化。在中国，特许经营利用互联网、数据技术和移动支付，正在构建全新的特许加盟管理和运营体系，以数字化为核心特征的特许经营第四阶段已经到来。中国的特许市场也将有机会成为特许经营第四阶段的领跑者，因为中国拥有全世界最多的特许体系、拥有最具创新活力的数字化经济生态。

2.2 特许经营在国外的发展现状

2.2.1 特许经营在美国

美国是一个市场经济高度发达的国家，其最重要的标志之一，是始创于美国并在世界各地广为采用的连锁经营方式。自19世纪下半叶以来，经过一个多世纪的发展，连锁经营已经渗透到商业零售、餐饮、服务等领域。据美国商务部统计，在19个大的行业门类中，都已实现了连锁化。人们从衣食住行到工作生活所需要的各种服务，无一不与连锁店有联系。特别是一些举世皆知的大连锁集团，连锁店遍布全球，不管走到世界哪一个角落，举目可见他们著名的标识。

美国是特许经营的发源地，特许经营正是从这里起步并走向世界各地的。美国的特许经营发展大体可以分为两个阶段：第一阶段是20世纪50年代以前，主要为商品商标特许经营，如汽车分销商、加油站和软饮料装瓶厂；第二阶段是20世纪50年代以后，经营模式型特许经营异军突起，迅速成为特许经营的主要形式。特别是在1970年至1980年间，由于美国经济不景气，许多商店独木难支，店与店之间纷纷自动联合，组织连锁店，全美出现了自由连锁和特许连锁的热潮。20世纪80年代以后，美国的特许经营发展步伐加快，并积极向海外不断扩张。

2017年美国特许经营500强中，商务服务品牌进入65个，占13%；零售品牌进入52个，占10.4%。

①65个商务服务品牌总店数约3.5万家，员工总数约11万人，近3年单店数量平均增长率为59.8%。其中，直营店0.75万家，占21.4%；加盟店2.75万家，占78.6%（国内加盟店总数2.3万家，占83.6%；海外加盟店总数0.45万家，占16.4%）。

65个品牌中，29个品牌的单店为100%加盟店，占44.6%；加盟店比例在95%~99%区间的18个，占27.7%；加盟店比例在50%~94%区间的16个，占24.6%；加盟店比例在50%以下的2个，占3.1%。可见，70%的品牌加盟店比重在95%以上。

②52个零售品牌分布在20多个业态，总店数约10万家，单店平均初始投资约为39万美元。

• 业态分布。其中，服装7家，儿童用品6家，便利店4家，家居用品4家，保健用品4家，运动器材4家，五金工具4家，印刷制品4家，宠物用品3家，电池照明2家，助听设备、护眼用品、鲜花、护肤品、电子产品、打印器材、轮胎、香料、水果雕刻品、零食饮品自动售卖机各1家。

● 加盟店比重。单店总数中加盟店比重达100%的品牌占38.3%，加盟店比重在90%~100%区间的品牌占34%，加盟店比重在90%以下的品牌占27.7%。可见，进入500强的52个零售品牌中，72.3%的品牌其加盟店比重在90%以上。

● 特许经营时长。品牌成立时间最早的为1920年，最晚的为2010年。开展特许经营时间最长的7-Eleven为53年，最短为4年，平均特许经营时长为23年。特许经营时间50年以上品牌占2%，40~49年的品牌占7.7%，30~39年的品牌占21.2%，20~29年的品牌占27%，10~19年的品牌占21.2%，10年以下的品牌占19.2%，无法判别的占1.7%。

2.2.2　特许经营在日本

20世纪60年代初，特许经营被从国外引进日本。1963年，经营西式糕饼及咖啡的商店"不二家"（FUJIYA）的成立，标志着日本首个特许体系正式出现。1970年，日本大阪举行万国博览会，由于发达国家特别是美国的连锁行业极为看好日本市场，这次会议促成了许多海外大公司包括麦当劳、肯德基等进入日本，并在短期内获得迅速发展。

随着日本经济的飞速发展，市场竞争日益激烈，土地征用困难，土地与建筑费用飞涨，资金短缺和劳动力负担加重，企业经营者追求规模效益的要求越来越强烈，在这种情况下，特许经营的优势开始被人们所认识，正规连锁也逐渐让位于特许经营。一些开发新商品的饮食服务企业采取特许经营形式谋求事业的发展；一些大型流通企业以经营多元化为目标，把特许经营作为附属业务，通过发展加盟店来扩张自己的势力；一些正规连锁企业也在直营连锁的基础上引入特许连锁形式招募加盟店。

例如，日本家庭市场公司，这是一家便利店的连锁集团，到1992年年底拥有2 685个店铺。这些店铺分成三种情况：第一种是本部直接投资、直接经营的店铺；第二种是原来的店铺经理自己已有营业场所，加盟该企业后由本部提供统一的装修方案，使用统一的店名商标，统一进行广告和商品宣传，统一商品陈列方式，商品也大都由本部提供、送货，经营风险由店铺自行承担，每年从毛利中提取35%上交本部；第三种是由本部提供营业场所和设施，并提供同前者一样的服务，根据合同聘用店铺经理经营，经营毛利的60%上交本部。类似这种正规连锁店参与特许经营的例子很多。

1973年，日本伊藤洋华堂与美国南方公司合作开始便利店经营，取名为日本"7-Eleven"便利店，这家正式特许经营店在短短的5年时间内便开设了500多家分店，带动了日本整个特许经营的发展。1991年3月，一帆风顺的日本伊藤洋华堂应陷入经营困境的美国南方公司请求，出资4.3亿美元购买了该公司69.98%的股份，开始了在全美重振"7-Eleven"便利店的事业。

20世纪80年代中期至90年代初，特许经营在日本更是呈现出蓬勃发展态势，尽管这段时间日本整体经济不太景气，企业收支恶化，失业率上升，消费大幅回落，加上日元急升，零售业乃至整个第三产业均不同程度地受到影响，营业额不断下降，企业破产倒闭呈增加趋势，但特许经营却一枝独秀、异军突起，发展势头强劲。

据日本加盟连锁店协会的统计数据显示，截至2017年11月，日本国内的便利店店铺数已达 55 374 家，与 5 年前相比增加了 8 500 家，增长幅度为 18%。日本特许经营协会 2018 年 1 月 22 日发布的数据显示，2017 年日本 8 家主要连锁便利店所有店铺销售额为 10.6975 万亿日元，较上年增加 1.8%，创下历史新高，这也是日本便利店销售额连续第 13 年同比增长。此外，2017 年日本便利店到店顾客 173.0327 亿人次，同比增长 0.7%，人均消费 618.2 日元，同比增长 1.1%。

2.3 特许经营在中国的发展现状

早在 20 世纪 80 年代中期，以特许经营方式风靡世界的肯德基、麦当劳相继在中国落户，他们在给中国带来"快餐"新概念的同时，也带来了"连锁经营"的新理念。尽管他们当时主要以合资或独资的方式开展业务，还没有出售特许经营权，但在对他们的研究和介绍中，特许经营的概念已开始被国内人士所认识。

不久，我国一些企业如天津"狗不理"包子、上海的荣华鸡等借鉴国外经验，率先尝试以特许方式开展业务，由于他们经验不足，管理尚不规范，因而在扩展中遇到了一些困难，喧闹了一阵之后便沉寂下来。

进入 20 世纪 90 年代以来，中国商业出现了超常规发展的良好势头，连锁经营在国内获得迅猛发展。连锁经营方式已开始向直营连锁与特许连锁相结合的方向发展；连锁经营领域已从超市、便利店向专业店、专卖店、百货店、快餐店等多种业态渗透；连锁经营的发展区域已从本地市场转向全国市场和国际市场；国际上著名的连锁集团也纷纷抢滩国内大中城市。在此形势下，特许经营发展也有了较大的突破。一些著名的特许组织在积累了一定的营业经验后，开始采用特许方式开展业务。例如，中国香港的华润集团，自 1992 年开始，陆续在深圳开设了 10 多家特许超市分店；世界著名的特许组织"International Dairy Queen"也已在华开展特许业务；"7-Eleven"便利店在深圳经营了 10 多家直营店之后，将广东省的特许经营权（深圳除外）授予了广东省饮食服务总公司，在广东省开展了"7-Eleven"便利店业务。

中国的特许经营从一开始就是以第二代特许经营即全套经营模式特许为主，而不像国外从第一代商品商标型特许经营起步，逐步发展到第二代特许经营。即使在美国，目前第一代特许经营仍占整个特许经营的 30%~40%。中国的特许经营主要起步于第三产业中的零售业、餐饮业和服务业，相比之下国外的特许经营一般起步于制造业，而且至今制造业的特许经营仍占一定比重。

数据显示，2016 年中国特许百强企业的销售额突破 4 000 亿元。截至 2016 年年底，在商务部备案的特许企业共计 3 341 家，其中境外企业 94 家，跨省经营企业 2 337 家，省内经营企业 910 家，备案公告企业数量年增长率始终保持在 13.5% 以上。其中，备案企业中加盟店铺数量超过 50 家的有 633 个，占备案企业总数的 19.95%；加盟店铺数量超过 100 家的有 372 家，占备案企业总数的 11.13%。从地域分布看，备案企业覆盖全国 31 个省、自治区、直辖市，在一线城市已发展成熟的基础上，二、三线城市已成为特许市场拓展的核心区域，同时随着消费市场和配套服务的不断完善，四线城市正快速成为特许市场发展的潜在沃土。从行业分布看，备案企业涉及零售、餐饮、洗衣、教育、酒店等几十个行业。当前，居民消费呈现个性化、多样化、品质化特点，服务消费、信息消费、绿色消费等新的消费领域和热点不断拓展，新型消费模式和领域逐步成为新的经济增长点。在传统零售、生活服务业发展特许经营的同时，一些分销商、电商企业新型服务商开始进入这一领域，并通过业态创新和市场细分，取得了较快发展。随着新一代消费者消费能力的不断提高，品牌对新一代消费者的影响力日益提升，未来几年中国特许经营市场将迎来发展的高峰期。

中国的特许经营发展将以数字化为核心特征，引发特许体系重构的过程。

与传统（第一、二代）特许经营比较，数字化特许最根本的特征是特许体系构架的重构：由多层的线性构架转化为单层的平台型构架。

首先，特许总部—加盟店—消费者（B-B-C）的连接模式，演化为特许总部—消费者（B-C）的直接连接。

通过日益普及的社交网络平台（包括微信服务号、App、小程序等社群营销工具），总部可以跨越加盟商，（部分）独立地与消费者建立连接。同时，移动支付形成的链接机会、其他流量平台以及门店线下流量的转化，也为特许总部建立会员系统和客户管理系统提供了低成本、高效率的工具和途径。此外，总部可以利用数据挖掘等消费者洞察工具，开展精准营销。

在建立线上流量平台的基础上，总部可以把线上流量分配给加盟商，增加其生意机会。同时，总部可以导入O2O业务，利用加盟店实体网络，直接为最终客户提供产品和服务。

其次，借助产品和服务的数字化，总部可以给加盟商更先进的管理工具和服务工具，帮助其改进质量，提高效率。

优化加盟商管理是数字化的又一优势。对加盟店的支持和督导，以前主要依靠人力和冗长的管理手册，成本高、可控性差、门店服务质量不稳定。利用数字化工具和解决方案，总部对加盟店的选址选品、人员表现、现场管理，将变得高效和专业，而且可以实现千店千面。不久的将来，特许企业可以做到：每个加盟店的选址都由总部决策，每个加盟店的商品和定价都由总部掌握，每个加盟店的员工总部都可以直接管控。

最后，提升消费者体验是特许企业数字化的终极目标。

解决顾客"痛点"，数字化提供了更高效、更便捷的途径。数字化可以简化、优化门店的服务流程，改善顾客的到店体验，丰富加盟店的服务功能（如提供更多的产品选择、到家服务、O2O业务），让顾客享受线上线下、随时随地的产品和服务。

总之，在新的经济形势下，特许经营发展呈现出了一些新的特点，也面临一些新的问题，中国的特许经营企业依然有很长的路要走，不断完善特许经营发展的内部环境和外部环境是摆在所有特许企业面前的共同课题。

2.4 特许经营给特许人带来的优势和劣势

2.4.1 特许经营给特许人带来的优势

1）特许人不受资金的限制，可以迅速扩张规模

一般来说，正规连锁发展速度相对较慢，所需资金量较大，总店的投资风险也相应

增大，如果没有雄厚的资金做后盾，又不能尽快占领市场实现规模效益，就可能使一些总店发生严重的资金周转不灵或亏损，有些甚至不得不关门或出让。

而特许经营恰好可以弥补正规连锁的这个缺陷，不受资金的限制而迅速扩张。因为开设的每一家特许加盟分店都是由加盟商自己出资，加盟商对分店拥有所有权，总部只需提供已经成熟的经营方式。当然，加盟店无须总部出资并不等于总部在经营中不需要资金，总部在初期创牌子时往往需要大量投入，先在自己所属的分店摸索成功后才能进行特许权的授予，在其后的经营中所需资金比自己开设分店要少。

一方面，由于特许经营风险较小，各金融机构更乐意贷款给总部加盟店，因而开分店的资金来源较容易解决，这使得加速发展成为可能。另一方面，总部通过出售自己公司的名望、商标、经营模式等无形资产，不仅开分店几乎无须自己出资，相反还能从加盟者手中获得开办费、使用费，这是一种一本万利、坐收利益的生财之道。

特许经营不受资金限制，仅凭一纸契约就可以发展新店，可以迅速扩张规模。这种迅速扩张的速度有时非常惊人。

2）受许人更加积极肯干，有利于特许人事业发展

受许人是加盟店的真正主人，加盟店的经营好坏与受许人切身利益紧密相关。或许他们中间许多人拿出自己大半辈子心血投入到该项特许经营事业中，一旦破产则会"血本无归"，即使有些人是从银行贷款投资的，但若无法归还，则贷款时的抵押物也不得不赔进去，这是他所不愿看到的结果。因此，特许经营加盟者工作起来非常勤奋、非常努力、非常有责任心、非常有干劲，他们在将自己的商店经营得有声有色的同时，也使得总部的事业、信誉与声望蒸蒸日上。

国外许多特许经营总部均要求投资者必须亲自参与实践与管理，并在合同中明文规定，一旦发现加盟店经理是投资者聘用的，则立即取消其特许权。一些加盟总部甚至要求受许人从最基本的扫地、清洗等工作学起，凡事不论大小，都要亲力亲为，以此希望受许人能了解加盟特许经营并不像投资股票、房地产一样放着等它自然升值，若想坐享其成只能就此止步。

3）特许人可以降低经营费用，集中精力提高企业管理水平

特许经营方式可以使加盟总部得到更多的经营优势。例如，随着加盟者的不断增多，集中采购商品的数量也随之增多，可以从供应商那里获得较多的折扣和优惠条件，付款期限也可以延长，从而降低了进货成本，进而可以降低商品售价，增强了企业的竞争能力。另外，作为特许经营，加盟总部负责广告策划和实施，广告费用则由各加盟店分担，这实际上降低了总部的广告宣传成本。而加盟总部给予加盟商的各项援助，包括监察费用，都可以从各加盟店的营业额中抽取一定比例获得补偿，这实际上也将一些管理费用分散到各加盟店分担，相应降低了总部的经营成本。

加盟总部由于无须处理各分店在日常经营中可能出现的各种问题，也无须处理每个分店可能出现的人事纠纷问题，因而可以集中精力改善经营管理，开发新产品、挖掘新货源，做好后勤工作。总部可以从各分店获得市场需要的信息，及时对新产品外观、质量、性能等方面做出改进，反过来再推向市场，加快畅销产品的培养；总部可以发现更加物美价廉的进货渠道，进一步降低进货成本；总部可以研究改进商店设计、广告策划、商品陈列、操作规程、技术管理等，使各分店保持统一形象，形成新特色，更好地吸引消费者。

4）特许人可以获得政府支持，加快国际化发展战略

随着世界各国连锁业的不断发展，商业集中和垄断趋势逐渐加强，这种集中的结果，被各国政府视作有破坏自由竞争之嫌。例如，美国小企业管理局的一份报告就指出：就零售业而言，其集中程度的提高，正是由于零售业中的不少行业如饮食业、食品业、百货业等大力发展连锁商店所致，造成这种集中的基础是规模经济的提高，这又使零售业中 1~4 人的最小企业在竞争中大量倒闭、歇业或被兼并。

在这种情况下，许多政府已意识到保护中小企业的重要性，制定一系列措施，支持、鼓励自由连锁和特许加盟连锁组织的发展。例如，日本对加盟商店所需现代化设备资金的 80% 发放 15 年期限的低息、贴息，甚至无息贷款；新加坡政府对加盟店提供 25%~50% 的委托咨询费和用于商店装修改造的优惠贷款；美国、加拿大也纷纷制定了相应政策，大开方便之门。因此，相对于正规连锁来说，特许经营在政府的支持下具有更多的经营优势。

特许经营还较正规连锁更容易打开他国国门，实施国际化战略。因为许多国家，尤其是发展中国家，其市场是逐渐向外开放的，往往对零售业、服务业等第三产业更为谨慎，外国资金要进入这些行业非常困难。而特许经营因为是一种无形资产的许可，并不涉及外资的进入，因而可以绕过壁垒，大张旗鼓地将事业发展到世界各地。

2.4.2 特许经营给特许人带来的劣势

1）加盟店有时闹独立，难以控制

加盟店踏入特许经营一段时间后，往往会产生两种情绪：一种是营业额较高，利润达到或超过预想，使加盟者完全认为是自己的功劳而产生一种独立感，认为没有总部也能搞好，企图摆脱总部的指导和监督；另一种是加盟者感到利润增长不如原来期望的那么高，因失望而产生不满情绪，不想继续下去。对这两种情绪，总部都要小心处理，尽可能地保持对加盟店有效的控制和帮助。在这种情况下，良好的沟通是解决问题的重要途径。

2）公司声誉和形象会受个别经营不好的加盟店影响

加盟总部与加盟店之间是互相依赖、互相影响的关系。其中任何一方出了差错，都会带来极其严重的后果。总部的决策错误，会使加盟店的利润和前途受到损害；同样，加盟店经营失败，也会降低整个连锁体系的声誉。

在特许经营中，虽然总部通过实践已将开店风险降到最低，但由于是加盟者自己投资，因此经营的大部分风险都在加盟者身上，它要求加盟者必须倾全部精力来经营这一事业。但个别加盟店不按总部指导办事，随意更改总部的样板经营程序，或不尽力来经营这一事业，导致经营失败，这不仅使自己经济受损，更重要的是损害了总部名声，总部和其他加盟店多年来树起的企业形象遭到破坏。因此，选择合适的加盟店主对加盟总部来说是十分重要的一环。

3）当发现加盟者不能胜任时，无法更换

加盟总部在挑选加盟者时一般是十分谨慎的，国外的特许组织总部往往愿意找产权明确、资金力量不雄厚、学历不太高、需要通过努力才能维护生意的中小生意人。这些人在利益相关的情况下，可能会倾其全部积蓄和精力，一丝不苟地按总部的要求来做，既维护了总部良好声誉，又给自己带来了可观的效益。但这种理想的店主并不好找，尤其是总部发展较快时，他会发现要招到足够数量的合适的加盟者有困难。一旦"滥竽充数"，经营一段时间发现店主不能胜任工作时，总部无法再更换，不能像直营店那样可以辞退再重新换人，这将影响事业的顺利发展。

2.5　特许经营给受许人带来的优势和劣势

2.5.1　特许经营给受许人带来的优势

1）使投资成功的机会大大提高

在当今日趋激烈的竞争环境里，市场机会对一个小资本的独立创业者来说已是越来越稀少。一个资金有限、缺乏经验的投资者要在高度饱和的市场环境中独立开创一份自己的事业是困难的。但投资者若选择一家实力雄厚、信誉高的特许经营企业，加盟其中，其成功的机会将大大提高。小投资者加盟特许经营网络，还可以从总部那里获得专业技术等方面的援助，这对于缺乏经验的创业者来说，无疑是一条通往成功的捷径。

一般情况下，采取加盟特许经营企业的创业方式要比独立创业的风险小得多。据美国中小企业管理部门统计，在开业第一年就失败的自营店铺比例高达30%~35%，而采用特许经营方式的店铺在开业第一年失败的比例仅为3%~5%。

2）受许人可以得到系统的管理培训和指导

企业是否拥有一套成熟并被证明是高效率的管理方法无疑是事业成功的基础。一家新企业要独自摸索出一套可行的管理方法，往往需要较长的时间。但如果投资者加入特许经营企业，他就不必一切从头做起，尽管他完全没有专业知识和管理经验，但是他可以立即接受总部的管理技巧、经营诀窍和业务知识方面的培训。这些培训包括管理、服务、质量等，而这些经验是总部经过多年实践，已被证明是行之有效的，并形成了一套规范化的管理系统，加盟商照搬这些标准化的经营管理方式，极易获得成功。

更值得一提的是，加盟商还可以直接从总部那里获得许多帮助，有些总部甚至还会派专门工作人员帮助加盟商解决企业在开业之初和经营过程中出现的任何问题，使之集中精力以最有效的方式管理企业。另外，好的总部为了提高整个特许企业的名誉，都会随时开发独创性、高附加值的商品，以产品差别化来领先竞争对手，加盟商可以坐享其成，无须自己去开发，这些对于一个初涉商界的投资者来说是十分有吸引力的。

3）受许人可以集中进货，降低成本，保证货源

特许经营最大的优势主要体现在集中进货与配送上，由于加盟总部将众多分散的小零售商组织成一体，从总体上加大了规模，这就使得进货成本和库存成本的降低成为可能。加盟总部在集中进货时，由于进货批量大，对供应商谈判的周旋余地也大，可以获得较低的进货价格，从而降低进货成本，取得价格竞争优势。同时，由于各加盟店是有组织的，在进货上克服了独立商店那种盲目性，加上总部配送快捷，加盟商能将商品库存压到最低，从而使得库存成本相应降低。

由总部集中统一进货体现出的另一大优点是可以充分保证货源，防止商品断档。不必担心补给不足，商品缺货，总部快捷、方便的商品配送服务，随叫随到，从而为加盟

商节省了大量的时间和精力，也吸引了消费者的光顾。

4）受许人可以使用总部著名的商标或服务

对于一个初涉商界的创业者来说，最头疼的问题就是不知如何提高自己的声誉，吸引消费者，即所谓的"打响招牌"。当然，他可以利用大量的广告展开宣传攻势，务求在最短时间内将自己的"招牌"深入消费者的印象中，但是，一般的个体经营者，资金有限，若他经营的产品没有独特之处，想要打出自己的招牌可谓难上加难。

而绝大多数情况下，加盟总部已经建立了良好的公众形象和高品质的商品服务，个体经营者若加盟了这些特许组织，就可以分享这些无形资产，使自己的知名度和信誉随之提高。从消费者角度来说，一般也会把加盟者的分店看成是某大集团下属的企业，从而增加信赖感。利用这种优势，受许人可以迅速稳固市场地位。

5）受许人可以减少广告宣传费用，达到良好的宣传效果

个体经营者加盟特许组织之后，可以坐享已经建立起来的良好信誉和知名度，省去初创业时"打响招牌"的广告宣传费用，这是不言而喻的。并且，在以后的广告宣传中，广告由总部统一来做，每个加盟店按一定比例向总部交纳一定费用，总部经过策划后，采取联合行动，发布全国性广告，内容一致，影响力颇大，对广告商也有一定吸引力，有利于降低广告成本，各加盟店成员都能从中受益，所分担的费用比单独做广告显然要低得多。其实，特许经营网络的分店少则几十，多则成千上万，这些散落在全国各地或世界各地的分店就是最好的"活广告"，它们每天都在提醒着消费者其招牌的存在，各加盟店在无形中已经享受了这种宣传优势。

6）受许人较易获得加盟总部或银行的财政帮助

对于一个独立经营者或初创业者，最关心和最棘手的莫过于资金的筹集。他们往往会因为资金没着落或不足，而不能顺利开业，丧失良好的市场机会，或者因为资金周转不灵而陷于困境。如果他们一旦加盟特许组织，资金的筹集相对来说容易得多，因为有些特许总部会向加盟店预拨一部分资金作为财政援助。

另外，作为特许经营总部，他们会帮助加盟店与银行建立关系，有些甚至采取连带担保方式，使加盟店获得贷款。而现在许多银行也已经认识到特许连锁店是建立新企业的一种安全的途径，在特许总部的"保护伞"下，企业有能力创造更多的利润，因而银行也愿意贷款给加盟者。此外，目前世界各国政府为鼓励特许经营，纷纷制定了许多优惠政策，包括资金方面，这就使得加盟者较易获得低息长期贷款，以解决资金来源问题。

7）受许人可以获得加盟总部的经销区保护和更广泛的信息来源

一般来说，一方面特许经营总部常实行经销区保护的方针，即在一个区域只接受唯一的加盟者，不再建立其他特许连锁店，以避免同商号的恶性竞争，共同对付其他竞争者，保证双方的利益。另一方面，由于加盟总部将从各加盟店收集上来的信息数据加工后及时反馈给加盟店，并随时对周围的各种环境做市场调查和分析，使得各加盟店能及早采取应对措施。

2.5.2　特许经营给受许人带来的劣势

1）经营受到严格约束，缺乏自主权

加盟商加入特许经营组织后，其付出的最大代价便是自由度受到限制。从商店的布置、商品的陈列、经营的商品品种、经营器材、经营方式，甚至营业员的行为、语言、

着装都必须跟总部规定的步调一致，分店只有服从总部安排的义务，没有"独树一帜"创新的权力。

缺乏自由度，就可能使投资者失去应变能力。例如，当加盟店发现附近出现了一个竞争对手后，对方某些商品售价比己低，因而抢去了不少生意。如果是个体经营者，遇到这种情形，在权衡得失之后，立即可以做出决定如何反击。而若是加盟商则没有这种权力，因为所有连锁店的商品售价都是由总部统一制定的，任何商店均不能擅自改动，否则将是违反协议。因此，加盟店遇到这种情况，只能是向总部反映，如果总部不愿为了个别加盟店而改动全线商品价格，则加盟店也无计可施，只好眼睁睁地看着邻店抢去自己的生意。

商业竞争最讲究的是灵活应变、出奇制胜。个体经营者有经营自主权，灵活性较大，只要投资者眼光看得准、快，随时可以运用自己的智慧想出一些别出心裁的新主意，使自己的事业更上一层楼。而加盟者只能循规蹈矩，自由度受限制，尽管创业的风险要少许多，但生意也难有较大突破。因此，如果投资者有强烈的自主权欲望，有一定的才干、胆识和能力，有自己一套独特的创业思路，那他最好自己创业，不适合加入特许组织成为追随者。

2）总部出现决策错误时，加盟店会受到牵连

投资者若加入了特许连锁组织，就等于将自己的投资得失全部与特许组织挂上了钩，是成是败，在很大程度上受总部的影响。尽管加入特许组织可以降低经营风险，但这并不意味着就没有风险，特许经营失败的例子也有很多，失败的例子有一个共同的教训，即总部决策失误。由于加盟店的一切事务均由总部安排和打点，加盟店失去了自由，一旦总部出现问题，或者支援上突然出现阻滞，加盟店便会大受牵连，无法应变。如果总部在制定有关企业革新的政策上出现失误，就会使整个加盟体系遭受损失，甚至全盘失败，任何加盟店都无法独自逃脱。正因如此，加盟总部在推出一项事关重大的决策时，都应先在自己的直营店进行试验，成功之后才能推广。

另外，由于加盟商处处服从总部领导、听从指挥，变得过分依赖于总部，从而失去了个人动力，而个人动力对于建立一个成功的企业和充分利用体系所提供的基础是十分必要的，因此有些加盟商会因依赖而失去洞察力，他们错误地以为总部有责任事事关心加盟店，担保他们拥有大批顾客，提供日常的服务，这些想法都是不切实际的，有碍于特许事业的发展。

3）过分标准化的产品和服务，既呆板欠新意，又不一定适合当地情况

很多投资者加盟连锁店，除了风险较少之外，还有许多方便，包括采购、货运及补给方面完全不用操心，全部由总部安排，这确实是一个好处。但从另外一个角度看，这种高度统一的标准化产品和服务，使加盟店又会出现另一个弊端，即呆板和缺乏新意。

在商业促销方面，经营者要不断推出新花样，以吸引消费者。个体经营者在这方面占优势，在营销策略上说变就变，灵活创新，完全由自己做主。而加盟商则受制于人，只能按照总部程序来做，想临时改变一些商品的售价或一些经营策略都很难，更不用说创新花样了。而加盟店所有的商品、设备、原料、加工品都是由总公司统一分配，呆板的商品和服务，可能会逐渐失去对顾客的吸引力。

当然，加盟总部为了在市场上保持竞争力，在经营策略上也会尽量赶上时代潮流，不断改进，但由于整个企业规模太大，一切的改动，由设想、计划到实施，总需要一段时间有条不紊地进行，不能像个体商店那样动作迅速。而且，总部的改动往往从全局出发，不会只顾及某个加盟店的具体情况。在当今产品日新月异、商业竞争越来越激烈的时代里，任何一个地方的潮流都在变，却不会同时变。这个地区很流行、销量很大的商品，在另一个地区就可能不再流行，而加盟店只能跟着总部的经营策略走，不能自行更改当地市场上已经滞销的商品，也不能自行保留当地市场上本来畅销的产品。

作为加盟总部来说，它也与加盟店的愿望一样，希望加盟店兴旺发达，不愿看到加盟店破产，以影响整个公司的形象。为此，总部会经常自上而下派督导人员进行经营和技术上的指导，这些督导人员有时并不了解当地情况，使指导徒有虚名，甚至出现瞎指挥的现象，而加盟店还要为这种瞎指挥上交一定的服务指导费，这无异于"雪上加霜"，反而增加了加盟店的负担。

4）发展速度过快时，总部的后续服务跟不上

在加盟店数量迅速增长的情况下，总部的物流系统、后勤服务等跟不上去，就不能对加盟店进行有效的帮助和指导，削弱了总部的控制力，使特许系统名存实亡，成为一盘散沙。在这种情况下，加盟商便成了直接的受害者。

例如，某加盟店位置好，生意本来不错。但突然间，由于该特许组织的加盟店发展过快，而商品及补充、配备等方面的标准化、规格化，货源的补充渠道十分有限，导致总部配送和补给方面不能正常运作，于是加盟店的货源立即受到影响。如果是个体经营者，断了一条补给线，可以很容易地另找其他补给线替代，但加盟店却不能自找补给线，否则就是违反协议了。

由于膨胀过速而招致失败的连锁店并非少见，在20世纪80年代初的中国香港，曾经有一家享有盛誉的珠宝连锁店，其财力雄厚，人力鼎盛，业绩良好，本来是一家极有发展潜力的连锁店，但因其急于扩大发展，在很短时间内便连续开了多家新分店，以致原有的财力和人力分散，后续服务也无法保证，整个行政运作难以保持以前的顺畅，最后不得不宣告破产，在社会上引起极大震动。这个例子给加盟商选择加盟总部一个教训，并不是发展迅速的特许组织就一定会成功，要明白"欲速则不达"的道理。

5）加盟店要退出或转让将受到合同限制，困难重重

加盟者与加盟总部签订合同后，在合同期限内，必须照章办事，不能再有其他选择。如果在这一期间经营不太理想，或因其他原因想中途终止合同，一般总部出于自身利益考虑不会轻易同意，若他执意执行，就只能通过法律程序解决。如果加盟商想将生意转卖给第三者，或者迁移他地，也必须经过总部的批准，尽管该店土地和建筑物等都归加盟店主所有。即使在契约终止后，如果是从事类似的商业活动，仍然会有若干的限制。因此，加盟商一定要经过慎重考虑后才能签订合同，否则后患无穷。

2.6 特许经营的社会效益

1）增加就业

每增加一个加盟店，就在社会上增加了一个新企业，就可直接创造一定数量的新的

工作岗位。美国在第二次世界大战后为解决退伍兵就业而推出的退伍兵特许经营计划，至今仍在美国继续施行，以至出现了一个新的英语单词——Vetfran。因此特许经营对于像中国这样的人口大国其社会意义极为重大。

2）优良的民间投资渠道

特许经营可以给民间游资提供大量的风险低、成功率高的投资机会，从而使社会资本资源得到良好的配置。

3）规范市场秩序、建立健全社会信用体系

特许经营是一种以特许人品牌信誉为担保，以复制成功的单店经营模式为扩张手段，以特许经营合同为约束的标准化、规范化的商业活动。因此，它对规范市场秩序、建立健全社会信用体系起着良好的推动作用。新加坡早在20世纪90年代初就将特许经营作为社会经济发展的国策之一。

案例精析

赛百味特许经营发展之路

赛百味三明治及色拉店创办至今已有近50年的历史。这一特许经营体系的发展源头要追溯到1965年当创始人之一的 Fred DeLura 先生刚从高中毕业的时期。当时，Fred 必须自己挣钱来支付高额的大学学费，于是他向家族里的一位朋友寻求帮助。那位朋友建议与他合开一家销售新鲜潜艇式三明治的店铺，并贷款1 000美元作为开业资金。

一年以后，当 Fred 的大学学习计划还未实施时，他们已开设了第二家店铺，不久又开设了第三家。此时，他们在努力寻找一种有效的方式来扩展这项诞生不久的业务。经过几年的奋斗，最终他们发现特许经营将会是达到目标的最佳方案。1974年，第一家赛百味特许经营店终于开张了，此时共有16家店铺在正常运转。

根据最早制订的商业计划，Fred 及其合伙人希望在第一个十年发展计划内将店铺数量扩大到32家，通过特许经营模式，他们轻易地达到了这个在当初看来有些难以实现的目标。在这次初步成功的鼓舞下，他们继续制定了更高的发展目标。在这一发展时期，以美国为主要市场的赛百味公司觉察到国外市场巨大的发展潜力。旅游者、当地居民及在国外工作的美国人都将是赛百味三明治的潜在顾客。于是，赛百味于1984年在巴林开设了第一家海外连锁店。

由于不同的市场对经营者有不同的要求，赛百味在必要的时候会调整其经营方式以适应当地市场。促销政策、总体运作方式甚至连菜单都经过仔细的修改来适应各个国家特殊的市场环境。这种适当的调整使赛百味在国际连锁业务中获得了巨大的成功。今天，赛百味的三明治和色拉已遍布世界各地，截至2017年6月，赛百味全球门店约有4.5万家，分布在100多个国家和地区。论门店数，无论是从全球层面，还是单看美国大本营，赛百味都稳坐全球第一。

据公开报道，2013年11月，赛百味在中国开设了第400家门店，到2018年1月，总数达到了575家（赛百味中国官网数据），平均一年开45家。

目前，赛百味出现产品结构老化、本土化慢、匹配度低的现象，在产品创新上显得滞后。赛百味的理念非常好，但是不够讨巧。产品线毕竟太窄，三明治这类产品真正的

受众只是一部分白领，但复购有限。不过，对于赛百味来说，它确实试图统一全世界的菜单，"这样顾客就可以在全世界任何地方都可以吃到同样的美味三明治"。但这种创新力不足的产品结构在世界范围内竞争力都有限。现在餐饮行业偏向社交方向发展，在快餐领域，肯德基和麦当劳都推出了比较好的手工咖啡，但赛百味配备的饮料仍以碳酸饮料为主。所以，在全球化进程中，是选择积极本土化，还是更倾向于全世界统一菜单，如何做好平衡是赛百味要在国际市场继续扩张需要思考的问题。

资料来源　何禹彦. 赛百味创始人：中国特许经营业缺创新［EB/OL］.［2018-01-21］. http：//www.mie168.com；商学院MP.关店风波背后，赛百味在中国还能透支品牌价值多久？［EB/OL］.［2018-12-02］. http：//www.sohu.com/a/218601256_495685.

精析：赛百味公司通过特许经营实现了企业的快速增长，在扩张过程中，企业根据不同的市场特点，调整经营方式，采取本土化的策略，从而促进了加盟店经营的成功。对于企业来说，应该借鉴赛百味公司的成功经验和教训，既要注意特许方式的推广，又要关注本土化策略的运用。

🛡 职场指南

如何选择特许经营行业

1.必须选择趋势性的、有前景的朝阳产业（产品）

这是好行业（好产品）的第一个必备特性，所谓的朝阳产业（产品）指的是这个产业（产品）在未来的10~20年中将很有前景、很有市场，将被消费者广泛地接受和使用。大多数的富豪都是因为具有超前的智慧与眼光，选择了很有前景的朝阳产业才成为亿万富豪的。

2.所选择的行业必须市场空间大，竞争对手少

很多人在选择行业的时候，往往是看到别人在一个行业中赚到了钱，然后跟着去从事那个行业，其实这是一种严重的错误。为什么呢？因为你不是在这个地域中最早从事这个行业的人，大块的市场和利润已经被别人所占领，你会模仿，其他人也会很快模仿竞争，最后的结局就是大鱼吃小鱼，实力弱的被淘汰出局。

3.市场需求量大

量大才能赚钱。我们要经营的行业（产品）要尽可能是人人都要用、家家户户都需要的产品，量大就能赚大钱，这是行业选择的第三个要点。

4.投资少、高利润、高回报

薄利多销当然也能赚大钱，但是如果两款产品同样的销售量但不一样的利润，是不是经营利润高的产品能赚更多的钱？所以选择行业（产品）的第四个要素就是尽可能去选择利润较高的行业（产品），而且最好能投资不大（投资越大风险越高）却能带来长期的高回报利润。

5.售后服务少

这也是衡量好行业（产品）的一个标准，如果你选择的是需要长期不断地做售后服务的行业，将会浪费很多宝贵的时间和精力，因为售后服务通常是不赚钱的，但为了长期拥有客户及良好的信誉，你必须随时准备为客户服务，随叫随到。

具备上述5个条件中2个以上的就不错，同时具备5个条件的，更是最佳生意。

资料来源 陈安之. 如何选择行业，才能赚大钱［EB/OL］.［2018-05-22］. https：//club.1688. com/article/22882880.htm.

((◉)) 课后拓展

中国商业联合会是1994年经中华人民共和国民政部注册登记的、具有社团法人资格的全国性行业组织，由从事商品生产、商品流通、饮食、服务业的企事业单位、有关社会组织及从事商品流通活动的个人自愿组成，接受业务主管单位国务院国有资产监督管理委员会和社团登记管理机关民政部的业务指导与监督管理。获取商业零售领域前沿资讯、政策法规、行业动态、标准规范，了解最新实务操作案例，请关注微信公众号"中国商业联合会"（微信号：cgcc2013）。

本章小结

特许经营发展的萌芽阶段是19世纪40年代至20世纪初。1851年，胜家缝纫机公司被公认为现代意义上的特许经营起源。特许经营发展的第二阶段是20世纪初至30年代，主要集中在商品流通领域。特许经营发展的第三阶段是20世纪40年代至70年代，此时进入了一个全面发展的时期，在众多的行业展开。特许经营在第四阶段，借助于IT和网络技术，以空前的速度、规模以及强大的市场渗透力向前推进，发展成为全球经济中一股具有创新性的重要力量。特许经营无论是在发达国家还是在我国都得到了相当程度的发展。它就像一把双刃剑，对特许人和受许人既有优势也有劣势。

基础训练

一、选择题

1.被公认为现代意义上的第一家特许经营公司是（ ）。

A.可口可乐公司 B.胜家缝纫机公司

C.福特汽车公司 D.麦当劳

2.特许经营第一次跨出一般的商业领域，进入非营利性组织的市场化运作当中，这是特许经营发展的（ ）。

A.第一阶段 B.第二阶段 C.第三阶段 D.第四阶段

3.《商业特许经营管理条例》全面实施是在（ ）。

A.2008年 B.2007年 C.2004年 D.2000年

二、判断题

1.特许经营的概念最早发源于政府将自己的某些专属权利，授予私人或商家使用，本质上是一种政府的行政许可，称为"政府特许经营"。 （ ）

2.特许经营在第三阶段主要集中在商品流通领域，其特点是以产品的分销权、产品商标的使用权为特许经营授权的主要内容。 （ ）

3.1963年，经营西式糕饼及咖啡的商店"不二家"的成立，标志着日本首个特许系统正式出现。 （ ）

三、简答题

1.特许经营目前在中国的发展具有哪些特点？

2.特许经营对特许人有何优势？

3.特许经营对受许人有何优势？

实践训练

【实训项目】

调查不同企业的特许总部和加盟店，了解不同企业特许经营相对于特许人和受许人的优势和劣势。

【实训情境设计】

通过调查不同企业的特许总部和加盟店，掌握不同企业特许经营相对于特许人和受许人的优势和劣势。

【实训任务】

以小组为单位，选取不同企业的特许总部和加盟店进行实地访谈，分析特许经营相对于特许人和受许人的优势和劣势，并提交调查报告。

【实训提示】

不同的小组可以选取不同的企业的特许总部和加盟店进行访谈和调查，分析特许经营相对于特许人和受许人的优势和劣势。

【实训效果评价表】

实训效果评价表见表2-1。

表2-1 调查报告评价表

项目	表现描述	得分
调查的对象和目的		
人员分工		
调查方法		
报告内容和形式		
合计		

得分说明：各小组的调查表现分为"优秀""良好""合格""不合格""较差"，对应得分分值为"25""20""15""10""5"，将每项得分记入得分栏，全部单项分值合计得出本实训项目总得分。得分90~100分为优秀，75~89分为良好，60~74分为合格，低于60分为不合格，必须重新训练。

学习目标

通过本章学习，了解特许经营总体规划的功能、步骤和内容，掌握特许经营基本关系结构、授权体系结构和运营管理体系网络结构。

【引例】

自2005年首家营业面积为600平方米的直营旗舰店开业以来，塞纳左岸咖啡在一二线城市开始全面铺开。2010年以后，塞纳左岸采取了与上岛等台系咖啡连锁品牌一样的模式：特许加盟。不同的是，塞纳左岸咖啡走上了另外一条国际化思考、本土化发展的创新之路。

特许加盟这种模式需要解决的最关键问题是，每个加盟商必然强调个性化，然而如何在坚持个性化的同时，使整个连锁体系依旧可以保持低成本与高品质服务质量兼顾的运作？咖啡行业专家汪才华认为，标准化与个性化并不矛盾，标准化表现在品牌标识、管理体系、产品和服务等标准上，而个性化则强调具体店面的装修风格、产品组合以及经营者本人的亲和力对经营成败的影响。个性化带来的销售增量，一定程度上可以抵消成本的增长。

在战略布局方面，塞纳左岸咖啡以区域核心城市总部开设直营店发展为基础，不断进行产品创新，适应不同地域消费者的需求，形成区域品牌效应。每开一家新店，总部派去的店长、厨师长、吧台长等支持人员至少要在加盟店工作一年，直到完全把新店员工培训成熟，完全掌握总部的三大系统，店面经营进入稳定状态为止。此前长期的人才储备战略，这时也派上了用场。实践中创新的双线管理体系，通过"传帮带"解决咖啡店实际运营过程中的问题，将实战经验传授给投资商自己的店面管理人员。通过为加盟商培养本地人才团队，塞纳左岸咖啡更好地服务了周边城市消费者。另外，塞纳左岸咖啡坚持"咖啡+健康轻食+西式轻餐"的产品运营模式，悄然改变咖啡行业的格局，也成为引领咖啡馆饮食品类多元化发展的标杆。

塞纳左岸咖啡是国内首家复合经营型咖啡品牌并完成"咖啡全产业链布局建设"的企业，率先在行业内完成以品牌自身为基点的咖啡生态建设。在云南普洱，塞纳左岸咖啡拥有自己的绿色咖啡种植基地，完善的种植、采摘、物流、烘焙体系。通过成立自己的咖啡烘焙学院，建设国内一流咖啡技术人员组成的专业咖啡生产研发中心，从咖啡豆的甄选到烘焙、研磨以及最后的出品，形成塞纳左岸生产标准、产品出品标准；结合市场消费者的反馈和实际经营中遇到的问题，培养了一批善于经营管理的人才。在全国数百家直营连锁加盟店中，培养了2 000多名专业咖啡店运营以及技术人才，涵盖从源头到餐桌的各个节点，对于塞纳左岸咖啡来说，都是可控的、可监管的。一方面，可以最大限度地保障产品的质量；另一方面，通过分析、解决各个节点产生的问题，不断优化产业链的流通结构与方式，更好地连接行业上下游，促进整个咖啡行业的健康发展。

塞纳左岸咖啡最近上线了"咖啡店运营专属"的"大数据云计算管理系统"，这套系统具备多维度的咖啡店运营数据分析能力，是塞纳左岸咖啡在原有收银系统、ERP系统基础上总结创新，结合移动互联网技术而构建的。在原有运营能力的基础上，创新咖啡店运营决策模式，将大大提升咖啡店运营决策的正确性。

塞纳左岸咖啡在咖啡西餐行业激荡的10多年间稳步发展成为一面旗帜，具体体现在品牌、产品、选址、空间设计、可复制性、把控加盟管理、打造差异化产品体系、柔性化服务等层面。

资料来源　佚名．塞纳左岸咖啡西餐厅加盟品牌本土化创新发展之路［EB/OL］．［2018-08-30］．http://www.diodelaser.com.cn/htm/hyyy/icity/22544.html；塞纳左岸小编.咖啡加盟连锁实践探索——"塞纳左岸咖啡"行业成功的解决方案［EB/OL］．［2018-11-26］．http://www.sainacoffee.com/brand/2397.html.

3.1 特许经营总体规划概述

特许经营是市场扩张和品牌扩张的系统化解决方案，是一个组织的战略性选择。特许经营成功与否不仅关乎特许人的利益，也关乎大量投资者——受许人的利益，以及社会公众的利益。因此，一个有社会责任感的特许人必须认真谨慎地筹划其特许经营体系发展的每一个阶段和每一个步骤。

在中国特许经营发展的历史上，既有因认真进行总体规划成功的案例，也不乏因为没有对特许经营体系进行认真的总体规划而失败的案例。事实上，世界上大多数成功的特许经营企业大多经过一段时间的准备和筹划后才开始特许经营（见表3-1、表3-2）。

表3-1　　美国特许经营500强中若干特许经营企业开始特许业务的时间

品牌	公司成立时间	开始特许经营时间	相隔年限
赛百味	1965	1974	9
7-Eleven	1927	1964	37
麦当劳	1954	1961	7
洲际酒店集团	1952	1954	2
21世纪房地产	1971	1972	1
Jani-King	1969	1974	5
肯德基	1930	1952	22
DQ	1940	1944	4

表3-2　　　　　　　　　国内若干特许经营体系开始特许业务的时间

品牌	公司成立时间	开始特许经营时间	相隔年限
马兰拉面	1995	1997	2
杉杉	1998	2000	2
荣昌洗衣	1990	1999	9
华联超市	1993	1995	2
亚飞汽车	1994	1997	3
重庆小天鹅	1982	1998	16

特许经营发展总体规划是特许人为取得特许经营体系持续稳定的发展，根据特许人组织内外环境及可获得资源的情况，对特许经营体系的发展目标、达到目标的途径和手段所做的整体计划。

总体规划的主要功能是：

①指明特许经营体系的发展方向。

②明确特许经营体系的发展目标。

③以最有效的手段配置资源。

④协调组织中的不同人员所作出的各种决策。

总体规划连接着组织和外部环境，回应、协调和整合"特许人组织"和"行业环境"两组要素，如图3-1所示。

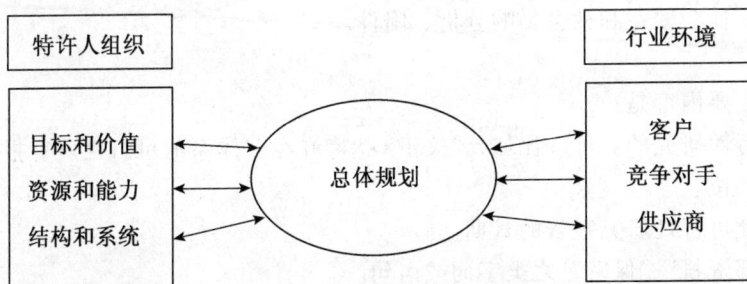

图3-1　总体规划的协调功能

3.2 特许经营总体规划步骤

制定总体规划一般要经过3个阶段6个步骤，如图3-2所示。

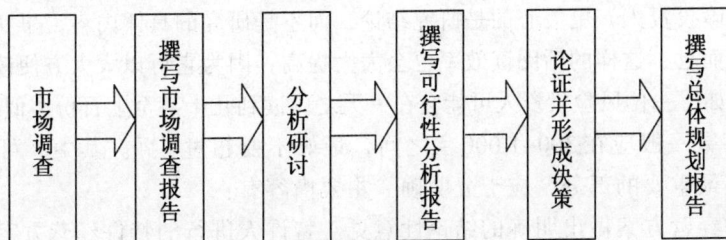

图3-2　总体规划的6个步骤

3.2.1　第一阶段工作

这一阶段主要是进行市场调查，收集并整理所有有关行业环境的数据和信息。在完成了市场调查之后，要根据收集并整理好的所有有关行业环境的数据和信息，对组织所处的行业环境进行分析，并撰写出市场调查报告。

需要收集整理的行业环境的信息包括宏观和微观两个方面：

①宏观行业信息包括如下4个方面：国家有关行业政策；本行业新技术的最新发展；上游产业的最新发展；本行业带头人的最新动向。

②微观行业信息包括如下3个方面：客户的信息；供应商的信息；竞争对手的信息。

3.2.2　第二阶段工作

完成第一阶段的工作之后，就要组织相关人员根据市场调查报告提供的分析结果，对开展特许经营的可行性进行分析，并撰写出特许经营可行性分析报告。

任何特许人组织在开展特许经营之前，进行可行性分析都是非常必要的。特许人通过这一过程可以获取足够的信息，以便做出是否开展以及如何开展特许经营的决策，这些分析对于说服那些未来受许人加盟特许经营体系也具有很高的参考价值。

另外，一份可行性研究报告也常被作为特许人筹集项目资金、争取项目支持、撰写总体规划报告（商业计划书）的重要依据。

一份特许经营可行性研究报告通常包括封面、简介或前言、组织的基本情况、特许经营项目背景及发展概况、企业内外的SWOT分析、市场分析、企业实施特许经营的必要性分析、特许经营发展构想、特许经营项目的技术可行性分析、特许经营项目的经济可行性分析、社会效益和社会影响分析、附件。

1）封面

封面上主要内容是：

- 该可行性研究的名称。比如，"关于×××特许经营体系的可行性研究报告"。
- 研究单位。
- 发布此可行性研究报告的日期。
- "内部资料""保密"之类字词或语句。

2）简介或前言

简介的主要功能是总结和概括可行性研究中所包含的全部信息。简介应该用一两句话概括指出本可行性研究各主要部分的核心思想，即指出每一研究领域中的主要发现，解释整个项目的可行程度，以及建议采取的行动或者此研究报告的结论。

之所以要提供一个简介，是因为那些可能的特许经营项目的决策者、利益相关者（如公司股东、风险投资人）更关心的是研究结论，而不是研究的具体内容、事实分析和那些原因的罗列。而且，这样的话阅读效率也会大大提高，因为它可以大大方便读者，节省他们的时间。比如，一位风险投资人可能会在一天之内读到几十甚至上百份类似的报告。

简介的字数一般应在300~1 000字之间，最好不要超过1页。其中，可行性研究的结论与建议是最重要的部分，应十分明确。主要内容有：

- 对特许经营方案做出明确的结论性意见。特许人进行的特许经营方案可能有两种最基本的形式：一是建设新的特许经营体系；二是将现有的直营连锁体系改造成特许经营体系。

- 对施行特许经营的条件、方案、技术、经济效益、社会效益、环境影响等的结论性意见。
- 对主要的对比方案进行说明。这些对比方案可以是建立子公司、成立销售公司、按传统模式进行产品或服务的营销、建立合资公司、发展直营连锁等。
- 对可行性研究中尚未解决的主要问题提出解决办法和建议。
- 对应修改的主要问题进行说明，提出修改意见。
- 对不可行的项目，提出不可行的主要问题及处理意见。
- 对可行性研究中主要争议问题的结论等。

3）组织的基本情况

- 组织的名称、性质、地址、组织结构、人员情况、主要股东、注册资本、法定代表人、高层管理人员、发展历史等。
- 组织的业务现状、市场占有率、目标市场等。
- 产品和服务。主要包括产品和服务的类型、名称、产量、质量、特色、目标消费群体、竞争力、价格等。这一点对于那些主要依靠自有产品或产品类别少的企业特别重要，加盟店成功与否在很大程度上与这些产品或服务的定位有关。

4）特许经营项目背景及进展概况

（1）项目提出的背景

- 国家或行业发展规划。说明国家有关的产业政策、技术政策，分析特许经营项目是否符合这些宏观环境要求。
- 项目发起人。注明项目发起单位或发起人的全称，如为合资项目，要分别列出各方法定代表人、注册国家、地址等详细情况。
- 项目发起的理由。注明项目发起的理由。

（2）项目进展概况

项目进展概况指项目在可行性研究前所进行的工作情况，主要包括如下重要事项：

- 开展特许经营所需要的企业内外资源调查，包括特许经营行业、法律法规、同行采取特许经营状况的调查等。
- 市场调查，包括全国性和地区性市场情况调查，既包括组织本身的产品和服务的调查，也包括特许经营体系和单店推广的市场调查。
- 社会公用设施调查，包括运输条件、公用动力供应、生活福利设施等的调查。
- 已完成及正在进行的试验工作的名称、内容及试验结果，这些实验包括样板店的建设、与未来受许人的交谈甚至特许经营单店等。

5）组织的SWOT分析

SWOT分析是将组织内外部条件的各个方面进行综合和概括，进而分析组织的优劣势、面临的机会和威胁的一种方法。其中：S（strength）是指组织在产业中的优势；W（weakness）是指组织在产业中的劣势；O（opportunity）是指组织面临的机会；T（threat）是指组织面临的威胁和挑战。

（1）组织优劣势分析（SW分析）

优劣势分析主要是组织自身的实力及其与竞争对手的比较。而所谓优势，即竞争优势，是指当两个组织都有能力向同一客户群体提供产品和服务时，一个组织超越其竞争对手的能力，这种能力有助于实现组织的目标。需要说明的是：竞争优势并不一定完全体现在较高的盈利率上，因为有时组织可能更希望增加市场份额、实现规模化、获得可持续发展、赢得公众的认可等。

在做优劣势分析时必须从整个价值链的每个环节上，将组织与竞争对手做详细的对比，如产品是否新颖、制造工艺是否复杂、销售渠道是否畅通、服务是否到位以及价格是否具有竞争力等。

（2）机会威胁分析（OT分析）

机会威胁分析主要是对行业环境的变化及其对组织产生的影响进行预测。随着经济、社会、科技等诸多方面的迅速发展，特别是全球经济一体化过程的加快，全球信息网络的建立和消费需求的多样化，组织所处的环境更为开放和动荡。这种变化几乎对所有组织都产生了深刻的影响。正因为如此，环境分析成为一种日益重要的组织职能。

环境发展趋势分为两大类：一类表现为环境威胁，另一类表现为环境机会。环境威胁指的是环境中一种不利的发展趋势对企业所形成的挑战，如果不采取果断的战略行为，这种不利趋势将导致组织的竞争地位受到削弱。环境机会就是对组织行为富有吸引力的领域，在这一领域中，组织将拥有竞争优势。

6）市场分析

（1）行业概况分析

行业概况分析包括对行业的历史、规模、特征、主要客户群、容量及潜力、发展趋势、竞争与合作情况、行业竞争的关键点、国家有关行业政策、本行业新技术的最新发展、上游产业的最新发展、本行业带头人的最新动向等的分析。

（2）竞争分析

竞争分析主要依照波特五力模型（Porter's Five Forces Model）进行（如图3-3所示）。

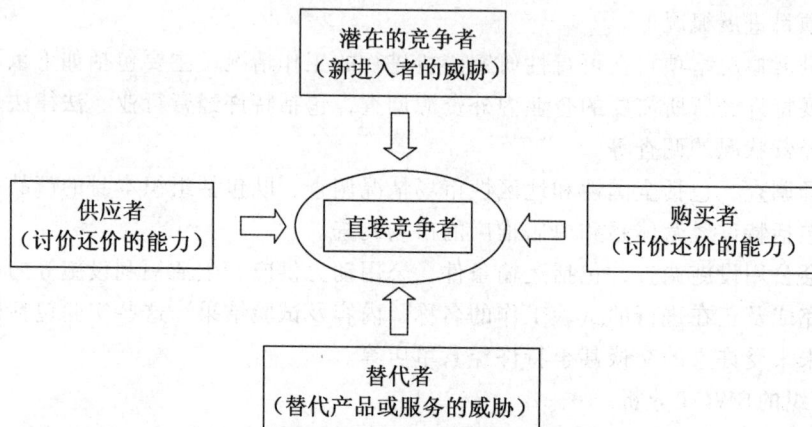

图3-3 波特五力模型

迈克尔·波特对于管理理论的主要贡献是在产业经济学与管理学之间架起了一座桥梁。在其经典著作《竞争战略》中，他提出了行业结构分析模型，即所谓的"五力模型"：行业现有的竞争状况、供应商的议价能力、客户的议价能力、替代产品或服务的威胁、新进入者的威胁这五大竞争驱动力，决定了企业的盈利能力，并指出公司战略的核心，应在于选择正确的行业，以及行业中最具有吸引力的竞争位置。

（3）消费者分析

主要分析以下各要素：

- 影响消费者购买行为的主要因素分析，如文化、社会、个人心理等。
- 与购买行为相关的人群分析，如使用者、影响者、采购者、决策者、信息控制者。
- 购买行为类型分析：根据消费者行为的复杂程度和所购买商品本身的差异性大小分为复杂型、和谐型、习惯型和多变型四种；根据消费者的性格和购买心理不同，分为习惯型、理智型、冲动型、经济型（特别注重价格）、情感型、不定型六种。
- 购买决策过程：引起需要—收集信息—评价方案—决定购买—买后行为。
- 消费者收入的变化。
- 消费者支出模式的变化。
- 消费者或客户的细分。

7）企业实施特许经营的必要性分析

一般从组织本身所获得的经济效益及特许经营对宏观经济、社会发展所产生的影响等多个方面来说明开展特许经营的必要性，主要包括下面这些内容：

- 利润是否可以增加。
- 是否可以提高市场占有率。
- 是否可以加强市场竞争力。
- 是否可以扩大组织规模。
- 是否可以提升组织的品牌。
- 是否可以获得产品进入国际市场的优越条件和竞争力。
- 是否可以对当地经济、社会发展产生积极影响，如增加税收、提高就业率、提高科技水平等。

8）特许经营发展构想

这部分是对特许经营发展做初步描述，因为只有对特许经营的发展有了大致的构想，组织下一步所进行的技术、经济和社会影响等方面的可行性论证才有针对性，也才有实际的意义。

发展构想具体内容应包括：

- 单店的经营模式（客户定位、商品/服务组合、获利模型、总部战略控制）。
- 特许经营内容及组建的特许经营总部的性质（独资、合伙等）。
- 特许经营授权体系结构，如单店授权、区域授权、区域主授权等。
- 特许经营费用的安排，包括加盟费、特许权使用费、广告基金以及其他如保证金、广告费、培训费、转让费、更新费、设备费、原料费、产品费等。
- 运营操作安排，包括招募、营建、财务管理、信息管理、物流配送等。
- 项目运作团队和工作方式。
- 特许经营发展总体进度计划，如总体目标、阶段划分、阶段目标等。

9）特许经营项目的技术可行性分析

（1）构建特许经营体系的可行性分析

一个组织构建特许经营体系可能采取的途径，包括3个最基本的途径，或是这3种途径的组合：

- 聘请特许经营专家作为本企业的高级职业经理人。
- 寻找"外脑"，即外部专业咨询公司或顾问等。
- 组织自己员工学习特许经营的有关知识，然后自己进行体系的构建。

这些方式在项目成功风险、支付成本等各个方面利弊各有所不同，组织应仔细分析，以选择一种最为有利的组合方式。

（2）特许经营体系运作与维护的技术可行性分析

其主要包括特许经营体系构建之后的实际运作和管理维护等，即组织能否在人员、知识等资源方面有持续保障。具体来说，就是组织一旦成为特许人之后，能否保持自己的盈利以及履行其对受许人的承诺，如各种支持、研究开发、培训、督导、信息控制、财务管理、市场营销、物流配送等。

10）特许经营项目的经济可行性分析

（1）融资可行性分析

- 国家预算内拨款、国内银行贷款、国际金融组织贷款、国外政府贷款、赠款、商业贷款、出口借贷、补偿贸易等。
- 自筹资金，包括部门、地方、企业自筹资金。
- 发行企业债券、股票上市。
- 其他资金来源。

（2）项目筹资方案

对各种可能的筹资方式的筹资成本、资金使用条件、利率和汇率风险等进行比较，以寻求财务费用最经济的筹资方案。

（3）投资使用计划

- 投资使用计划。
- 借款偿还计划。

（4）收入预测

- 特许经营单店的收入预测。
- 区域加盟商收入预测。
- 区域主加盟商收入预测。
- 特许经营总部未来3~5年的收入预测。

11）社会效益和社会影响分析

在可行性研究中，除对以上各项经济指标进行计算、分析外，还应对项目的社会效益和社会影响进行分析。项目的社会分析方法，除可以定量的以外，还应对不能定量的效益影响进行定性描述。内容主要包括：

- 项目对国家政治和社会稳定的影响，包括增加就业机会、减少待业人口带来的社会稳定的效益，改善地区经济结构，提高地区经济发展水平等。
- 项目与当地科技、文化发展水平的相互适应性。
- 项目与当地基础设施发展水平的相互适应性。
- 项目与当地居民的宗教、民族习惯的相互适应性。
- 项目对合理利用自然资源的影响。

- 项目的国防效益或影响。
- 对保护环境和生态平衡的影响。

可行性研究人员应当根据项目的不同特点，对项目的主要社会效益或影响加以说明，供决策者参考。

12）附件

凡属于项目可行性研究范围，但在研究报告以外单独成册的文件，均需列为可行性研究报告的附件，所列附件应注明名称、日期、编号。

- 项目建议书。
- 项目立项批文。
- 市场调研分析报告。
- 贷款意向书。
- 环境影响报告。
- 需单独进行可行性研究的单项或配套工程的可行性研究报告。
- 引进技术项目的考察报告。
- 利用外资的各类协议文件。
- 其他主要对比方案说明。
- 特许经营基本知识、发展历史和利弊。
- 其他。

3.2.3　第三阶段工作

完成第二阶段的工作之后，即完成了特许经营可行性研究报告的撰写之后，总体规划就要进入第三阶段。第三阶段是总体规划的最后阶段，对特许人来讲也是决策阶段。第三阶段的工作通常按下列程序展开：

1）成立决策小组

特许人应当成立一个专门的决策小组参与对特许经营可行性的评估和论证。决策小组由组织的内部人员和外部人员组成。内部人员应当包括董事长、总经理、主管营销的副总经理、主管财务的副总经理、主管生产和技术的副总经理、各职能部门的负责人、主要股东以及其他参与项目前期策划的人员；外部人员应当包括特许经营顾问师、相关行业专家以及律师。如果项目涉及融资，还可以邀请风险投资公司或投资银行方面的代表加入。

2）决策酝酿

在举行正式的特许经营可行性的评估和论证之前至少一周的时间，应当将撰写好的特许经营可行性研究报告提交给每一个决策小组的成员阅读。在这一段时间内，各决策小组的成员会就可行性研究报告提供的信息进行进一步核实，并对报告提出的计划和方案展开非正式的磋商和交流。

3）正式论证评估

在决策小组人员充分酝酿的基础上，特许人应当举行一次甚至多次由决策小组的全部人员参加的正式的论证评估会议。会议开始应当首先安排可行性研究报告的撰写人员对报告的内容做一个简单的陈述，然后按照可行性研究报告议题的先后顺序对报告的内容逐一加以论证和评估，并得出相应的结论性意见。

4）制定总体规划

将正式论证评估会议上与会者的意见和建议汇总，作为撰写总体规划和实施计划的主要依据。总体规划报告（商业计划书）内容大体如下：

（1）前言

- 特许人组织简介。
- 特许经营可行性研究的结论。

（2）战略发展方向和特许经营体系发展目标

- 特许经营体系发展方向。
- 特许经营体系阶段性发展目标。

（3）特许经营体系运营管理模式

- 单店基本运营管理模式。
- 总部基本运营管理模式。
- 特许经营授权体系结构。
- 特许经营总部组织机构。

（4）特许经营体系发展策略

- 总体发展策略。
- 品牌拓展策略。
- 区域市场拓展策略。
- 产品和服务营销组合策略。
- 加盟商发展策略。
- 竞争策略。
- 产业资源整合策略。
- 其他策略。

（5）特许经营体系构建项目实施计划

- 项目团队的组成及培训计划。
- 项目第一年工作进度表。

（6）财务预算

（7）附录

- 市场调查报告。
- 特许经营可行性研究报告。
- 项目团队组织结构及主要人员简历。
- 项目团队培训日程安排。

3.3 特许经营总体规划内容

成功的特许人在特许经营企业中进行战略规划，主要包括以下几个方面的内容。

3.3.1 特许经营的宗旨

确立特许经营宗旨是总体规划的首要内容。特许经营企业要生存下去，就必须有经济目标。特许人用来实现整体宗旨的方法应该在招募受许人之前就确立好，否则，随着企业发展和产品/服务的变化，宗旨会变得模糊不清，或者当市场条件变化到一定程度时，原来的宗旨会变得不太适合。

为了制定出完善的宗旨说明书，一个成功的特许人必须明确以下问题：宗旨说明书必须表现企业家、受许人以及雇员共同的机遇、挑战和动机；应该阐明特许人经营的目标市场或商业领域。一个目标市场可以通过所提供的产品或服务、目标顾客群、需要满足的顾客需求等因素，或者这些因素的组合来描述。需要注意的是，随着经济发展变动性和不稳定性的增加，一个公司的宗旨说明书更应强调顾客而非产品，尽量避免采用具体、狭隘的词语。

3.3.2 目标和策略层次

特许人战略规划的第二个内容是根据宗旨说明书来制定一套详细的辅助目标（supporting objectives），从而实现企业的主要功能，并建立、维持和发展企业的营销网络。目标要体现营销、金融、人力资源和经营等功能，并且按照重要性排列成不同层次。营销目标清晰明了地指明特许经营企业的总体方向。在这个层次结构中，必须列出实施营销策略的具体计划以便提供尽可能多令人满意的目标或预期结果。只有这样，企业家才能更加清楚如何规划、组织和控制特许经营组织的管理活动。

3.3.3 确定符合公司优势的定位

基于以上两个方面的内容，特许经营应选择一个合适的定位，使特许经营企业在行业中能够实现其经营目标。该定位应该是行业中竞争者的总产品、服务线的一部分，或根据顾客群的规模、收入水平和地点等特征预先确定的目标顾客群。总之，寻找合适定位的目的是要确认产品或服务的目标顾客群。如果特许经营组织选择正确，它的定位是竞争者没有进入或没有足够进入的领域，这个定位就可以带来盈利和企业发展。企业应该选择一个能够在日益激烈的竞争中取胜，并能为顾客提供优秀服务的市场定位。

当然，慎重选择市场定位的战略优势并不阻碍特许经营企业在多个市场中寻求发展的目标。随着企业在行业与市场上的发展与经验积累，它可以选择增加产品或服务线，高效优质地为顾客提供服务。例如，一家侧重于报酬、账户支付/收入和盘存核算体系的会计和商务服务公司可以增加其他服务，如审计、税收准备或信息管理系统的咨询。又如，一家特许经营快餐店可以拓展其营业范围，如供应早餐；而一家家庭特许经营清洗店可以为家居清洗提供更多的选择，如护理草坪或修理小家电等。

特许人主要通过某些扩张形式来增加利润，但问题是通过顾客线进行扩张还是通过产品/服务线或两者并用来扩张。图3-4是特许组织寻求发展的扩张矩阵。特许人可以通过在新的地点提供相同的产品或服务以吸引更多现有的目标顾客，或寻找新的顾客类型推销现有的产品或服务，或扩展产品/服务线。这种扩张通常包括提供产品或服务以补充原有的产品/服务线。

3.3.4 产品/服务线

通常，特许经营企业为了获取企业的整合效应而选择扩张。如果两个单独行为联合作用时产生的效果超过各自独立作用的效果，就产生了整合效应。有时这也被称作"1+1=3"效应。例如，在饭店中同时经营一家特许经营汽车旅馆会使汽车旅馆成为旅

产品

| | 现有产品 | 使用中的相关产品 | 类似生产技术 |

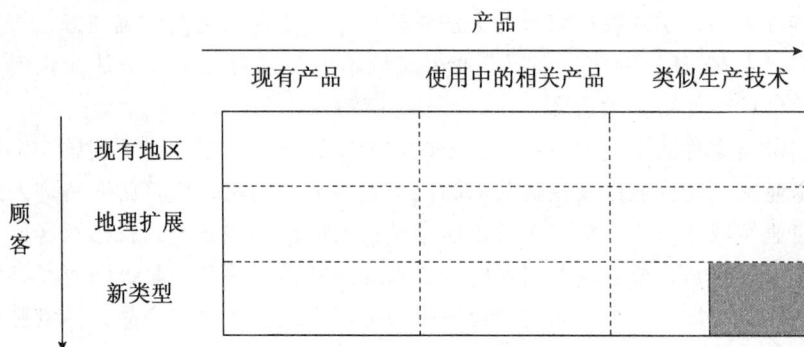

图3-4 特许经营扩张矩阵

游者更方便的停留场所。这样做的目的显然是增加销量,超过了饭店或汽车旅馆各自独立经营、在相隔一二公里的地方各自经营的销量。另外一个例子是特许饭店扩展其业务,增加了早餐供应。用这种方式可以争取到更多顾客光顾这家饭店享用午餐或晚餐,而不仅仅是一天只用一餐。

因为整合效应是特许人扩张目标的一部分,所以应该仔细权衡采用的方式。图3-4还标明了预期扩张选择落空的区域。当特许经营企业脱离了现有的顾客、现有的产品或服务,整合效应就消失了。在底端(图3-4中模型的右下角),要求出现新顾客并且提供新产品或服务,这儿就不存在特许经营整合效应。特许人采用这种扩张方式(即新的顾客群和新的产品或服务)应通过合并来进行。通常,寻求扩张的特许经营企业会考虑以整合的方式联合各自的市场位置来补充或加强各自的力量。特许人在扩张前应仔细规划,避免减少企业在现有的产品或服务和现有的顾客群体上已经取得的利益。

一旦企业的市场定位已经确定并与企业的主要优势(独特特征或业务方式)相关,则无论特许人何时想要扩张,都应考察扩张模式——沿袭产品/服务线或顾客线。特许人进行扩张决策时,应该再三考察战略市场规划的下一步和最后一步。

3.3.5 持续发展的营销策略

无论企业的规模是大还是小,企业进入市场与发展都有几种基本选择。我们在考虑这些选择时,主要看特许经营企业如何适应或影响其所处的市场,表3-3列出了4种典型的营销策略,它们所涉及的因素是所有权决策定位及与营销策略有关的描述性特征的典型因素。有些特许人,特别是那些富有变革精神的企业特许人会选择创始人策略,这一策略花费很大。由于许多新特许分店没有大量资本,因此,它一般被大型的、在某行业或市场上已确立了强大或决定性地位的特许公司所采用,如餐饮业和汽车后续服务业(即提供汽车修理产品或服务的公司)。例如,本田汽车公司以凶猛之势重新打入一个几乎已被遗忘的汽车市场,吸引了年轻人和其他一些原本不会购买此类汽车的潜在顾客。

第二种策略是早期模仿者策略。通常,处于扩张时期的特许经营企业不会采用该策略。如果要努力增加加盟店的数量,打入新的市场,特许人就必须丧失一定的灵活性,从而确保产品或服务的稳定性、经营运作的一致性、开展有效的广告宣传,为现有受许人提供更好的专业服务,以及对新加盟的受许人进行高质量的培训。

表 3-3　　　　　　　　　　　　　　**4 种以市场为重心的企业策略**

策略类型	企业简介	特征
创始人	企业家型、发展导向型、高风险型（大获成功或一无所有的赌博定位）	了解现有顾客的需求以刺激产品、服务的需求；能获取资本；时机好
早期模仿者	市场敏感度高，善于反省，敢于冒险，愿意在未充分了解产品开发或生产设备改造的成本/利益前进行改变	在当前的产品和/或生产间灵活转换；迅速有效地改变产品/服务；能够采用不同产品/服务以适应不同的竞争，为顾客提供独特的产品/服务（即对顾客高度重视）
市场追随者	对市场极为热忱，但企业内部以生产为中心；力求生产大批量或高价值的产品/服务；慎重考察符合企业现有优势的成本/利益机会；在资源投入前寻求确定的市场趋势	了解市场定价与需求水平；在现有企业优势上争取最大的市场份额；抓住有利机会进入市场，以恰当的水平提供产品/服务，比如低成本、低管理费用等
市场补缺者	为市场撇脂寻找机会；市场热忱型，但目前缺乏大量生产的能力；只愿承担最小的风险；避免面对面的竞争	以高需求的具体市场份额为目标；灵活；注重企业资源

第三种策略对于刚刚发展的特许经营企业来说或许是最具有变通性的一种策略——市场追随者策略。这种策略短期来看十分有利：市场需求旺；市场上现有企业的数量随顾客需求增加而增加；经营方式也能确保企业采用最有效的方法来销售产品或服务；而且，几乎每天都有新的竞争者进入市场。但长期来看并不那么有变通性，因为随着越来越多的竞争者进入市场谋求利益，会出现价格竞争，市场将趋于饱和，也就是说，供应商的数量足以满足市场需求，一家或多家公司争相增强市场渗透力的同时，价格竞争不可避免地会变得更剧烈。这最终使得一部分资本不足或效率差的企业因无法在激烈的价格竞争中生存而退出市场。

一些刚刚入市的特许经营企业很可能会选择第四种策略，成为市场补缺者，作为他们打入市场和发展的初期策略。事实上，市场细分是最好的选择，但它需要特许人充分了解顾客需求与目标市场动力。许多新的特许经营企业之所以失败是由于他们缺乏足够的经验与市场知识，不能成功地执行这一策略。市场细分策略在汽车后续服务业中被有效地运用。事实上，汽车的每一个部分都有特许经营服务，包括水箱、坐垫、消音器和传动器，或诸如防锈、车体工作、检测及更换润滑油之类的工作。餐饮业也成为一个分割性的行业，分为提供全套菜谱或特色菜谱、全面服务或有限服务、华丽或单一功能性环境等多种特许经营行业。

在选择营销策略前，特许人就特许人与受许人关系必须考虑以下几点：受许人应该得到专业性的帮助，希望特许人开发最具有竞争力的营销策略。受许人也希望参与对自身未来的规划。受许人应该具有营销技术知识，而培训受许人这些技术知识是特许人的义务。当受许人的意见与建议得到采纳，问题与市场信息在企业规划中被考虑时，他们就会感到自己是企业的一分子，就会更积极、更忠实于特许经营体系。

特许人应该慎重考虑营销策略的6个步骤。这6个步骤分别是：制定目标；辨别和评估市场中的机会与威胁；决定目标市场；决定产品/服务组合；确定行动计划与战术；进行营销调研，提供市场信息情报。制定营销策略的6个步骤如图3-5所示。

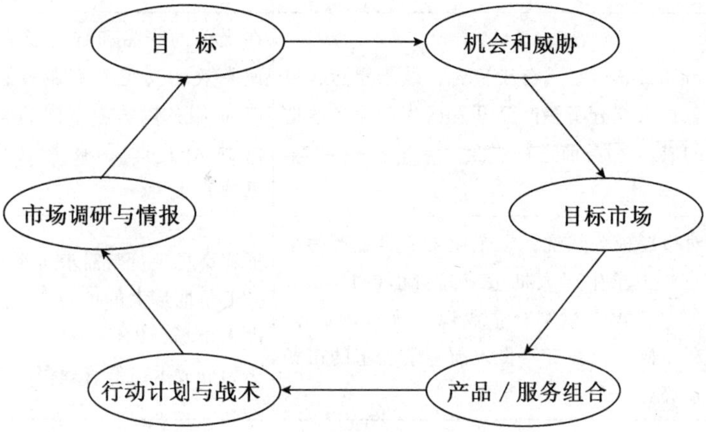

图3-5　制定营销策略的步骤

目标：特许人应该在与企业规模一致的特许经营组织使命的基础上制定系列目标。特许经营企业的目标应该是具体而可计量的、完整的、能够被清晰地传达和理解的。

机会与威胁：特许人应考察外部环境，列出对特许经营企业及其产品造成威胁或者提供大量机会的因素。外部考察与评估的目的在于避免个人过于专注于日常活动，而忽视了市场开发。特许人应定期考察外部环境，列出最新的机会与威胁，从而与市场趋势保持一致。当制订行动计划时，抓住良好的机遇以防备即将到来的威胁，这种做法是非常值得借鉴的。表3-4列出了对特许经营企业产生即时或长期影响的外部因素。

仔细思考表3-4中给出的每一个问题，并且给出所有的答案。如果它适用于特许经营企业，则可以帮助特许人把握住影响企业时机或条件的"脉搏"。在考虑这些问题时，当某一因素的影响力很大但发生的可能性很小时，或者即使很可能发生但却遥遥无期，则不值得为此花费时间与资源去收集和分析这些信息。考察这些因素和进行评估的目的在于确保特许经营企业有时间对影响企业市场、顾客或者供应商的重大变化做出反应，制订应急计划。

目标市场：了解了目标和环境因素、市场威胁及机遇后，特许人要制定较宽泛的营销策略来达到这些目标。总的策略要清晰地描述特许人选中的目标市场或子市场。每一特定市场或子市场都有自己的特色，通常指市场内顾客的偏好与消费方式。特许人应决定每个子市场的属性，从竞争的角度制定最有利于特许经营企业的策略。这些属性可按普通购买因素进行分类，如价格、顾客敏感度、产品质量、标准化程度以及外观，产品或服务的营销模式、成本、速度；以及所需的营销支持、服务或售后服务。特许人往往希望找到体现顾客需求的特定产品或服务因素，并反映到企业的营销方式中去。

表 3-4　　　　　　　　　　　　　　考察与评估环境因素

竞争

竞争增加/降低到何种程度？以何种方式？

市场上是否有再发展的可能性？替代产品呢？成本是多少？价格是多少？

竞争者的策略是否改变了？是什么类型的？这意味着什么？

目标市场

是否发生了影响市场规模的人口发展趋势？

子市场是否有变化？

什么样的人口发展趋势会带来机会或威胁？

分销渠道是否有新的发展？可靠性如何？成本多少？

是否有必要改变广告宣传形式或促销方式？怎样改变？效果如何？

市场潜力有何变化？市场优势怎样？市场份额呢？

是否还需要进一步进行产品差异化？应该从何做起？

政府

法律法规是否可能变化？很有可能吗？影响将会怎样？

影响策略的税法或其他刺激因素会有变化吗？

现有的特许经营区域有政治风险吗？下一步扩展呢？

技术

本企业现有的技术可靠吗？成熟吗？

正考虑什么技术？是否会有突破？

技术改变的影响对本企业有多快？对整个行业呢？

供应商

在同一区域内替代者有哪些？什么时候会有？是否会节约/增加成本？

对受许人的供应及时吗？成本有效吗？盈利吗？增加了还是减少了？

社会文化

服装、生活方式、偏好是否有新的趋势？

这可能暗示了什么？紧迫性如何？

总体经济与行业形势

目前经济健康发展的形势的变化前景如何？

本行业经济是否健康？该行业的子市场呢？

通货膨胀率、赤字、国际收支、贸易壁垒及经济萧条是否影响本行业？怎样影响？目前的地位如何？

将来呢？什么样的总体经济与行业变化会影响策略？

　　产品/服务组合：市场策略应该考虑产品线和目标市场上竞争的所有同系列产品。例如，在快餐业中，大的特许经营企业对其产品线十分关注，总是提出这样一些问题：是否要突出某一特殊食品，是否要通过增加类似产品来延长产品线，产品线是否需要更精细的全面检查，是否需要替换一种或多种产品或改良其他品种。例如，20 世纪 90 年代世界各国对于白肉产品的需求增加，许多特许经营企业在产品线上增加了鸡肉和鱼肉品种。有些特许经营餐厅甚至还增加早餐产品，改变营业时间，并随季节增加或减少产品线。另外，与产品组合有关的广告类型、促销、定价、包装及分销方式应该综合考虑进营销策略中。当企业壮大时，店铺广泛分散在某一区域中，应该针对生活方式的不同、其他地理或社会文化特征的不同而对产品做一些必要的改变。

行动计划与战术：在制订特许经营企业商业计划时，特许人应将营销策略转变为具体的行动计划或战术项目，以便处理好以下问题：在每个子市场上要做什么？何时开始和结束这些活动？由谁负责这些活动？执行这些行动计划的成本是多少？

例如，在特许经营企业已经占据一席之地的子市场上推出一个新产品付出的努力不同于在还没有该项特许产品的市场。方法会因目标顾客、促销目的、促销该项产品可用资金而有所不同。受许人促销活动的战术因素包括采购点展示，特许人全国或地区性的广告宣传（包括广告单，在媒体中宣传的频率、天数），以及同一时期竞争者促销活动的有关情况。

通常，各种产品、领域、促销方式、销售时间的行动规划可以按月、季度、半年、年度进行，使用一张图表，以星期、月份为列，以营销行动规划或战术为行，加以组织整理。市场目标（预计的销售结果）和预算是按月或季计。这使得特许人在选择了合作的广告方式后可以按地点和推广方式来监控每个产品营销的过程。这种方法有助于特许人和受许人计划广告成本，一段时间之后根据广告期间的销售业绩对该广告类型进行评估以了解该项支出的收益。

市场调研与情报：为正确引导特许经营体系，特许人需要大量的信息。许多信息特许人很难获得或根本无法获得，或总是在合适的行动机会过后才能获得。实际上，信息可以从内部和外部角度来搜集。

内部市场信息：是指来自特许经营体系中可控活动的数据。一个精心设计的内部市场信息系统包含了特许经营营销机制的主要因素以及产品销售的重要情况。这样的系统包括：①每个特许经营地点按类型和年代分类的设备单；②每个地点的供应和存货水平；③按服务类型或所售产品划分的销售业绩；④按地点或产品类型划分的相关盈亏数据；⑤按推广类型划分的每个销售单位的推广成本；⑥每日收入与支出账户数据。

这些信息对于评价营销表现、判定营销行动规划的优缺点以及制定预算等未来营销策略十分重要。

外部市场信息：存在于特许经营体系活动之外。通常，这些与市场观点、问题、威胁和机会相关。市场调研问题包括几个步骤：首先，问题、观点、威胁与机会要仔细界定。界定好之后，就要决定该问题所需的信息是哪些，从而做出决定；然后，要制订一个数据收集计划，该计划分为从主要渠道和从次要渠道收集的信息。

1998年，麦当劳开始改善餐馆连锁店的经营，提出"热餐"、"快捷服务"、"符合订购"和"每分每秒"等服务理念。几十年来，麦当劳第一次做出提高食品质量的决策——首先提供更热、更新鲜的食品。电话调查表明，顾客们一致抱怨麦当劳的食品口味大不如前。进一步的调查显示，顾客们并不是对食品的菜谱不满，而是想购买更热的食品。三分之二的顾客至少要在距餐馆5分钟路程的地方才能吃完食品。因此，提供热食品就很重要了，热到什么程度被当成秘密。麦当劳的食品预备体系曾脱离消费者的生活，但现在决心通过提供热食品来挽回它的顾客。麦当劳将面包在辐射对流加热器中加热10秒，多汁的肉类放在高科技保温橱中20分钟，控制湿度，使肉饼保持一定的热度和湿度，并通过新的电脑软件设计在每天客流的高峰期提供什么食品，增加销量最好的几种食品（如巨无霸），提高服务速度。

次要数据收集（通过政府宣传、期刊、书籍或商业传播）通常提供了数据收集的起点，成本低，容易获得。但所需要的精确数据往往无法获得，或者即使获得了，也不完整、不可靠或已经过时。出现这种情况时就必须采用主要数据收集方法，它的花费较大，时间较长。但是主要数据收集更相关、可靠，因为特许人能够获得精确的信息来处理手边的问题。接下来是信息的实际收集与分析，在处理问题时决定数据之间的关系。最后，特许经营企业需对信息做出判断，以便针对市场问题与观点做出决定。

通常，特许人在进行主要调研时会寻求大学或私人市场调研公司的外部帮助。但是，一些大型企业的特许人会设立自己的市场调研部，以便建立统计数据库来增强他们的分析能力，从而全面了解特定市场及整个行业信息。

3.4 特许经营体系结构的设计

3.4.1 特许经营基本关系结构

特许人、受许人以及客户是特许经营体系中的三个相互独立的民事主体；特许经营总部、单店是特许经营体系中的两个基本的组织形态。这五大部分以及它们之间的互动就构成了一个完整的特许经营关系体系，如图3-6所示。

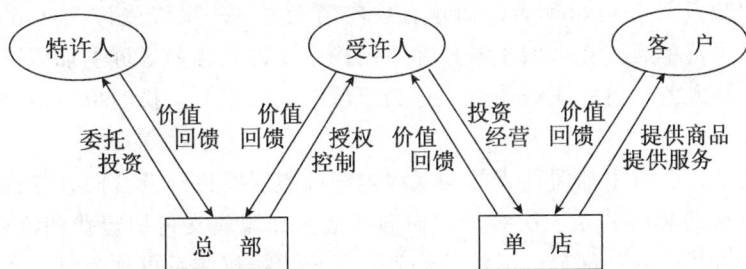

图 3-6 特许经营基本关系结构

3.4.2 特许经营授权体系结构

特许经营授权体系由一个特许人和若干个受许人组成。根据特许人向受许人授权区域的大小以及性质的不同，特许经营授权体系可划分为以下几种类型。

1）单店授权体系结构（single unit franchising）

受许人被许可在一个非独占的区域内开设并运营最多3个单店，但不能同时开设两个以上。在单店授权体系结构（如图3-7所示）中受许人被称为单店加盟商。

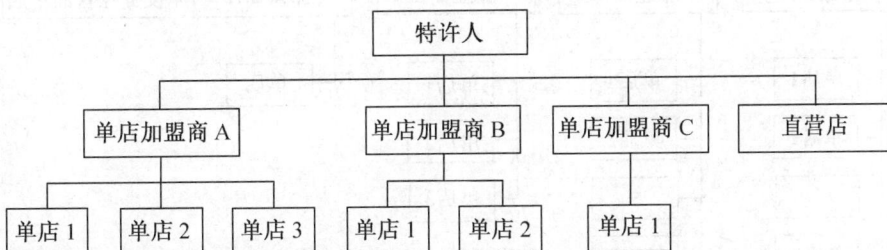

图 3-7 单店授权体系结构图

2）区域授权体系结构（area franchising）

受许人被许可在一个独占的市场区域内开设并运营4个以上的单店，通常受许人要向特许人承诺在一年内至少开设并运营N家单店，而且每开设一家单店都要与特许人签订单店加盟合同。在区域授权体系结构中受许人被称为区域加盟商（如图3-8所示）。

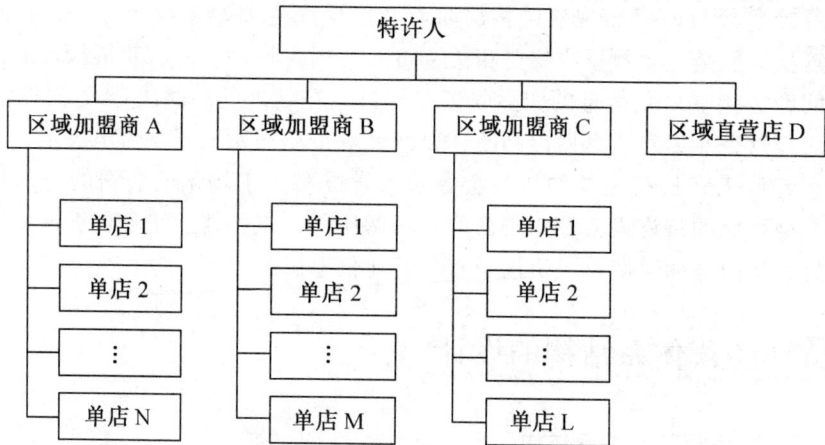

图 3-8   区域授权体系结构图

3）区域主授权体系结构（master franchising）

受许人被许可在一个较大的独占的市场范围内（通常是一个国家或地区，至少是一个省）不仅可以开设并运营单店，而且有权向第三方——次级受许人（sub-franchisee）再授权开设和运营单店。在区域主授权体系结构中受许人称为区域主加盟商，在该授权区域内扮演特许人的角色；次级受许人称为区域次级加盟商，扮演单店加盟商或区域加盟商的角色。

多数情况下，区域主加盟商直接与次级加盟商签署特许经营合同，特许人与次级加盟商不发生直接的契约关系。次级加盟商向区域主加盟商支付加盟费和特许权使用费，区域主加盟商将其中的一部分上缴给特许人。区域主授权体系也称为复合式特许、分特许，一般应用于国际特许经营授权（如图3-9所示）。

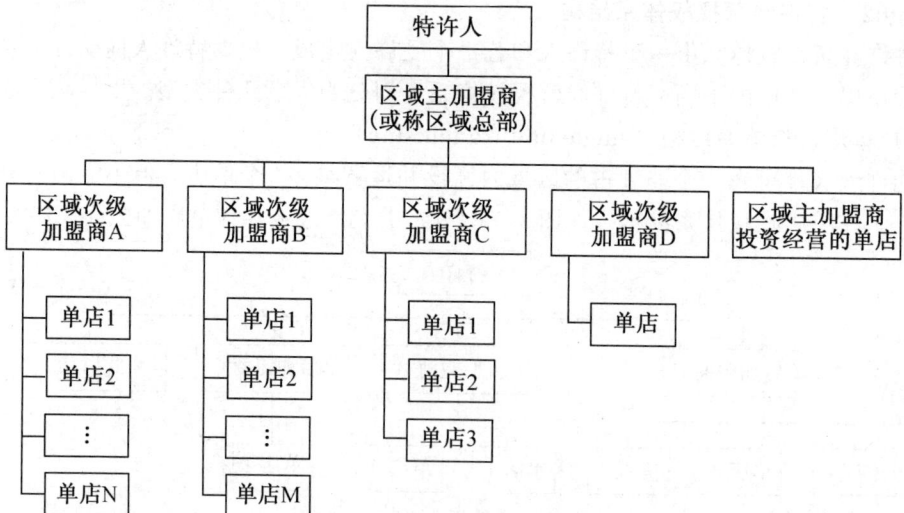

图 3-9   区域主授权体系结构图

4）其他授权体系结构

在全球特许经营实践中，特许人通常根据地区的不同和特许经营发展阶段的不同而采用不同的授权体系结构，或将上述三种类型授权体系结构加以变形或混合使用，比较典型的如肯德基在中国采用特许人直接投资或控股的地区管理分公司替代区域主加盟商的方式。

另外一个典型的例子就是赛百味的区域发展代理制。通过在某个城市中选择一个区域发展代理（area development agent），代表特许人在特定的城市来寻找加盟商并负责对加盟商进行培训和督导。区域发展代理可以从他发展的每一个加盟商交纳的加盟费和特许权使用费中提取一定数额的佣金。当然并不是所有的人都可以做赛百味的区域发展代理，赛百味要求它的区域发展代理首先必须是该区域的加盟商之一。

3.4.3　特许经营运营管理体系网络结构

特许经营的运营管理体系是一个网络化结构，用三句话来概括就是"单店为基础，总部为后台，网络为支撑"。

1）单店为基础

每一个单店都是一个利润中心；每一个单店都是特许权的载体；单店的数量是衡量特许经营体系规模的基本指标。

2）总部为后台

每一个单店都与总部形成一个直接的前后台关系。单店是前台，直接服务于客户和区域市场；特许经营总部是后台，负责提供单店所需的各种资源和运营管理的所有支持，包括经营计划、市场策划、广告宣传、产品开发、人员培训甚至融资方面的支持。

3）网络为支撑

特许经营总部相当于强大的中央服务器，一个个单店则相当于一个个终端，总部负责提供单店大量的经营管理知识和市场信息，单店则提供每日的单店经营数据和客户的数据；由于单店的统一形象和统一服务标准使得彼此之间在赢得客户方面相互呼应、相得益彰；单店与单店之间不仅不是竞争关系，而且可以在总部的统一协调下实现单店之间在采购、广告等方面的联手合作而获得规模经济效益；不仅如此，单店与单店之间还可以在总部的统一协调下实现库存商品的调配以及向客户提供各种异地服务等。

🔍 案例精析

7-Eleven的特许经营之道

1927年，美国南方公司在售卖冰块的7-Eleven店中增加了鸡蛋、牛奶等商品，并延长营业时间，改为早上7点到晚上11点。1946年，店铺正式更名为"7-Eleven"。1964年，该公司开放7-Eleven特许加盟，并指导全球各区域的被授权方进行7-Eleven便利店的连锁经营，不断扩张版图。

在各区域经营主体中，7-Eleven在日本的发展最为成功，并逐步收购了美国南方公司。目前，7-Eleven日本所属的7&I控股集团直接经营7-Eleven在日本、北美和中国部分城市（北京、天津和成都）的门店，其全资控股的7-Eleven Inc.仍是7-Eleven全球特许经营权的授权方。目前，7-Eleven日本门店数接近2万，占全球7-Eleven的三分之一。

7-Eleven的门店以加盟店为主，直营店只有500家左右，占比不到3%。2016财年，加盟店实现销售额 370 亿美元，占总销售额的 97%；贡献分成收入 60 亿美元，占 7-Eleven 总营业收入的 86%。这部分收入的净利率较高，使 7-Eleven 的整体净利润率高达 20%。通过加盟制度，7-Eleven 真正做到了规模和效益的双赢。

7-Eleven 总部和加盟店之间，通过合同约定各自职责，是分摊成本、共享毛利的合作关系。加盟店负责人员招聘和管理、商品订货和销售以及日常经营，总部负责商品开发、物流配送、销售设备、信息系统、经营指导、会计服务和广告宣传等。

加盟模式分为特许加盟（A 型）和委托加盟（C 型）两种，成本分摊和利润分成机制有所差异。目前，7-Eleven 的加盟店以委托加盟模式为主，有 13 000 多家。对于一家典型的委托加盟店，按照 32% 的平均毛利润率，其中总部分成 18% 左右，并承担房租、部分水电气费和商品损耗成本；加盟店分成 14% 左右，并承担人工、部分水电气费、大部分商品损耗成本和其他杂费。按日均销售额 65.6 万日元的平均水平计算，假设 1% 的净利率，单店年利润约为 240 万日元，接近收回初始投入。加上最低收入保障和激励机制，加盟方的利益得到较好的保障。

加盟模式可以节约新开门店的人力成本和资金投入，加速门店网络扩张，与加盟商共担风险。7-Eleven 总部则可以专注发挥自身在品牌、供应链和经营赋能方面的优势，进行门店的标准化复制，发挥规模效应。

加盟制的难点在于，一方面要保证相对弱势的加盟方的利益，以保证加盟方的积极性；另一方面要做好加盟店的质量和服务管控，维护连锁品牌。这就要求品牌方先通过自营门店积累和验证可靠的运营能力，再通过合理的加盟制度进行能力输出和门店复制。

在共享毛利的加盟制度下，加盟方与总部的利益一致性很强。而且，7-Eleven 重视对加盟店进行经营赋能。加盟店主需要经过严格的资质审核和能力培训，主要包括信息系统使用和合理订货的能力，以及贯彻鲜度管理、单品管理、清洁明亮和热情服务四大原则。

总部承担 80% 的水电费用和 15% 的损耗成本，是为了让门店保持明亮整洁的经营环境，并保证商品的新鲜度。7-Eleven 还有一支 2 500 人的运营现场顾问团队，每个顾问负责七八家加盟店。他们定期访问门店，检查经营情况，并提供专业而全面的门店管理咨询服务，确保 7-Eleven 的经营理念和管理要求得到执行。

总结 7-Eleven 的经营情况，它的成功在于精细高效的门店运营能力和有效的规模复制能力。

在门店运营方面，7-Eleven 充分把握便利店的定位和消费者需求，不断打磨产品能力和服务能力，通过自有品牌和鲜食提升毛利，通过信息化提升运营效率。在规模扩张上，借助合理的连锁加盟机制输出运营能力，实现快速的门店复制和密集分布，从而在供应链和品牌上形成规模效应，进一步降低成本。

传统线下零售业态增长的时代已经过去，在市场快速变化的互联网时代，7-Eleven 需要探索新的做法。比如，在移动互联网背景下，通过线上引流的方式增加线下门店客流量。利用人工智能和物联网等新技术，实现无人便利店，进一步提升运营效率。

资料来源　佚名. 7-Eleven 全球拥有 6.15 万家门店 它是如何玩转便利店？［EB/OL］.［2018-12-01］. http://news.winshang.com/html/061/2954.html.

精析：特许经营在中国的发展已日趋成熟，便利店作为一种成熟的零售业态，通过特许经营制度开放个人加盟，是其通行的做法。在便利店乃至线下零售业，7-Eleven树立了一个标杆，根据自身条件和市场环境，准确定位自己，不断创新，获得了一定的成功。作为新零售概念落地的主战场之一，未来的便利店会有哪些新的玩法，值得期待。

职场指南

对于创业者启动特许经营的十条建议

1.理想的特许经营市场，应符合以下三个标准：

（1）市场消费潜力巨大，且有尚未满足的需求。

（2）目标消费群具有一定的购买力，经营能取得一定的销售额和利润。

（3）本企业有开拓市场的能力，而且市场未被竞争对手完全占有。

2.建立一个标准的旗舰店，但不要太大。

（1）旗舰店是给所有投资者的最直接印象，它的VI形象和服务标准都应该是今后加盟店的样板。

（2）店太大，则需要花费资金购买更多的设备和雇用更多的工作人员，同时租金等各方面开支都会增加。因此对加盟者而言，看到一个盈利的店比看到一个超大面积的店会更有吸引力。

（3）比较多个旗舰店的选址，并做仔细的数据测算以决定最理想的店面。

3.供应商的谈判和选择不能轻率。

（1）建议各项设备和原料供应商都至少准备两家以上，保持竞争和供应。

（2）在与供应商谈判时，一定要了解企业信誉和产品本身质量，挑选出最合适的，而不是最贵或最便宜的。

（3）与供应商谈判的经理一定要有经验和良好的人品，某些设备还需要判断是购买合理，还是租赁合理。

4.聘用经验不足的总经理或项目经理是不明智之举。

（1）不利的人事安排会造成公司营运的不畅。考虑到目前行业的竞争压力和特许经营的专业性，无经验的人员是无法胜任的。

（2）雇用经验丰富、具有开拓意识的管理人才，不但可以帮助企业节省初期运作成本，而且能带来持续的利润。谨慎对待他们在薪水方面的要求，关注人才忠诚度，不可以失去市场中与对手抗争的良将。如果品牌在重要的时期发生了关键人才的流失，那谁能估量所导致的利润损失呢？

5.不能雇用过多的员工，需要核心员工。

（1）在生意还没有完全步入正轨，销售和利润情况还不是十分理想时，不要雇用大批人员，那些可以同时兼任多个岗位的员工非常理想。培养核心的员工，树立榜样，这对于今后直营店和加盟店的培训工作非常重要。

（2）尽量不要让亲戚和朋友经营店内生意，除非他们是确实合格的人选。公平地对待每一级员工，关心他们的发展和进步，他们会努力为这个企业作出贡献。

6.制作精良的宣传资料。

（1）传达企业的先进经营理念和服务水准，让顾客知晓本企业服务项目的优点以及和竞争对手的不同，需要制作良好的宣传资料。

（2）考虑到初期会经常调整一些条件或政策，建议根据展会等具体宣传活动的需要，先期按需印制，以避免成本的浪费。

7.建立完善的客户数据库。

（1）包括顾客数据库和加盟商客户数据库。

（2）一般来说80%的业务量是由20%的重要顾客带来的，因此需要建立顾客的数据库，分析他们的要求和特点，以便吸引回头客。

（3）建立会员制是个很好的主意，使会员客户享受更超值的服务和优惠的价格。

（4）在特许拓展方面，也需要建立加盟商的数据库，系统地对加盟商进行培育和开发，使之成为规范有序的行为。

8.不能仅实行一种或两种销售渠道和方式。

（1）除商店零售和上门拜访之外，还可以考虑尝试开拓新的销售渠道。譬如合同销售，这是非常不错的销售方式，实践证明这能增加很多的固定客户。电话销售也是很不错的方式，比较容易沟通和开发老客户。

（2）特许总部需要总结出很多适合本土的销售方式及促销方法，为更多直营店和加盟商进行有效的销售指导。

9.需要一个行之有效的快速启动加盟计划。

（1）总经理需要明白：加盟店的成功才是特许项目真正的成功。

（2）在建立旗舰店同时，必须考虑加盟的启动，考虑每一步的成本和与发展加盟的关系。

（3）制订一个行之有效的启动加盟计划，并不断讨论和完善，在合适时机迅速推出。如果前期能积累一定数量的意向加盟者，则会使加盟宣传达到更有效的效果。

10.制定规范的特许经营合同、利润标准以及发展规划。

（1）知识产权的转让是加盟行为的核心，合同文本一定要由熟悉国内特许经营法规的、有经验的律师拟定或审定，减少今后无谓的官司麻烦。

（2）企业的产品和服务项目要围绕利润进行测算，需要确定核心利润项目，为加盟商提供财务分析指导。

（3）特许发展需要明确目标和考虑企业现有资源情况，进行合理整合，各个阶段都要目的明确、思路清晰和行动迅速。

资料来源　佚名.对于创业者启动特许经营的十条建议［EB/OL］．［2018-02-27］．http：//news.liansuo.com/news/283794.html.

((( ))) 课后拓展

作为专业的行业网站，联商网立足于零售行业，向零售行业提供全方位资讯，服务于零售行业各个业态：百货店、超市/大卖场、便利店、购物中心、3C店、餐饮店、药店、服饰连锁店、奢侈品店，及各类专业零售卖场，进而关联至零售业各服务机构、生产厂商、商业地产开发商和消费者等上下游群体。获取商业零售领域前沿资讯、政策法规、行业观点、数据资料，了解最新实务操作案例，请关注微信公众号"联商网"（微信号：lingshouzixun）。

本章小结

特许经营是市场扩张和品牌扩张的系统化解决方案，是一个组织的战略性选择。特许经营发展总体规划是特许人为取得特许经营体系持续稳定的发展，根据特许人组织内外环境及可获得资源的情况，对特许经营体系的发展目标、达成目标的途径和手段所做的整体计划。编制特许经营总体规划一般要经过3个阶段6个步骤，内容包括：特许组织的宗旨、目标和策略层次、确定符合公司优势的地位、产品/服务、持续发展的营销策略。特许人、受许人以及客户是特许经营体系中的三个相互独立的民事主体；特许经营总部、单店是特许经营体系中的两个基本的组织形态。这五大部分以及它们之间的互动就构成了一个完整的特许经营关系体系。

主要概念

特许经营发展总体规划 SWOT分析 整合效应 单店授权体系结构 区域授权体系结构 区域主授权体系结构

基础训练

一、选择题

1.（ ）的主要功能是总结和概括可行性研究中所包含的全部信息。

A.简介 B.封面 C.项目背景 D.市场分析

2.确立特许经营（ ）是总体规划的首要内容。

A.目标 B.宗旨 C.内容 D.定位

3.特许经营总部和（ ）是特许经营体系中的两个基本的组织形态。

A.个人 B.特许人 C.单店 D.政府

二、判断题

1.特许经营总体规划第二阶段主要是进行市场调查，收集并整理所有有关行业环境的数据和信息。 （ ）

2.慎重选择市场定位的战略优势将阻碍特许经营公司在多个市场中寻求发展的目标。 （ ）

3.受许人被许可在一个非独占的区域内开设并运营最多3个单店，而且不能同时开设两个以上属于区域授权的体系结构。 （ ）

三、简答题

1.特许经营企业进入市场有几种营销策略？

2.特许经营授权体系结构有几种？有何特点？

3.如何确定特许经营公司合适的定位？

实践训练

【实训项目】

调查不同的特许总部，了解不同特许企业的特许经营体系结构。

【实训情境设计】

通过调查不同企业的特许总部，掌握不同特许企业的关系结构和授权体系结构。

【实训任务】

以小组为单位，选取不同企业的特许总部进行实地访谈，分析特许企业的关系结构和授权体系结构。

【实训提示】

不同的小组可以选取不同的企业的特许总部和加盟店进行访谈和调查，分析特许企业的关系结构和授权体系结构。

【实训效果评价表】

实训效果评价表见表3-5。

表3-5　　　　　　　　　　　　　　　　调查报告评价表

项目	表现描述	得分
调查的对象和目的		
人员分工		
调查方法		
报告内容和形式		
合计		

得分说明：各小组的调查表现分为"优秀""良好""合格""不合格""较差"，对应得分分值为"25""20""15""10""5"，将每项得分记入得分栏，全部单项分值合计得出本实训项目总得分。得分90~100分为优秀，75~89分为良好，60~74分为合格，低于60分为不合格，必须重新训练。

第4章　特许经营合同

学习目标

通过本章的学习，了解和掌握特许经营合同的定义和特点，了解不同特许经营合同的类型，掌握特许经营合同的基本构成内容。

【引例】

2017年11月23日，辣庄官网发布的声明显示，哈尔滨呼兰区学院路辣庄加盟店在使用锅底用油时，为节约成本，攫取利润，擅自购买锅底原料并进行使用。按照加盟合同的约定，加盟店使用的原材料必须由哈尔滨市辣庄餐饮管理有限公司（以下简称"辣庄公司"）配送供应，辣庄学院路店的违约行为已对品牌形象造成损害，辣庄公司已采用法律手段维权。

据了解，辣庄学院路店店面面积为500平方米，加盟费是16.8万元。加盟商张××从辣庄公司进货牛油底料共26 400千克，最后一次进货1 000千克后，再无进货及补货记录。辣庄公司以张××无进货但店面一直经营属违约为由起诉，一审判令解除双方签订的加盟合同。声明还显示，北京辣庄回龙观店因未使用辣庄公司配送供应的原材料，违反双方签署的特许经营合同，辣庄公司与该门店正式解约，并正在采用相关法律手段维权。此外，辣庄公司表示正在对全国其他门店进行检查，一旦发现加盟店违约行为，将立刻采取法律手段维护自身权益。

但受罚的北京回龙观加盟店相关负责人在接受记者采访时称，辣庄提供的产品没有相关的安全证明，引起消费者质疑，在多次询问总部未果后，门店才决定不再进货。业内普遍认为，近两年来，辣庄等地方火锅品牌纷纷采用加盟模式进行全国布局，在这一过程中很容易出现管理漏洞，如不能加强把控，不仅品牌形象容易受损，更可能损害消费者利益。

资料来源　肖玮，赵超越. 辣庄火锅与加盟商发生纠纷 被指总部原料无安全证明［EB/OL］. ［2018-11-24］. http://finance.sina.com.cn/chanjing/gsnews/2017-11-24/doc-ifypapmz4459199.shtml.

4.1 特许经营合同概述

4.1.1 特许经营合同定义

特许经营的特许人与受许人是在法律上完全独立的主体，通过适当的经济安排形成有效的经济合作关系来经营共同的事业，如何处理特许人与受许人之间的关系是维持各方事业成功的关键。特许人与受许人之间权利义务划分主要通过特许经营合同确定，特许经营合同成为各方处理相互关系和日常经营行为的准则。

特许经营合同是特许经营当事人之间为共同经营或终止特许事业设立、变更或者终止权利义务的协议。

特许经营合同的意义在于明确了当事人之间的权利义务关系，对合同存续期间当事人的经营行为进行了规范，确保了当事人的合法权益，是解决特许人与受许人之间争议的主要依据。

4.1.2　特许经营合同的特点

特许经营合同具有一般合同的共同特点，即特许经营合同是当事人意思表示一致的民事法律行为的一种，特许经营合同是以设立、变更、终止特许经营存续的民事权利义务关系为目的的民事行为，特许经营合同当事人之间的法律关系是在平等、自愿的基础上产生的，特许经营合同是具有法律约束力的民事法律行为。在特许经营合同法律关系中，应注意因其特定的经济制度安排而需要特别关注的问题，主要表现在以下两个方面：

（1）双方当事人地位平等

特许经营合同双方当事人之间的关系给人的感觉是一种特许人管理受许人的纵向管理与被管理关系，其实不然。从法律关系的主体来看，特许法律关系双方当事人地位平等，充分体现了当事人意思的自治原则。特许双方没有行政上的隶属关系，也没有投资上的控股关系，法律关系主体双方是一种集中权利的许可使用关系。这一特点充分体现了民事法律关系上的平等原则，在此主要是强调特许关系的民事属性。双方当事人以平等主体的身份签订特许经营合同后，受许方根据合同的约定在经营上接受特许方经营方面的指导管理，只是合同约定权利义务的体现，并不说明双方当事人在法律地位上的不平等。

（2）合同客体内容的多元化和复杂化

特许经营的商业模式是一套复杂的制度安排，特许人享有特许利益的前提是给予受许人一定商业上的帮助，这些帮助从法律的角度看涉及各个不同的方面，即因特许经营合同约定而形成的法律关系的客体是多元化的，如涉及商标使用许可、专利使用许可、培训指导、产品配送等多种法律关系。特许经营法律关系的多元化决定了特许经营法律关系的复杂化。

特许经营合同存在以下特点：

（1）诺成合同

当事人意思表示一致即可成立的合同，为诺成合同。与诺成合同相对的为实践合同。除双方当事人意思表示一致外，还必须交付标的物才能成立的合同，为实践合同。特许经营合同需要双方当事人意思表示一致，具体表现为特许人和受许人签订特许经营合同，而后合同即告成立，合同的履行实践不是合同成立的依据。

（2）双务合同

根据合同双方当事人的权利和义务，将合同分为双务合同与单务合同。双方当事人互负给付义务的合同，为双务合同；当事人一方负给付义务，另一方只享有权利的合同，为单务合同。特许经营合同具有双务合同的性质，合同当事人既是债权人，也是债务人，他所享有的权利，正是对方所负的义务，他所负担的义务，正是对方享有的权利。双务合同与单务合同的区分，其意义在于合同履行时适用的规则不同。双务合同有对待给付及同时履行抗辩等规则，而单务合同则没有。

（3）有偿合同

根据当事人取得权利有无代价，合同可分为有偿合同和无偿合同。有偿合同是指当事人一方须给予他方相应的利益才能取得自己利益的合同。无偿合同是指一方取得他方利益而自己对得到的利益不付出相应代价的合同，如赠与、借用等。特许经营合同为双务有偿合同，受许人根据特许人许可享有特许人的商标、形象系统、商业秘密的使用权利的时候，必须向特许人支付加盟费等对价。

（4）特许经营合同的格式条款特性

我国《合同法》第三十九条第二款规定："格式条款是当事人为了重复使用而预先拟定，并在订立合同时未与对方协商的条款。"根据该定义，特许经营合同在大部分情况下应为格式合同（条款）。特许经营合同一般由特许人事先制定，受许人只能就一些变动事项在有限的范围内与特许人商议。格式合同在很多情况下体现了合同当事人双方市场和经济地位的不平等，合同制定者一般处于强势的一方，特许经营合同中也是如此，特许人在市场实力、行业知识、市场信息等方面相对于受许人处于强势地位。故《合同法》对格式合同双方当事人的权利义务进行了平衡。《合同法》规定，采用格式条款订立合同的，提供格式条款的一方应当遵循公平原则确定当事人之间的权利和义务，并采取合理的方式提请对方注意免除或者限制其责任的条款，按照对方的要求，对该条款予以说明。提供格式条款一方免除其责任、加重对方责任、排除对方主要权利的，该条款无效。对格式条款的理解发生争议的，应当按通常理解予以解释。对格式条款有两种以上解释的，应当作出不利于提供格式条款一方的解释。格式条款和非格式条款不一致的，应当采用非格式条款。

（5）特许经营合同的权利概括特性

一个成熟稳健的特许经营体系中，特许经营合同约定的特许人授予受许人的权利包括多个方面，如企业形象系统的授权使用、商标的使用许可、经营专有技术的实施许可、教育培训的实施、经营指导等项要素，这些要素集中在合同中加以规定，受许人根据合同约定概括享有权利并为此支付总体的对价。

4.2 特许经营合同类型

4.2.1 产品分销特许经营合同和经营模式特许经营合同

按合同约定的特许权的内容划分为两种基本类型：

1）产品分销特许经营合同

产品分销特许经营合同体现的是商品商标型特许经营模式，这是一种较早出现的特许方式，是指特许者向被特许者转让某一特定品牌产品的制造权和经营权。产品分销特许经营合同约定特许人向受许人提供技术、专利和商标等知识产权以及在规定范围内的使用权，对被特许者所从事生产经营活动并不作严格的规定。这类特许形式的典型例子有汽车经销商、加油站以及饮料的罐装和销售等。目前在国际上这种模式发展速度趋缓并逐渐向经营模式特许演化。

2）经营模式特许经营合同

经营模式特许经营合同对应经营模式特许，被称为第二代特许经营，当前通常所说的特许经营即经营模式特许经营。特许经营合同中，特许人授予受许人的主要不是产品销售权益，而是要求受许人经营总店的产品和服务，质量标准、经营方针等都要按照特许人规定的方式进行。受许人缴纳加盟费和后继不断的权利金，这些经费使特许人能够为受许人提供培训、广告、研究开发和后续支持。

4.2.2 不同主体间订立的特许经营合同

特许经营合同按合同主体构成划分为：

1）制造商和批发商之间的特许经营合同

制造商与批发商之间的特许经营合同中，一般制造商为特许人，批发商为受许人，特许人允许受许人销售或再加工特许人的商品，并按双方约定（一般为符合特许人要求）的方式分销产品，如软饮料的制造销售通路一般符合这种情况。

2）制造商和零售商之间的特许经营合同

大型工业品分销渠道中，往往由制造商作为特许人，与受许人即零售商达成特许经营协议。这种大型工业品制造商与零售商之间的特许经营的许多特征都与商品商标型特许经营模式有相似之处。汽车、石油销售渠道中往往签订这样的合同。

3）批发商与零售商之间的特许经营合同

这种合同主要适用于计算机商店、药店、超级市场和汽车维修业务。

4）零售商与零售商之间的特许经营合同

这种类型是典型的经营模式特许下的特许经营合同，代表企业是快餐店。

4.2.3 内容综合型特许经营合同与分离记载型特许经营合同

根据合同记载是否集中于以单个合同为标准，可分为内容综合型特许经营合同与分离记载型特许经营合同。

1）内容综合型特许经营合同

内容综合型特许经营合同是指将特许经营合同所涉事项在一份合同中加以详细约定，不再以补充协议、营业手册等附录文件对合同进行补充约定。该种合同适用于特许事业的初创阶段或小规模特许事业。

内容综合型特许经营合同具有文件简单、明确等优点，但在一个成熟的特许经营体系，很难把特许经营当事人双方所涉及的各项差异性较大的权利和义务在一份合同中穷尽，所以这一类型的特许经营合同在很大程度上已经不适应国内特许行业快速向成熟化、规模化发展的趋势。

2）分离记载型特许经营合同

如上所述，一个复杂的特许经营体系，维护其基本关系的合同文本也是非常复杂的，在一份合同中详细记录所有有关当事人的权利和义务往往很不科学。此时，将当事人的基本权利和义务在特许经营的合同文本正本中体现，至于专业化的细节问题则以专题文本的形式作为附件或引用文件附属于合同文本，由此形成的文件群即为分离记载型特许经营合同。例如，一个复杂的特许经营体系，在其合同某些条款中会约定受许人应遵守特许人制定的营业手册、培训手册等日常经营管理文件的规定，并把这些文件作为合同书的附件，只要有这些引用条款，附件即为合同内容的一部分，当事人双方就必须遵守。

4.2.4 直接特许经营合同和区域特许经营合同

以特许经营体系层级划分，可分为直接特许经营合同和区域特许经营合同。

1）直接特许经营合同

直接特许经营合同是指特许人直接给予受许人特许经营相关权利，受许人因此得以经营特许经营体系中的单份事业，特许人与受许人之间存在直接权利义务关系的合同。直接特许经营合同对应只有特许人与受许人两级特许经营体系，其中没有区域特许经营人作为中间特许商存在。

直接特许经营合同在法律关系上的安排相对简单，合同主体只有特许人与受许人双方，从经营管理的角度来看，即合同只存在于特许总部与加盟商之间。

2）区域特许经营合同

区域特许经营合同严格来说不是一类特许经营合同，而是在特许经营体系复合构建的情况下产生的不同特许经营主体间复杂的合同体系。特许人多层次开展特许事业时，会向最终受许人直接授予经营单一事业的权利，也可授予区域特许人经营某一区域或范围内事业的权利，区域特许人再依其与总特许人签订的合同约定，与区域内的受许人订立特许经营合同，理论上这种授权操作可以无限延续，但在实际操作中则不符合市场经营的规律，以一层区域特许最为常见。

如上所述，一个复杂的特许经营体系中，可能会既存在直接的特许经营合同，又存在区域总特许经营合同及区域特许人与受许人签订的特许经营合同。

国际统一私法协会的《国际特许经营指南》认为，在区域总特许协议中，特许者授予了另一个人即分特许者（区域总特许者），在某一特定地域（如一个国家）内独家开特许店和/或向分受许人进行特许的权利，也即特许者在特许经营合同中赋予了分特许者在一定区域内自行发展特许事业的权利。分特许者则为得到这一权利向特许人支付相应的费用。

区域特许经营合同具有如下特点：

①与直接特许经营合同相比较，区域特许经营合同相对复杂。

②合同包含区域开发的内容。

③合同主体一方是特许权的所有者，另一方则不一定直接使用特许权，而以自己的名义发展加盟商。

4.3 特许经营合同的内容

《商业特许经营管理条例》（以下简称《条例》）第十一条规定，从事特许经营活动，特许人和被特许人应当采用书面形式订立特许经营合同。特许经营合同应当包括下列主要内容：①特许人、被特许人的基本情况；②特许经营的内容、期限；③特许经营费用的种类、金额及其支付方式；④经营指导、技术支持以及业务培训等服务的具体内容和提供方式；⑤产品或者服务的质量、标准要求和保证措施；⑥产品或者服务的促销与广告宣传；⑦特许经营中的消费者权益保护和赔偿责任的承担；⑧特许经营合同的变更、解除和终止；⑨违约责任；⑩争议的解决方式；⑪特许人与被特许人约定的其他事项。

《条例》对合同内容的规定是特许经营合同内容的最基本要求，在实务中，一份特许经营合同的内容远甚于此，具体应包括以下11项。

4.3.1　当事人的基本情况

当事人的基本情况包括当事人的名称、住所、联系方式、法定代表人、商业登记信息、经营范围等。当事人的基本情况非常重要，事关以后合同的履行和争议的解决。例如，在合同存续期间，受许人向特许人支付相应的费用，应向合同约定的特许人所在地址或账号支付，当合同产生争议时，当事人在合同上载明的地址则可能成为选择诉讼法院的依据。

4.3.2　合同所涉概念的界定

特许经营合同是商业技术性非常强的合同，又因为特许经营体系有其个性，如同样是餐饮业的加盟店，全聚德和肯德基对加盟店的定义肯定不一样，对商业秘密、知识产权的概括也不同，即不同特许经营合同即便对同样称谓的术语也可能存在不同理解，故应事先对一些可能存在不同理解和争议的合同内概念或者术语加以约定。一般合同所涉概念包括特许经营体系、加盟店、特许标识、商标、专利、特许产品、经营手册、单店特许、区域特许、特许区域、营业地、建筑物等。根据上海市工商行政管理局、上海市商务委员会、上海连锁经营协会联合颁布的《上海市商业特许经营合同示范文本（2013版）》，相关定义如下：

特许经营体系，是指特许人的特许经营体系，包括但不限于注册商标、商号、专利和专有技术、经营模式等经营资源。

加盟店，是指受许人在认同并同意遵守特许经营体系的基础上，获得甲方授权而设立的从事特许经营活动的经营实体，包括但不限于个体工商户、个人独资企业、合伙企业、公司或其他组织等。

特许标识，是指与特许经营体系相关的识别符号，包括但不限于注册商标、商号、招牌（店铺标志）、特有的外部与内部设计（装修、装饰、颜色配置、布局、家具等）、制服、广告等。

特许产品，是指带有特许标识的所有商品及服务，包括但不限于原料、配料、成品及服务品种、方式等。

特许经营操作手册，是指由特许人制定的指导加盟店经营的各类书面操作资料，一般包括《加盟店招募手册》《店务操作手册》《产品制作手册》《营业手册》《员工培训手册》等。

单店特许，是指特许人将特许经营权直接授予受许人，受许人按照本合同的约定设立加盟店，开展经营活动，未经特许人事先书面同意，不得转授特许经营权。

区域特许，是指特许人将指定区域内的特许经营权授予受许人，受许人按照合同约定设立加盟店，开展经营活动，未经特许人事先书面同意，不得转授特许经营权。

特许区域，是指特许人授予受许人特许经营权的区域。

营业地，是指受许人依照合同条款约定，获准开设加盟店的场所。

建筑物，是指营业地所在的建筑物。

《上海市商业特许经营合同示范文本（2013版）》

4.3.3 特许经营授权

1）特许经营权性质

特许经营权从性质上划分包括直接特许、区域特许和复合区域特许。受许人获准行使的特许经营权在特许区域内应进一步明确是否具有独占性。

2）特许经营授权的地域范围

特许经营合同应明确约定加盟店的详细地址，并就将来是否变更地址、如何变更作出规定。在某些情况下，受许人可要求在合同中列明特许人不得在加盟店一定范围之内再给予他人特许经营授权。

特许权使用的地域通常是指受许人有权行使特许经营权的地域范围，它通常是用来限定受许人使用特许权的空间范围的。同时，它也可以用来限定特许人在特定地区发展加盟商的数量，防止因特许人贪婪而无节制地发展加盟店，造成特许经营体系内部发生恶性竞争，危害整个特许经营体系的健康运作，损害受许人的利益。例如，某特许经营合同规定："特许人承诺在合同有效期内不再在××省××市××区内发展其他加盟店。"商圈保护设定方式通常有圆心加半径、按行政划区分、在地图上标明、买断地域发展权、指定卖场等。

3）特许经营授权内容

通常特许经营合同许可的内容大致包括许可使用的商标、商号、专利、专有技术和经营诀窍等。合同应明确规定它们的名称，登记号及其他登记（注册）情况有效期，许可使用的内容、方式和地区等事项。签订合同时，受许人应该审核有关权属证书的原件。

在特许经营合同中，应约定授权受许人使用特许人所持有的连锁系统商标，条款应明确记载商标名称、商标注册证编号等，并确定商标应在哪些商品或服务项目上使用。

双方当事人在约定商标的授权使用时，也可通过订立另外的专门合同作为主合同的从合同，详细约定有关商标授权使用的各事项。

如特许人向受许人授予专利使用权的，应在合同条款中明确记载专利名称、专利证编号、专利内容。

受许人应按照合同中商标使用的约定和经营手册的规定，在加盟店内悬挂、张贴特许人授权使用的特许标识。受许人应按照合同中商标使用的约定规范使用商标或特许标识，不得以任何形式和方法扩大商标或特许标识的使用范围，未经特许人许可，不得与其他商标、商号或标识组合使用。受许人不得以任何方式制作、使用或申请注册与特许人商标或特许标识近似、变形或淡化的商标标识。特许标识或商标的所有权和著作权归特许人所有，合同终止后，特许人有权无条件收回，且无须对受许人作出补偿。受许人除了特许经营目的之外，不得为其他任何目的使用特许标识，也不得在合同终止后继续使用商标或特许标识。

4）特许经营授权期限

特许权许可使用的范围应明确规定使用的时间、地点、方式、使用权限等。

《条例》规定，特许人和受许人应当在特许经营合同中约定，受许人在特许经营合同订立后一定期限内，可以单方解除合同。特许经营合同约定的特许经营期限应当不少于3年。但是，受许人同意的其他情况除外。特许人和受许人续签特许经营合同的，不适用前述 3 年期限的规定。

一般特许经营合同还会约定合同期满后续约的问题。

4.3.4 特许经营费用

1）加盟费

加盟费是指受许人与特许人在特许经营合同中约定的，为获得一定区域内的特许经营资格而由受许人一次性向特许人支付的费用。加盟费本质上购买的是在一定区域内经营特许人已经创建的特许经营体系部分经营事业的资格。受许人在支付了加盟费后，得以在约定的范围之内从事特许事业的经营。所以加盟费是在合同成立后其他权利义务履行之前一次性付清的，在之后的特许经营合同履行期间不再支付的费用。

2）特许权使用费

特许权使用费是指受许人根据特许经营合同的约定，定期向特许人支付的用于购买特许人的商标、商号、专利、专有技术、经营诀窍培训服务等特许经营所含要素项目的费用。特许权使用费本质是使用受许人为特许人所持的特许经营权所支付的对价。

3）保证金

保证金的目的在于维护特许经营合同的履行安全，一般是由受许人向特许人支付，约定当一方当事人违约时，用保证金支付来维护另一方当事人的利益。原理上，特许经营合同双方都可向对方交付保证金，但在现实中，一般只有受许人向特许人支付保证金，这是由于合同当事人的经济地位的不一致和对对方需求程度的不同决定的。

特许经营合同中，一般都会约定当受许人有不履行合同约定的支付义务等违约行为时，特许人可从保证金中直接扣款。

合同终止后，特许人收取的保证金可用以抵充合同约定由受许人承担的费用或违约金，剩余部分无息归还受许人。如无任何费用发生，则应全额无息返还受许人。

4）支付方式

双方当事人应在合同中约定上述各项费用的支付方式，包括现金、支票和银行转账等方式。特许人在收到合同约定的款项后，应开具法定或约定的收款凭证。

4.3.5 对加盟店营运的约定

1）加盟店的经营资格

受许人应保证加盟店符合法律、法规关于经营资格的强制性或禁止性要求，取得消防许可证、环保许可证、食品经营许可证等法律要求的相关许可证，并具有在特许经营体系项目下经营的合法资格。

2）加盟店的开业指导和开业培训

特许人应对受许人目标市场的考察调研、加盟店的选址、营业地的装修布置、人员的聘用等加盟店筹备工作提供必要的协助和指导。

在加盟店开业前，特许人应对受许人或其指定的承担加盟店管理职责的人员进行培训，通过考核后上岗，以确保受许人能够独立运营加盟店。

3）特许经营体系的提供

特许人应在合同签订后的合理时间内，向受许人提供代表特许经营体系营业特征的书面资料，包括经营模式及相关管理制度、经营模式、门店样式、店堂布局方案、会计系统、产品质量标准、产品质量监测制度以及经营手册等，以便确保受许人顺利开展加盟店的运营。

4）加盟店开业时间

受许人应保证在合同签订之日起约定的时间内正常开业，经特许人书面同意延期的除外。

5）加盟店开业的条件

加盟店开业一般要求符合以下条件：

① 加盟店已取得营业执照或企业法人营业执照及相关许可证照；

② 营业地建筑物的装修经特许人验收合格；

③ 受许人已按本合同约定履行开业前的所有义务；

④ 加盟店符合经营手册规定的其他标准。

6）加盟店运营

在特许经营合同中，一般要求受许人同意并承认和遵守特许人特许经营体系有关标准和统一性的规定。其目的在于维护特许经营权的统一和特许形象系统，使特许经营体系在经营上形成规模效应，维护特许人和受许人多方的利益。

受许人在加盟店的运营过程中，还须严格遵守合同约定和经营手册规定的统一运营标准，有的合同也允许双方另有约定的除外。

7）商品和服务质量要求

合同一般会约定受许人遵守特许人统一制定的服务和质量保证承诺，自觉维护消费者的合法权益。受许人对消费者的投诉应当正确和勤勉地对待，对造成消费者权益损害的，须及时采取补救措施。

8）监督、培训与指导

特许人为确保特许经营体系的统一性和产品、服务质量的一致性，会对受许人的经营活动进行监督。受许人应当保持完整和准确的交易记录，定期向特许人递交上期的总营业收入及真实的财务报表。特许人应当在不影响受许人正常营业的前提下，定期或不定期对受许人的经营活动进行辅导、检查、监督和考核。受许人应当遵循特许人或其委派的督导员在特许经营过程中的建议和指导。双方可约定特许人有权定期或不定期检查和审核受许人的交易记录、会计资料、纳税记录等文件。

在合同有效期内，双方应约定特许人每年应对受许人或其指定的承担加盟店管理职责的人员提供一定次数的统一培训。

在合同有效期内，可约定特许人对受许人提供开展特许经营所必需的营销、服务或技术上的指导，并向受许人提供必要的协助。

9）广告宣传与促销

合同应就特许经营体系广告宣传与促销费用、义务承担等作出约定。特许人发布广告宣传、向受许人提供促销支持，必须严格遵守法律法规的相关规定。

4.3.6 信息披露及商业秘密保护

1）信息披露

信息披露制度，又称公示制度或公开披露制度，最初产生于资本市场，是指企业在证券的发行、上市、交易等过程中，依照法律将与证券发行有关的一切真实信息予以公开。信息披露制度是现代资本市场监管的核心内容。特许经营体系中信息披露的产生是基于特许人与受许人市场能力的不对等，以及当事人之间对对方信息的不了解而有碍于以后的合作，有必要通过要求互相公开经营过程中必需的商业秘密来保障双方的权利。所以，我国相关法律明确要求特许经营合同应就信息披露进行约定是对当事人事实上市场地位的不平等的一种平衡，也是对未来可能出现的纷争的一种防范。

一般特许经营合同会要求双方当事人承诺按照《商业特许经营管理条例》第三章"信息披露"的相关规定，在签订合同前及特许经营过程中及时向对方披露有关特许经营的基本信息资料。在合同有效期内，特许人应及时向受许人披露有关授予受许人使用的商标、商号、专利或其他特许经营体系所发生的重大变化、所涉及的诉讼及其他对受许人有重大影响的信息。特许人由于信息披露不充分、提供虚假信息致使受许人遭受经济损失的，受许人可获得解除合同的权利，要求特许人返还加盟费、保证金及其他约定的费用，并有权要求其赔偿所造成的损失。

受许人由于信息披露不充分、提供虚假信息致使特许人遭受经济损失的，特许人有权解除本合同，并扣除受许人已支付的保证金，并有权要求其赔偿所造成的损失。

2) 商业秘密的保护

商业秘密在特许经营体系中一般为特许人所拥有，是发展特许经营体系、扩大市场影响力、形成经营优势的根本，受许人在经营中也会形成自身的商业秘密。如何保护商业秘密事关整个特许经营体系的成败。在合同存续期间及终止后，受许人及其雇员未经特许人书面同意，不得披露、使用或允许他人使用其所掌握的特许人的商业秘密。受许人应承诺采取必要的防范措施，制定商业秘密保护制度，并与接触秘密的人员签订保密协议。双方如未签订合同或合同未生效，不论原因如何，双方承诺对对方披露的所有信息承担保密义务，双方也可另行签订保密协议。

4.3.7 特许产品的提供和配送

特许经营体系中涉及总部向门店统一供应货物的，应在合同中就相关内容加以约定，如就配送方式、配送服务质量等加以约定。某些特许经营体系因需统一商品销售，还会就特许商品的提供与专营等内容做出规定，主要有以下几种情形：①所有销售的商品或与提供服务有关的产品都由特许人提供；②由特许人指定商品的提供商或特定品牌商品或特定质量标准商品，受许人应按合同约定采购指定的商品；③特许人对商品质量和品牌等无特定要求。一般情况下，特许人出于维护特许经营体系的考虑，不会允许最后一种情况出现。另外，合同还可就配送及商品采购或提供的程序及所配送或提供的商品的质量、价格做出约定。

4.3.8 违约责任

作为合同的一类，特许经营合同也应未雨绸缪，规定合同当事人的违约责任。明确违约责任，反而能促进合同的履行，保护交易行为，并在一方当事人违约时，提供有效、合理的解决方案。

违约金是合同当事人在合同中预先约定的当一方不履行合同或不完全履行合同时，由违约的一方支付给对方的一定金额的货币。

特许经营合同一般应要求特许人不履行或不完全履行除本合同项下的任何义务。受许人有权书面通知其更正，特许人应在接到通知后一定时间内更正，逾期未更正的，特许人应支付相当于保证金数额的违约金。合同条款中可一并详细约定逾期不改正违约之处收取违约金的数目。同时，在受许人逾期支付合同约定的任何款项的情况下，也应支付一定的违约金，或者扣除特许人事先收取的保证金。

因特许人与受许人在法律上属于独立的法人主体，虽存在特许经营合同关系，但若由于受许人的过错对第三方造成侵权或其他经济损失，则受许人应当自行承担赔偿责任。如特许人发生对外偿付的，则可向受许人进行追偿。

受许人未履行或未完全履行合同终止后的义务的，特许人有权要求其履行义务，并有权要求其赔偿造成的所有损失。

4.3.9 合同的解除

特许经营合同应当约定合同解除的条款，明确在一定的情形下，受许人有权书面通知特许人更正，特许人若在接到通知后未在规定期限内更正，受许人有权以书面通知的方式单方解除合同，解除合同的决定在书面通知到达特许人时生效。解除合同的情形一般有：

①未按本合同约定向受许人提供全套运营体系；

②未按本合同约定在签订本合同前和特许经营过程中及时披露相关信息或故意披露虚假信息；

③未按本合同约定履行加盟店开业前及经营过程中的培训、技术指导义务；

④丧失商标或其他特许标识的所有权或使用权；

⑤因产品质量问题引起大量投诉并被主要媒体曝光，品牌形象和价值及企业商誉受到严重损害的；

⑥强行要求受许人接受除专卖商品和为保证特许经营品质的货物以外的其他货物供应；

⑦累计多次延迟配送特许产品或维修设备，或因延迟配送特许产品或维修设备造成受许人重大损失；

⑧因生产或销售的特许产品存在缺陷或严重质量问题，被质监部门处罚的；

⑨被指控为刑事犯罪。

同样，受许人违反合同约定事项，特许人有权书面通知其更正，受许人应在接到通知后约定期间内更正，逾期未更正的，特许人有权书面通知单方解除合同，解除合同的决定在通知到达受许人时生效：

①超过本合同约定的期限未符合开业条件或未开业；

②未按本合同约定支付相关费用；

③未经特许人事先书面同意擅自销售或提供非特许产品或服务；

④拒绝参加特许人组织的初始的或后续的培训；

⑤因管理和服务问题引起大量投诉或被主要媒体曝光批评，严重损害特许经营体系的商誉；

⑥未经特许人事先书面同意擅自全部或部分转让本合同；

⑦侵犯（包括但不限于泄露）商业秘密的行为；

⑧故意向特许人陈述不完整的、错误的或误导性的信息；

⑨被指控为刑事犯罪。

4.3.10 后合同义务

特许经营合同双方当事人的权利义务终止后,因受许人掌握特许人的商业秘密,熟悉特许人的经营状况,极易利用已有的信息资源损害特许经营体系的利益,而进行不当牟利,故应规定合同当事人的后合同义务,保护当事人在合同结束后的利益。合同终止后,受许人应立即停止使用商标、特许标识及其他与特许经营体系有关的任何标识。受许人应在合同终止之日起一定时期内返还特许人为履行特许经营合同而提供的所有物品,包括文件及其副本或任何复制品。受许人应该应特许人要求撤换营业地所有特许经营体系特有的内外部设计、装修、装饰、颜色配置、布局,以及家具、设备,或清除前述物品之上的商标、特许标识及其他与特许经营体系有关的任何标识。

4.3.11 不可抗力

不可抗力(force majeure)又称人力不可抗拒,是一项免责条款,是指在合同签订以后,不是由于订约的任何一方当事人的过失或疏忽,而是由于发生了当事人既不能预见,又无法事先采取预防措施并无法控制的事件,以致不能履行或不能如期履行合同。因不可抗力不能履行或不能如期履行合同,该当事人据此免除其履行合同的责任或允许其延期履行合同。

任何一方由于不可抗力且自身无过错造成的部分或全部不能履行特许经营合同的义务将不视为违约,但应在条件允许下采取必要的补救措施,以减少不可抗力造成的损失。遇有不可抗力的一方,应尽快将事件的情况以书面形式通知对方,并在事件发生的合理时间内,提交不能履行或者部分不能履行特许经营合同以及需要延期履行的理由的证明。

🔍 案例精析

特许经营合同纠纷案

本案是一起涉及特许经营合同中途解除时如何确定双方法律后果的典型案件。本文认为,根据合同条款,考虑合同性质与行业惯例等因素,在特许方对合同解除没有任何过错的情况下,特许方在解除合同时不予返还加盟费并无不当;特许保证金不具备定金的惩罚功能;合同解除后违约方赔偿的范围不应包括可得利益的损失。

2003年,避风塘公司与唐某订立特许加盟合同,约定:避风塘公司向唐某授予"避风塘茶楼"特许经营权、传授加盟店知识等,期限为5年,唐某应支付加盟费15万元(无论何种情况均不退还),特许保证金10万元(非定金性质,在唐某违约等情况下避风塘公司有权没收),并按月支付特许使用费、特许广告费等。合同还约定如一方违约另一方可解除合同,违约金为30万元,唐某以该特许加盟合同参与设立的公司对唐某的上述义务承担连带责任。合同签订后,唐某缴纳了加盟费15万元及保证金3万元。唐某与他人共同出资设立了海通餐饮公司,由海通餐饮公司作为经营"避风塘茶楼"加盟店的载体。之后,因唐某长期拖欠特许使用费和特许广告费等,避风塘公司经催讨未果于2004年提起诉讼,要求判令:解除特许加盟合同;唐某支付特许广告费、特许使用费4 171.28元、违约金30万元、特许保证金3万元;唐某设立的海通餐饮公司承担连带责任。唐某反诉称因避风塘公司未履行员工培训、广告制作等合同义务,要求继续履行合同，并由避风塘公司承担违约责任。同时，唐某认为特许加盟合同中违约金过高，请求法院予以调整。海通餐饮公司同意唐某的意见，并对承担连带责任没有异议。

原审法院经审理后认为：避风塘公司已依约履行了相关义务，唐某拖欠相关费用的违约行为已构成合同解除条件，避风塘公司有权解除合同，解除合同后应对该合同的后果一并进行处理。遂判决解除双方的特许加盟合同，唐某支付避风塘公司特许广告费、特许使用费4 171.28元并支付违约金15万元，海通餐饮公司承担连带责任；避风塘公司返还唐某特许加盟费12万元、特许保证金3万元。避风塘公司不服，提起上诉称其不应返还加盟费及保证金，唐某应全额支付违约金等。二审法院经审理后认为：特许加盟费是受许人为获得特许经营权而向特许人支付的一次性费用，合同中关于该费用不予退还的条款符合该费用的性质及行业惯例，且合同系因唐某违约致解除，故加盟费不应退还。综合本案实际履行情况，因避风塘公司未能提供证据证明其具体损失，原审判决的违约金显然过高，应酌情减少。保证金不具有定金性质，应予退还。遂改判撤销原审判决主文中关于避风塘公司退还唐某12万元加盟费的条款，同时变更唐某支付违约金金额15万元为3万元。

特许经营是特许者将自己拥有的商标、商号、产品、专利或技术、经营模式等以特许经营合同的形式授予被特许者使用，被特许者按合同规定，在统一的业务模式下从事经营活动，并向特许者支付相应费用的经营方式。本案是一起典型的特许经营合同纠纷。纠纷产生的原因是特许加盟合同提前解除后，双方对合同解除的后果不能达成一致的认识，这在当前的特许经营纠纷中是一个比较突出的问题，具有代表性。以下结合本案的争议焦点，就其反映的法律问题展开探讨，以期为同类纠纷的解决提供参考。

一、特许加盟费是否应退还

加盟费一般是在特许经营合同签订后，由加盟方一次性支付。

实践中，特许双方往往并不清楚加盟费的性质，只是约定加盟费"一次性支付"，有的把加盟费看作合同中特许使用费的一部分或预付款，也有的把加盟费理解为合同保证金。因此，在合同履行期限届满前解除合同时，特许双方对加盟费应否返还产生争议。

一般情况下，特许双方一经签订特许经营合同，即要求加盟者交纳加盟费，特许人才可能把特许经营权授予加盟者，加盟者也才有可能开展特许经营业务。加盟费可以说是加盟者获取特许经营资格的对价，有了这种特许经营资格，加盟者才得以借鸡下蛋、快速实现资本的积累。然而，取得特许经营资格并不意味着经营活动能顺利展开，并取得成功。我们知道，特许经营作为一种特殊的商业模式，特许人首先应有自己的商标、商号、经营模式等资源；为将这些经营资源授权给受许人使用，必须对受许人提供相关的培训和支持，以使其顺利开业；在受许人开业后，特许人仍需与其保持密切联系，继续提供支持与帮助，促成其成功经营。可见，从加盟者的角度来讲，交纳加盟费，取得特许经营资格，从而顺利开业，只是特许经营的第一步，加盟者还必须以自有资金对业务进行实质性投资，并在经营过程中与特许人持续合作，才可能实现预期收益，达到加盟的目的。在特许经营中，加盟者支付的费用除加盟费外还应包括特许经营使用费，即"在使用特许经营权过程中按一定的标准或比例向特许人定期支付的费用"，后者才是合同履行中，使用特许人经营资源的对价。

在市场经济中，商业风险随时存在，而特许经营恰恰具有低风险低成本扩张、迅速广泛占领市场的特点，加盟者正是通过交纳加盟费获得特许经营资格，从而降低经营风险。美国有关商业的立法中规定，加盟费是加盟者必须交纳的风险金，其原因就在于加盟者交纳该费用后即可直接享受他人成功的经营模式，大大降低创业风险。因此，在合同开始履行后，如果双方在合同中没有约定中途解除时的处理原则，而特许方又切实履行了收取加盟费所应承担的义务，将特许权授予了加盟者，那么，即使中途解约，加盟费也不存在退还问题。

本案中，特许双方实际上约定了加盟费的处理，即"无论何种情况均不退还"，唐某因此认为该条款属可撤销条款，一审法院也根据合同实际履行期限，判决避风塘公司返还部分加盟费。笔者认为，对于订立合同时显失公平的条款，在当事人提出请求时，人民法院有权予以变更或者撤销。但此项权力的行使必须恰当，不得违背当事人的真实意思表示，同时须顾及合同性质与行业惯例等因素。本案的具体情形下，约定是否可撤销还要看导致合同解除的原因是什么。既然一审法院已查明因唐某违约而构成避风塘公司解除合同的条件，那么避风塘公司对于合同的解除没有任何过错，避风塘公司按约收取加盟费并授予唐某特许经营权，在解除合同时不予返还加盟费，并无不当，二审法院予以改判是正确的。需要强调的是，我们不能割裂实际情况，孤立地认识合同条款，本案双方关于加盟费的约定，在特许人未履行相关义务而导致合同解除时，如特许人的特许经营权本身有瑕疵，特许人未协助加盟者正常开业，就可能因为显失公平而被撤销。

二、特许保证金是否应退还

本案中，虽然双方约定被告违约时，避风塘公司可以没收保证金，但同时明确该保证金不具有定金性质，且避风塘公司可将保证金用于抵充唐某拖欠的债务，因此，合同中特许保证金的实质是一种以金钱作为质押标的的担保形式，双方关于保证金不具有定金性质的约定，系真实意思表示，按照《最高人民法院关于适用〈中华人民共和国担保法〉若干问题的解释》第一百一十八条的规定，对于唐某交付的特许保证金，避风塘公司不得主张定金权利，避风塘公司关于不予退还保证金的请求无法律依据，只能主张以保证金抵扣唐某应支付的债务或违约金。也就是说，特许保证金虽具有担保合同履行的作用，但当合同因一方违约而提前解除时，因立法未明确规定，特许保证金不具有定金那样的惩罚功能，类似功能的承担在本案中主要是通过违约金来实现的。

三、违约金如何确定

按照《中华人民共和国合同法》第一百一十四条的规定，约定的违约金过分高于造成的损失的，当事人可以请求人民法院予以适当减少。一般而言，约定的违约金兼具补偿性和惩罚性功能，合同双方在签约时，对于违约金高于实际损失，是有一定认识的，如无特别不当，法院不宜介入对违约金的调整；但如违约金超出实际损失太多，或者一方依据其强势地位而迫使对方接受不公平的违约金条款，则法院也应予以干涉。

本案中，双方约定违约方应向守约方支付相当于加盟费两倍的违约金，即30万元。因避风塘公司起诉时，唐某仅仅经营数月，对避风塘公司造成的损失有限，故法院对唐某减少违约金数额的请求予以考虑。但在这个问题上，两审法院的具体认识并不一致。

原审判决中，将避风塘公司的损失确定为其在唐某未来经营期间可向唐某收取的特许广告费、特许使用费以及特许加盟费，按合同约定，前两项费用的损失，需根据营业额计算，因唐某违约而不能确定，只能酌情判断；关于特许加盟费，因原审判决部分返还，故就返还的部分构成避风塘公司的损失。综合考量避风塘公司的损失，原审判决唐某偿付违约金15万元。二审法院则认为：合同解除后赔偿的范围不应包括可得利益的损失。因合同解除的效力是使合同恢复到订立之前的状态，而可得利益只有在合同完全履行时才可能产生，避风塘公司选择了解除合同，故不应得到在合同完全履行情况下所应得的利益；二审同时认定鉴于避风塘公司无须返还特许加盟费，故无加盟费损失；至于避风塘公司上诉所称其损失还应包括品牌、商誉、专有技术等无形资产，因未能提供证据，也未予认定，最终判决唐某支付避风塘公司违约金3万元。从结论看，二审进一步减少了违约金，因避风塘公司不必返还加盟费，故双方实际抵扣的金额与一审是一样的，但二审法院对特许经营合同法律关系，对特许人据以提出诉讼主张的请求权基础的认识显然有别于原审，这种表面上的殊途同归正是需要去揭示并加以澄清的。

资料来源 袁秀挺. 特许经营合同纠纷案［EB/OL］.［2018-03-01］. http://china.findlaw.cn/hetongfa/hetongjiedu/maimaihetong/mmhtal/34087_2.html.

职场指南

订立特许经营合同前的注意事项

特许经营合同，从加盟商的角度看又可称为特许加盟合同，是一种长期的商业安排，涉及特许人与受许人（加盟商）的重大商业利益，在签订之前应格外慎重。

就特许人来说，在与受许人订立特许经营合同之前，已经有一套成熟的可盈利的商业模式，特许人需要通过特许经营合同与受许人建立合同法律关系，把自身完整的商业体系完全授予受许人使用，换取受许人支付的经济利益，这一过程中特许人还要保证自己的商业权利不受侵犯，所以在订立合同之前特许人要做以下几件事情：

（1）建立一套完整的具有盈利能力的商业体系，取得法律要求的特许资格。

（2）事先制定本商业特许标准合同样本。合同应体现特许人与受许人利益相关性与一致性。

（3）了解受许人的个人信息，特别是财务能力和信用状况。

特许经营中受许人的商业目的在于在较少成本支出的情况下取得较大的商业经营资源开展自己的经营事业。但特许加盟对受许人来说不仅是享有成熟的成果，而且也会面临各种风险，所以在合同订立之前，受许人要考虑以下几个问题：

（1）行业市场潜力、发展前景、市场规模、消费者群体、经营特征。

（2）自身的经营能力、财务能力等。

（3）特许人的信用状况、财务能力等。

（4）特许人创建特许经营体系的时间、经营过程。

（5）对特许人工商登记资料和特许经营备案资料的调查。

（6）对特许人经营实体的调研，杜绝特许人可能的作假行为。

课后拓展

《中华人民共和国合同法》经1999年3月15日第九届全国人民代表大会第二次会议

审议通过，自1999年10月1日起施行。《中华人民共和国合同法》具体条款，可通过中国政府网查询或扫描二维码查看。

本章小结

特许经营合同是特许经营当事人之间为共同经营或终止特许事业设立，变更或者终止权利义务的协议。合同当事人之间法律地位平等，合同客体内容多元化和复杂化，特许经营合同又具有格式合同的特点，具有权利概括特性。根据不同的标准，特许经营合同分为不同的类型，如内容综合型特许经营合同与分离记载型特许经营合同、直接特许经营合同和区域特许经营合同等。

特许经营合同应当包括下列主要内容：特许人、受许人的基本情况；特许经营的内容、期限；特许经营费用的种类、金额及其支付方式；经营指导、技术支持以及业务培训等服务的具体内容和提供方式；产品或者服务的质量、标准要求和保证措施；产品或者服务的促销与广告宣传；特许经营中的消费者权益保护和赔偿责任的承担；特许经营合同的变更、解除和终止；违约责任；争议的解决方式；特许人与受许人约定的其他事项。

主要概念

特许经营合同   经营模式型特许经营合同   内容综合型特许经营合同   分离记载型特许经营合同   直接特许经营合同   区域特许经营合同

基础训练

一、选择题

1.特许经营合同的特点有（   ）。

A.双务合同   B.格式条款特性

C.当事人不平等特性   D.权利的概括特性

2.以特许经营体系层级划分，可分为（   ）。

A.内容综合型特许经营   B.分离记载特许经营

C.直接特许经营合同   D.多层特许经营合同

3.以下属特许经营权授权范围的有（   ）。

A.商标   B.商号

C.专利、专有技术   D.经营诀窍

二、判断题

1.特许经营的特许人与受许人在法律上是一个主体，通过适当的经济安排形成有效的经济合作关系来经营共同的事业。   （   ）

2.特许经营体系是指特许人的特许经营体系，其特征仅包括商标（包括服务商标）、商号、专利和专有技术、产品经营模式等。   （   ）

3.《商业特许经营管理条例》规定，特许人和受许人应当在特许经营合同中约定，受许人在特许经营合同订立后一定期限内，可以单方解除合同。特许经营合同约定的特许经营期限应当不少于3年。   （   ）

4.特许权使用费是指受许人与特许人在特许经营合同中约定的，为获得一定区域内

的特许经营资格而由受许人一次性向特许人支付的费用。　　　　　　　　　（　　）

三、简答题

1.特许经营合同一般包括哪些方面的内容？

2.什么是直接特许经营合同和区域特许经营合同？

3.列举不同主体之间订立的特许经营合同。

实践训练

【实训项目】

特许经营合同内容设计。

【实训情境设计】

学生每四人一组，每两组组合成一个谈判组合，其中一组代表某中式快餐特许方，另一组代表加盟方，双方就特许经营合同展开谈判。

【实训任务】

代表特许方小组应准备初步的特许经营合同草稿，并向加盟方小组提交，加盟方小组在草稿的基础上提出于自己立场有利的修改意见，双方就合同草稿和修改意见进行谈判，在兼顾双方利益的基础上达成一致。

【实训提示】

各小组应首先对中式快餐业的经营内容进行了解，然后查阅特许经营合同内容的相关资料。

【实训效果评价表】

实训效果评价表见表4-1。

表4-1　　　　　　　　　　　　特许经营合同谈判评价表

评价指标	具体评价	得分
合同内容全面		
语言符合专业要求		
条款内容合理		
实践性		
谈判专业程度		
合计		

得分说明：各小组的调查表现分为"优秀""良好""合格""不合格""较差"，对应得分分值为"20""15""12""10""5"，将每项得分记入得分栏，全部单项分值合计得出本实训项目总得分。得分90~100分为优秀，75~89分为良好，60~74分为合格，低于60分为不合格，必须重新训练。

第5章

学习目标

通过本章的学习，了解和掌握特许经营手册的作用及编写的基本方法。对特许经营招募计划书、单店手册，包括员工手册、岗位设置及营运管理等内容能深入理解。

【引例】

7-Eleven 的加盟理念在于优势互补，共同繁荣。7-Eleven 的优势是能够给您提供后台经营支持；7-Eleven 希望加盟者所具备的优势是出色的店铺运营管理的能力和一定的资金实力。两种优势互为补充，建立友好的合作关系，开展共同的事业。

一、加盟类型

7-Eleven 的加盟制度包括"特许加盟连锁"（A型）与"店铺委托经营"（D型）两种形式。"特许加盟连锁"，是申请人自备店面加盟，让申请人能降低创业的经营风险、享受稳定获利的经营保障；"店铺委托经营"是由 7-Eleven 提供店面、委托申请人专职经营。

二、加盟优势

给您提供经营支持：支援您的事业，从商品、店铺、知识、资金等多方面提供支援。

源源不断的商品开放：应对消费者需求的变化，开发丰富有趣的商品。

给百姓带来生活便利：365日24小时营业，给百姓生活提供便利。

三、加盟条件

1.A型加盟基本条件

（1）需要专职经营 7-Eleven 店铺的负责人2名。

（2）两名专职负责人的年龄上限为45周岁。

（3）加盟业主需取得各种店铺经营相关许可。

（4）需要您的自有资金为70万元（根据店铺的情况，会有上下浮动）。

（5）需要提供一名连带保证人。

2.D型加盟基本条件

（1）申请者需要指定一名履行辅助人，限亲属关系。

（2）申请者与公司成功签约后，加盟主与其指定的履行辅助人需要全职进入店铺工作，不得有任何兼职。

（3）申请者与履行辅助人年龄均在22~45岁，身体健康，并且拥有高中毕业以上学历，并要求申请者和履行辅助人能够提供相关学历证明。

（4）申请者用于加盟的自有资金不少于人民币28万元。

（5）申请者需要提供一名连带保证人（连带保证人的自有资金或资产不少于人民币20万元）。

以上两种加盟方式都需要设立用于加盟7-Eleven店铺的专用法人。

四、加盟流程

阶段一：初次的接触

在了解7-Eleven加盟相关信息后，如果有兴趣了解更详细的加盟资料，可以填写加盟申请表，然后回传给7-Eleven，7-Eleven将立刻安排专业加盟推广经理人与加盟意向者联络。

阶段二：商圈评估

特许加盟的申请者，必须自备店面。7-Eleven的加盟推广经理在收到加盟申请表后，会安排店铺开发人员至该店进行商圈评估，评估的内容包括商圈特性、租金行情、行人/汽车的流量测量及营业额预估等。7-Eleven也会将这些评估结果向申请人说明，让申请人了解7-Eleven的看法及决定。

阶段三：家庭拜访及加盟合同管理规章说明

这个阶段的内容是要让7-Eleven和加盟主之间更加了解与信任。7-Eleven加盟推广经理会逐条向申请人说明7-Eleven的加盟合同及管理规章，让申请人在进入7-Eleven之前能清楚彼此间的权利与义务。如果申请人对条文上有疑问，可以在当时向7-Eleven的加盟推广经理提出，并让他们给予解答。

阶段四：主管面谈

在申请人明白7-Eleven的加盟系统及彼此间的权利与义务后，7-Eleven即安排主管面谈，这种安排是让主管更谨慎评估申请人的选择。

阶段五：签订加盟预约书

在申请人通过以上阶段的审核后，必须签订加盟预约书，并且交纳加盟预约金，这笔金额是可以抵扣加盟金的。这个步骤完成后，7-Eleven即进行一连串的教育训练。

阶段六：教育训练

为期近一个月的新进加盟主教育训练课程在这时展开。7-Eleven加盟课程的设计是采用门店训练及课堂训练交互进行的方式，让申请人在对这个行业陌生的情况下，能快速进入状态成为一位门店专业经理人。

教育训练课程包括课堂研修以及到门店实地操作，让申请人从最基础的认识报表到分析一份完整的门店营运资料为止。在申请人开店之后公司还会不定时安排加盟主进阶课程及专业特训，而这些训练费用都已含在加盟金当中，申请人无须再另外交纳任何费用。对于申请人的职员，7-Eleven也提供免费的训练课程，让申请人可以安心经营门店。

阶段七：签订加盟合同

在申请人完成训练课程及通过测验后，双方将签订加盟合同，此时申请人必须将加盟金之余款补齐。

阶段八：门店开业

7-Eleven会有专业人员全力协助加盟主，确保在门店开业前一切工作就绪，让新加盟者可以安心地迎接每一位顾客进门。

　　资料来源　零售老板内参 APP. 加盟必读|①一篇文章，带你弄懂如何加盟 7-11 ［EB/OL］. ［2018-05-03］. http：//news.ifeng.com/a/20170503/51040516_0.shtml.

5.1 特许经营手册概述

5.1.1　特许经营手册定义

　　特许经营的经营基础在于特许人对特许系统软件资源的掌握，这种软件资源是特许人创造性劳动的集中体现，是特许人发展特许事业、追求利润的根本。但特许经营的软件资源（如商标、形象系统、经营秘密等）都是可复制的。同时，良好的形象系统也需要长期不懈的维持。仅仅依靠特许经营合同来保护特许人的整个系统，维持特许事业的总体良好形象还有所不足，这种维护活动往往表现在日常营运中，这就要求有一份规范文件确保受许人的日常经营活动符合整个特许经营体系的利益，特许经营手册即迎合这种需要而产生。同时，一份专业完备的特许经营手册也确保了投资者对特许经营体系的信心。试想，当投资者发现他所要加入的特许经营体系居然没有一份文字材料对今后的经营活动加以规范，是否还会有信心和意愿去投资？所谓特许经营手册，是指由特许人制定的，要求整个特许经营体系遵照执行的，规定了特许系统受许人的招募、总部和加盟店日常经营行为的书面文件。特许经营手册具备以下特征：

　　1）由特许人制定

　　特许经营手册可视为特许经营体系日常经营活动的规范性文件，当然由特许人制定，主要用于规范整个特许经营体系，尤其是受许人的经营活动，以维护特许系统的整体利益。

　　2）属于合同的并入文件

　　特许经营手册不是法律，也不是以合同的形式表现出来的，从这个意义上来说受许人无须遵守特许经营手册。但所有的特许经营体系都会在制定特许经营合同时约定条款，确定受许人的日常经营活动必须受特许经营手册的约束，即把特许经营手册内容并入到了合同中，成为合同内容的一部分，违反特许经营手册，在法律上可视为违约，应受合同法调整。

　　3）规定了特许经营体系几乎所有的经营活动

　　特许经营手册规定的内容非常广泛，包括受许人的招募文件、总部经营管理、分部或区域加盟商经营管理、特许门店的日常营运活动，细致到某个工作岗位的业务规范，除了特许经营体系一些战略性的发展规划活动外，几乎所有的作业内容都有所规定。

　　4）体现了连锁经营的3S原则

　　连锁经营的3S原则是指简单化、专业化、标准化。特许经营通过手册把各职能岗位的经营行为加以固定，使特许经营的日常经营行为更简单、专业、标准。

5.1.2　特许经营手册的作用

　　1）特许经营体系的招募依据

　　特许经营手册包含了招募手册。特许经营企业总部对受许人的招募必须依据招募手册行事，以确保被招募的受许人符合特许事业的需求，能够为特许事业的发展做出贡献，最终使特许人和受许人达到双赢。

2）特许经营体系参与者的行为指南

特许经营手册是由特许人制定的，无论特许人和受许人都要遵守手册的规定。手册记录了特许经营的几乎所有的经营行为标准，特许经营体系的大部分职位的工作职责和工作内容都会在手册中得到体现。

3）新进受许人的培训材料

特许经营手册对整个特许经营体系的日常经营事务事无巨细的规定使其成为新进受许人和员工最好的培训教材。同时，特许手册中体现出许多特许企业的企业文化，也能让受许人快速融入特许经营体系内。

4）特许经营体系有效运行的书面保障

特许经营手册确定了特许人和受许人的行为准则，也明确了总部、门店和各部门岗位的职能范围和工作要求，确保员工对本职工作的有效执行，避免出现执行力不够、对工作产生误解等现象，从而确保特许经营体系的有效运行。

5）有利于提高潜在投资者对特许经营体系的信心

一份好的特许经营手册能够在受许人招募过程中给投资者以公司正规、经营状况良好、运转高效、具有盈利前景等印象。

5.1.3　特许经营手册的编写

特许经营手册编写前要考虑清楚几个问题，即特许经营体系所处的行业、特许经营企业的运营体系是什么样的、运营体系书面化的资源材料有哪些。

1）特许经营体系所处的行业

在制作特许经营手册前，必须要认识特许经营体系所处行业的特殊性，一个餐饮业的特许企业的营业手册和家政服务业的特许经营体系的营业手册在命名上存在很大的相似性（都叫特许经营手册），但在实际内容上（如岗位设置、岗位的工作职责等方面）则基本没有相似性。

2）特许经营企业的营运体系

一个成功的特许经营企业有一个完善的可持续发展的营运体系。这一体系包含很多内容，如经营模式、产品机密、物流配送体系、推广拓展模式、客户服务系统等，每一块内容都或多或少体现出不同于一般企业的独特性，由此构成特许经营企业的营运体系。这一营运体系应在经营手册中如实反映，让受许人在加入之初就能了解它，并贯穿于整个特许经营企业的培训过程中，使受许人深刻领会。

一个特许经营的营运体系为受许人所接受的往往只是面向市场公众的部分，如它的形象系统，但其后台（如库存控制体系等）对一个成功的商业来说也是至关重要的，只有通过营运手册让受许人认识到这一点，特许经营企业才能有效运转。

特许经营手册的内容体系按工作性质划分可分为两部分，即行政管理和营运管理。

（1）行政管理

行政管理主要对内，即内部行政管理性的控制。行政控制的内容主要包括：

①成本控制及现金流管理；

②编制财务预算及预算报告；

③编制并实施商业计划；

④会计监管——对财务绩效与盈利能力的监管；

⑤财务报告——平衡表、损益表、财务表、现金流量表、成本分析；

⑥财务绩效评估；

⑦税务计划；

⑧工资表；

⑨给特许人的财务报告。

（2）营运管理

营运管理是手册中针对员工或部门对外经营活动的部分，具体包括：

①特许经营体系的经营环节内容（技术、程序、包装、服务表、材料、服务、配送）；

②效率和效果指标；

③门店布局；

④门店运营时间、时间安排、供应、设备、表格、报告；

⑤设备使用与保养；

⑥存货控制与防损；

⑦现金控制与防损；

⑧质量控制；

⑨顾客服务及礼仪；

⑩购物程序；

⑪政府管制；

⑫记录及其保留的要求。

3）运营体系书面化的资源材料

编写经营手册，将特许经营体系的运营行为书面化，并不是有对未来经营的完善设想就可以了，必须要有相应的资源，包括体系外的和体系内的，结合实际情况通过长时间细致的工作才可能见成效。记录经营体系必备的可得资源包括人员和经营材料。

5.2 特许经营招募计划书

5.2.1　招募计划书概述

招募计划书是特许人制作的，向不特定的潜在投资者发出的，介绍特许经营体系基本情况和加盟条件、加盟程序的书面材料。计划书的目的在于向潜在的投资者发出在特许经营体系内合作的邀请，在法律上并不具有直接的约束力。招募计划书是特许人招募行动的基础文件。

1）确定加盟条件，制订招募计划书

为了维护特许的稳定和长期发展，特许人必须确保加盟者的素质达到特许经营体系发展的要求，最基本的筛查手段是确定加盟条件，以条件筛选合格的加盟者。在确定加盟条件的基础上制订招募计划书，将加盟条件书面化、制度化。同时，招募计划书是面向公众公开的文件，让潜在的投资者通过公共渠道快速对特许经营体

系的基本情况、特许人对受许人的要求进行了解，达到信息沟通的目的，降低双方的交易成本。

2）策划招募活动和发布广告

依据招募计划书，特许企业的发展部门策划招募活动，通过广告向潜在投资者介绍特许企业，从而达到吸引加盟者，扩大特许规模的目的。

3）审核加盟申请

潜在投资者对特许经营体系产生兴趣，有加盟意向并提出加盟申请后，出于对未来特许经营体系健康发展的考虑，特许人应依据招募计划书对加盟申请严格审核，以确保申请人是符合招募计划书资质要求的有优势的加盟商。

4）就加盟事宜谈判并签订特许经营合同

潜在投资者提交加盟申请，有了加盟意向，并通过特许人审核后，并不意味着两者达成了特许加盟合同，双方应该就特许具体事宜展开会谈，达成合意，在此基础上订立特许经营合同。

5.2.2　招募计划书的内容

特许经营招募计划书是为了给特许经营体系寻求合适的潜在加盟商而制定的，招募计划书的内容应符合这一目的的需求，一般应包括以下内容：

1）项目介绍

项目介绍是对特许项目主要内容及背景的介绍。首先应把项目放在大的经济背景下进行介绍，说明其有存在的价值，如连锁美容院在招募受许人时，应就当前的社会经济环境以及人们的消费水平上升、消费意愿加强和对美容院的需求等方面在宏观上加以阐述，让潜在的受许人对项目的可行性有一个粗略的了解。然后是对项目本身的介绍，包括项目内容、商品和服务的详细情况、市场反应与需求等。

2）加盟特许系统的优势

潜在的投资者加盟特许经营体系是因为能够给他们带来经营上的优势，降低进入市场的难度和成本。特许人在制定招募计划书时一定要详细阐述这种优势。一般加盟特许经营体系会给受许人带来如下好处：

（1）方便进入市场

投资者进入一个全新的行业是一件困难的事，需要了解许多行业知识，且仍会面临较大的投资风险。加入特许经营体系，则有效规避了大部分进入新市场的风险。受许人可以从特许人处学习进入该行业的知识，并长期接受相关培训，有效应对市场的变化。

（2）清晰的市场定位

大部分的商品和服务都可根据不同目标人群进行市场细分，一个商业业态不可能把某项商品和服务不同层次的所有市场都囊括，一般只会针对某一特定目标人群经营。特许经营体系会对自身的市场定位有清晰的认识，并通过经营指导把这种定位意识传递给受许人，受许人加盟特许经营体系后就不用花费大量的时间和金钱寻找适合自身的市场定位了。

（3）成熟的品牌和形象系统，较高的市场认同度

特许企业都有一个个性鲜明的品牌和形象系统，并取得一定的市场认同，受许人加

人特许系统，可以直接使用特许人的品牌和形象系统，避免了创造品牌的成本，并可利用特许人已有的市场认同度。

（4）有效的商品和服务体系

大部分的特许人都有专有的产品或服务，这些产品或服务包含了特许人的许多商业秘密，并区分于市场上同类产品或服务，受许人加盟后，根据合同也有权经营与特许人同质的产品或服务。

（5）利用特许人已有的物流配送、售后服务等系统保障体系

受许人可利用特许人已有的物流配送和售后服务等保障体系，从而减少自身在这方面的投入，并可得到自身能力之外的服务。

（6）有效利用特许人现有的市场资源

受许人加入特许经营体系后，可以利用特许人现有的市场资源，如美容院连锁系统中，在旧有门店办理的消费卡被允许在新门店中使用，从而为新店吸引了部分特许人已经占有的市场资源。

（7）与特许经营体系所在行业、所经营产品和服务相关的其他特定优势

受许人加盟某些特定产品或服务的经营体系，可得到与该项目相关的特定优势。

3）投资盈利分析

一份完善的招募计划应向受许人明确阐述投入与产出的预算细节，让投资人对未来的盈利能力和投资风险有一个较为清晰的认识。投资盈利分析一般包括以下内容：

（1）前期投入成本（见表5-1）

表5-1　　　　　　　　　　　　**前期投入成本测算表**

装修	
开业筹备	
加盟金	
合计	

（2）运营成本（见表5-2）

表5-2　　　　　　　　　　　　**运营成本测算表**

店面租金		
	工人工资	
	生活费	
每月成本	税金	
	水电费	
	合计	
年管理费		

（3）年利润核算（见表5-3）

表5-3 年利润核算表

经营种类	预计年销售额	利润率	纯利润
经营项目 A			
经营项目 B			
经营项目 C			
经营项目 D			
经营项目 E			
合计收入			
年成本			
年利润			

4）加盟条件

招募计划书中很重要的一部分内容是潜在投资者加盟特许经营体系的条件。这部分内容能够为特许人筛选合格的加盟者。不同的特许经营体系对受许人应具备的加盟条件的规定不尽相同，但一般情况下，都会要求受许人达到以下类似的条件：

（1）投资经营者条件要求

①具有合法资格的法人或自然人；

②对特许加盟有足够的认识；

③认可加盟总部的加盟条件；

④对特许经营体系所从事行业的认可和热爱；

⑤具有独立经营的能力和精神；

⑥必备的资金；

⑦具备管理、协调、社交能力；

⑧身体健康；

⑨具有强烈的事业心和责任感，并有良好的职业道德。

（2）经营场所面积要求

经营场所具备经营所需的营业面积。

（3）房屋结构及其他要求

①房屋无产权纠纷；

②朝向、结构、门面、辅助设施等要求。

（4）选址要求

以上对受许人的加盟条件要求并不是必然的，如有的特许经营体系是先由总部选定门店或由总部以直营的方式选址经营，再转让给受许人经营，这就谈不上对受许人有选址要求。

5）加盟程序

特许加盟一般包括以下流程：

（1）加盟咨询

潜在的投资者有投资兴趣，但对项目一无所知的时候必然会先就加盟事项进行咨询，以便形成初步的印象，并作为后续商业决策的初步依据。

（2）意向洽谈

对特许项目有了基本了解后，潜在投资者与特许人进行接触，就投资意向洽谈，这给双方提供了一个近距离了解对方的机会。

（3）填写并递交申请加盟书

投资者有意投资特许项目，则应向特许人递交加盟申请书，加盟申请书由特许人制定，一般以表格的形式给出，申请人按项填写。表5-4为国内某知名儿童用品企业的加盟申请书，表5-5为国内某有限公司的加盟计划书。

表5-4　　　　　　　　　　　　　××企业加盟申请书

一、申请人个人资料
姓名　　　　性别　　　　婚姻状况
年龄　　　　出生于　　年　　月　　日
（公司名称　　　　　　　　　　　　　　　　　）
地址
移动电话　　　　　　　住宅电话
E-mail
二、申请人学习经历
已获授最高学位　　　　　　　　　学校名称
目前职务　　　　　　　　　现在公司名称
公司主要营业项目　　　　　　现任年资
三、申请人财务状况
目前年度收入约　　　　　　元人民币
未来开店资金准备约　　　　　　元人民币
其中自有资金　　　　　　元人民币，其他资金　　　　　　元人民币
其他资金来源
是否有自己的不动产　　□无　　□有（位于　　　省　　　市）
四、对于欲开设之专卖店及商场专柜介绍
□店：地址
□柜：商场
□无，正在接洽中。
五、请简述您的加盟动机
六、总部备注
填妥后请邮寄或传真至××：××××××××××号　　邮编：×××××　　TEL：××××××××××FAX：××××××××
我们会立即与您联系

表5-5   ××有限公司加盟计划书

一、请描述您的从业经验（历任公司之职务、职称、年收入及公司性质）

二、请描述您的性格与家庭状况

三、请您描述对加盟××预期的风险与未来第一、二、三年的获利期待

加盟申请人签名：   申请日期：_____年_____月_____日

（4）特许人对加盟申请审批

接到加盟申请后，特许人对此进行审核，对加盟申请人进行全面评估，符合加盟条件和特许人意愿的，则批准发展为加盟商。

（5）签订加盟合同

加盟合同是对特许人和受许人前期接触所达成合作意向的肯定，具有法律效力，签订了加盟合同后，特许人与受许人在商业上的合作正式开始。

5.3 单店手册

单店手册是特许人制定的，用于指导特许系统中单店营运，确定单店各岗位职责的作业指导手册。单店手册包括单店营运、单店营业、店长和员工等方面的内容。

5.3.1 员工手册

1）企业理念

特许企业理念是特许企业所追求的、体现企业自身个性特征的、促使并保持企业正常运作，推动企业发展而构建的反映整个特许企业界明确的经营意识的价值体系。特许企业理念是由企业使命、经营思想和行为准则三个部分的内容构成的。

特许企业的理念是由特许人特意营造的，并在长期经营中逐渐完善的，体现了企业的最终价值观。企业理念对员工的行为和服务意识具有指导作用，并在顾客前面系统反映，是消费者对特许系统的整体印象的一部分，故特许企业尤其要注意理念对企业经营的影响。

企业理念在特许手册中一般以简短口号的形式出现并加以具体解释，如某超市连锁企业的理念是尊重、合作、服务、超越，简短有力的词语能够让员工和顾客形成深刻的印象，手册中对理念短语详细的解释有利于员工加深理解。

2）员工道德规范

特许企业要求员工所遵循的道德规范实际上属于商业道德的一部分。商业道德是人们在从事商品生产和商品营销等各类活动中，所应遵循并被全行业普遍认同的道德准则和行为规范。

对于员工道德规范的要求目的在于维护整个企业的文化氛围，确保高端的客户服务水平，在思想上保证员工能够遵守企业的规章制度。对员工的道德要求体现在企业经营管理的各个方面。

在特许经营手册中，对员工道德的要求一般主要集中在个人品质方面，如要求员工具有一些普遍的、基本的诸如诚实、正直等道德品质。还有一些道德品质与行业性质相关，如一个客户涉及不同收入水平、不同肤色人群的特许企业，会要求员工遵循非歧视原则；对采购职位的员工要求不接受任何馈赠；客户群体与社区紧密连接的特许企业要求员工积极参与社区公益活动、有善心等。

3）员工行为准则

员工行为准则是对特许企业日常经营过程中员工工作行为的规范化要求，也是企业员工管理的基本制度要求。行为准则一般包括以下内容：

①工作时间安排，包括上下班时间、休息时间、轮班安排、加班安排及报酬的规定等，以及与工作时间相关的上下班打卡制度等规定。

②仪容仪表。相关内容有关于着装、工牌、饰品、个人卫生等方面的规定。

③个人行为，包括站姿和坐姿、谈吐、个人物品处理等方面。

④服务接待，是指接待顾客的一些礼仪性规定，包括对待顾客的表情、如何与顾客打招呼等。

⑤员工购物政策。

4）人事制度

①入职、离职程序。

②工资制度，包括普通工资制度、绩效工资制度、加班工资制度、节假日工资制度、其他福利待遇等。

③假期申请程序。

④纪律处分。

⑤激励机制。

5.3.2 岗位设置与要求

单店营运是特许企业对加盟店岗位设置、岗位职责、不同岗位日常工作流程的制度化描述，是特许经营手册的重要组成部分。

特许经营适用于大部分的营利性行业，不同行业在经营上各有特点，故不同特许经营体系的加盟店在岗位设置与岗位工作职责上存在很大差异性，本书不可能就此全部列举，相对来说特许经营体系的门店以中小型为主，据此特征就一些共性问题进行讨论。

1）特许加盟店岗位设置

不同特许行业、不同特许经营体系的加盟店岗位设置大不一样，但一些相似之处仍然存在，大部分门店的岗位包括店长（店经理）、防损、收银、理货、收货、服务等，有些门店人员需求较少，岗位高度集中，如便利店工作人员可能集理货、防损、销售服务等职能于一身。有的特许门店可能会由于专业原因设许多岗位，如家居软装店会有美工陈列等其他特许经营体系很少设的岗位。特许加盟店岗位设置如图5-1所示。

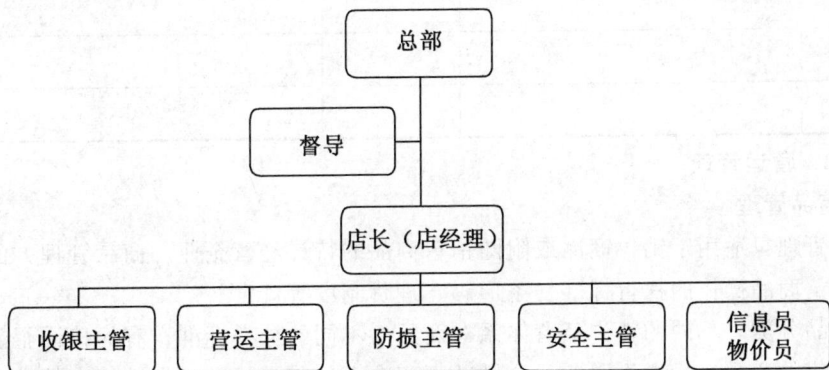

图5-1 特许加盟店岗位设置

2）特许经营手册对岗位设置的描述方式

如前所述，不同特许经营体系，如特许连锁洗衣店和特许餐饮店，岗位设置完全不存在可比性，故此处不会就某特许加盟店的岗位设置展开描述，但会就特许经营手册应如何对岗位及其职能加以规范进行描述。特许经营手册对门店岗位的描述应包括四个方面：岗位名称、岗位职责、工作内容和岗位能力要求。

（1）岗位名称

岗位名称即对某一需专人负责的职位的描述性称呼。一般特许手册会给出一个加盟店所有的岗位名称，并就某单一名称进行职位描述，一些详细的特许经营手册会在岗位名称后加以阐述或给出定义，并就其所属部门、汇报负责对象、人数等基本信息加以描述。

（2）岗位职责

岗位职责是岗位职务所要达到的责任标准，如某特许连锁企业对营业员的职责描述是确保货架上的商品质量与数量、维护环境整洁、提供顾客满意的服务、确保顾客安全等。

（3）工作内容

工作内容是对某岗位日常工作的描述，如一位收银员的工作可能包括：执行每日收款作业、确保单据正确性、补充包装物料、手推车整齐及功能性维护、执行大宗礼品包装、确定所购商品与包装盒相符。

（4）岗位能力要求

岗位能力要求是指某岗位的人员应具备的能力，如某特许企业对店长的能力要求包括以下几个方面：个人素质（务实、敬业、客观公正、坚持原则），有责任心和良好的品行；具备企业管理、财务、营销等方面的知识，有良好的口头表达及书面表达能力，有组织协调能力以及分析解决问题的能力；熟悉办公软件和超市系统软件。特许企业岗位设置能力要求见表5-6。

表5-6　　　　　　　　　　　　　特许企业岗位设置能力要求

部门单位		职务名称	
直属主管		总计人数	
主要职责			
工作内容			
能力要求			

5.3.3　营运管理

1）商品管理

商品管理只适用于销售商品或附随销售商品的特许经营企业。商品管理方面涉及商品的分类、商品操作的执行标准、条形码、理货制度等规定。

①商品分类。不同的特许经营体系对商品有不同的分类标准，有的特许企业甚至没有主要销售的商品，只提供服务，这样就不存在商品分类问题，如某超市的商品分类包括：常规包装（彩盒或纸箱）、透明包装（PVC材料）、超市专用装、促销装、促销捆绑式包装、吊挂式包装。

②商品操作的执行标准。商品操作应按相关标准执行，以确保商品销售符合这些标准。执行标准包括国家标准、国际标准、团体标准、行业标准、企业标准等。

③条形码。条形码关系到企业商品管理和销售的各个方面。条形码的分类有国际条形码、大包装条形码、中包装条形码、小包装条形码。

④理货制度。在特许经营手册中，应明确告知员工理货的目的在于促进销量、强化管理、扩大排面、维护产品形象、监察竞品动态。理货的原则有滞销破损原则、生动化

原则、混乱原则、有序原则、结构失衡原则。理货的技巧则包括生动化陈列原则、排面设计要最大、品项种类要齐全、集中展示在一处、陈列排面要饱满、主流产品要突出、陈列色彩要美观、产品清洁更整齐、价格（特价）要醒目。理货的程序方面各特许企业要根据自身的实际情况确定。

2）防损管理

有些特许经营体系会把防损与安全管理分列描述，也有一些特许企业则把两则合并处理。以下以国内某超市情况为例说明门店的防损与安全管理。

（1）损耗与防损

损耗指的是所经营商品的账面金额与实际盘存的差。防损则是指对所经营的商品提供经营过程中的安全保障，及对经营过程中可能产生的损耗进行事前、事中和事后的控制。

（2）防损部门和人员设置

防损部：防损部是超市的一个独立的，从事防损工作的部门，直接对总经理负责。

防损员：归防损部管理的从事防损工作的人员。

监控中心：是将防火、防盗纳入超市的自动化管理范围，并通过电子计算机和闭路电视系统等，结合设备运行和经营管理等工作实行全自动化管理，是超市内防火、防盗设施的显示控制中心，也是紧急情况的指挥中心。

监控员：负责在监控中心操作监控设施的人员。

内保：负责超市内场各出入口的安全保卫工作。

外保：负责超市外围的安全保卫工作。

（3）防损措施

不同场合、不同环境下的防损措施包括：盘点；防止偷窃的"三米问候"；及时做无销售商品报告及负数库存报告；做好价格变更的报告；每隔2~4周扫描检查卖场所有的商品，查看是否短缺损耗，做到心中有数。通过商品陈列区域控制、收银位置损耗控制也能有效控制损耗。

（4）防火安全管理

①楼面员工必须严格执行防火安全制度。

②做好班前班后的防火安全检查。

③熟悉自己柜台周围的环境，知道安全出口的位置和消防器材的摆放地点。

④牢记火警电话、保安部电话。

⑤不得将易燃易爆危险物品存放于楼面范围内。

⑥严禁吸烟，禁止乱接电源。

⑦如发现有异声、异味、异色要及时报告，并积极采取措施进行处理。

⑧发生火警火灾时，首先保持镇静，不可惊慌失措，然后迅速查明情况向保安报告，报告时要讲明楼面、区域、柜位、燃烧物质、火势情况、本人姓名及工号，接着向负责人报告，如没有保安，直接向负责人报告。

⑨楼面员工要听从保安消防人员及楼层主管的统一指挥，采取措施，使用附近的灭火器材扑救，电器着火先切断电源，气体火灾先关气阀，有爆炸危险的要先采取防范措施。

⑩积极协助做好火灾现场的保护及警戒。

3）服务管理

任何特许经营企业都离不开客户服务问题，因此所有的特许经营手册都会涉及这一问题，只是称谓和描述方式会有不同。

①服务原则。顾客服务的原则性规定一般包括真诚原则、微笑原则、"将心比心"——易位原则、平等原则、公司代表原则等。

②总台服务。总台服务首先是服务礼仪问题，内容涉及接听电话、顾客咨询应答。其次是处理顾客投诉，包括对顾客投诉的认识、对顾客投诉的分析（分析其是商品问题、服务问题还是安全问题）、顾客投诉的处理原则和处理程序。

③退换货管理。退换货首先应有一个退换的审核标准，确定什么样的商品可以退换；其次规定退换货的处理程序；最后应规定退换货处理原则，不同商品应有不同的处理原则，包括对受损消费者的赔偿与对退换商品的处理。

④开具发票的流程。

⑤赠品发放作业流程。

4）促销管理

特许经营手册促销管理的规定主要集中于促销计划的制订。各特许经营体系都有自身的多种促销方式，如POP促销、定期和不定期促销活动、发放优惠券或抵用券等。特许经营企业的促销与一般企业的促销的不同之处在于，一般企业的产权是统一的，促销是一家企业自身的事情，而特许企业产权分散，一个门店（受许人）就是一个独立的投资人。这就要求手册对统一促销问题进行严格的规定，并最终并入特许经营合同，以维护特许人和所有受许人的利益。

5）收银管理

几乎所有的特许系统都会涉及收银作业管理。特许经营手册应从以下方面对收银工作加以规定。首先，要严明收银员的作业纪律。其次，要明确收银员的作业程序和操作规范，包括收银过程作业程序、装袋作业规范、离开收银台的作业管理、营业结束后的收银机管理、本店员工购物管理、收银员对商品的管理、商品调换和退款管理、营业收入作业管理等。

6）财务管理

特许经营加盟店投资者为独立法人，故财务核算需与特许人相区分，为独立核算，又因特许人与受许人之间的交易关系，特许人必须对受许人的财务状况进行监督，以确保自身利益。所以对特许人来说，在经营手册中严格规定门店财务管理制度非常重要。

手册对财务管理的规定既要明确财务管理部门或职位，确定职务要求、职责、权限、负责对象等，还要确定财务管理程序，即受许人应采用的会计方法、内容和程序以及现金和信贷管理程序。另外，手册需规定如何与特许人（特许总部或区域总部）在财务上联系等，包括特许权使用费的支付。

🔍 案例精析

大娘水饺加盟手册

一、加盟条件

1.有独立承担民事责任的能力，品行端正，无任何犯罪记录，有餐饮经营资格和有效营业执照、相关证照。

2.认同大娘水饺的企业文化和经营理念，认知大娘水饺的商标、产品。

3.具有良好的信誉和资信，资金充足，拥有流动资金人民币500万元以上，有承担市场风险的能力。

4.在城市客流量充足的繁华地段有适合经营快餐销售的场所。

5.愿意接受本公司的加盟方式和条件，委托本公司对加盟店进行营运管理。

6.有较强的社会公共关系协调能力。

二、加盟支撑

1.品牌支撑。

2.营运支撑。

3.人力资源支撑。

三、加盟投资（见表5-7）

表5-7　　　　　　　加盟投资预算表（预计30~36个月收回投资）

投资项目	投资金额（人民币元）
考察服务费	30 000
加盟费	200 000
履约保证金	50 000
装修费、空调费、灯箱费、冷库费、烟罩、设备设施费等前期投资预付款（不包括申领各类证照的费用）（按每平方米计算）	5 000

注：上述投资分析仅供参考，本公司对上述数据有最终解释权。

四、加盟问答

1.什么样的场所适合开大娘水饺店？

答：车站、大型超市或卖场、商业中心等客流量充足的繁华地段。

2.经营场所面积需多大？

答：经营场所面积200m^{2}以上。原则上加盟地市级以上城市的第一家连锁店经营场所面积不能小于500m^2。

3.经营场所需具备哪些物业条件？

答：有适合餐饮店的排污、排水、排气系统。水、电、气等能源能满足营运需要。

4.营业证照由谁负责申领？

答：加盟商负责申领营业所需的相关证照。

5.什么是加盟费？

答：加盟费是指公司提供给加盟商的经营管理系统和授予加盟商使用店名、商标、服务标记的费用。

6.加盟期限是多少年？

答：一个加盟周期为5年。

7.加盟期限已满，如何续签？

答：一个加盟周期结束后，如果双方需要继续合作则必须按公司届时的加盟条件和加盟方式重新签订加盟协议。

8.是否所有地区和城市都可以加盟？

答：不是。部分地市级城市和省会城市可考虑开设。

9.加盟商一定要有餐饮管理经验吗？

答：不一定。因为加盟店的内部经营管理都委托我公司进行。

10.加盟商和公司如何分工合作？

答：（1）加盟商负责支付加盟店前期的所有投资和经营过程中发生的广告宣传费、政府部门的税费、房租、维修费用等。公司负责控制加盟连锁店营运过程中所需的原辅材料的费用、水电气的费用、人工工资。

（2）加盟店内部经营管理由加盟商委托公司全权负责，外部关系协调由加盟商负责。加盟商不参与内部经营管理活动。

11.加盟商需要负责招聘培训员工吗？

答：不需要。本公司可提供完善的人力资源支撑，加盟店工作人员都由公司负责招聘、培训、派遣、使用。

12.加盟商和公司如何结算？

答：销售额的28%~29%返还加盟商，每月结算一次。

精析：加盟条件体现了特许人对受许人的选择条件，对受许人加盟条件原则性的规定能够为特许人初步筛选受许人，也使受许人初步判断自身是否具有加盟的能力，从而降低双方的信息沟通成本。

案例中的"加盟支撑"也即特许人为受许人提供的加盟支持服务，即特许人对潜在受许人的一种表态，也是对未来合作的一种初步表态。

"加盟投资"是受许人最为关心的问题，是特许人对受许人未来加盟事业投资收益的一种初步预期。但这仅是特许人的预估，受许人应在大量调研的基础上对这一问题进行评估，而不能轻信。

对于特许人来说，应在加盟手册中尽可能全面地说明潜在投资者关心的问题，才能吸引更多的投资者，降低后续沟通的成本。

职场指南

特许经营手册的编写

特许经营手册包含的内容比较复杂多变，不同行业的特许企业经营手册的内容差异比较大。就某一特许经营企业来说，特许经营手册主要由招募计划书、门店经营手册和总部营运手册构成，后两者根据企业形态和行业的不同又分别包含了多项不同内容。以门店经营手册为例，涉及员工手册，用以规范员工行为；岗位手册，明确岗位设置的职责与要求；营运管理手册，确定门店的经营制度。

对企业来说，特许经营手册涉及编写与执行（使用）两个方面的问题。手册编写必须由专人负责，在编写过程中该负责人应处于相对独立的地位，能够参与企业营运的每个过程，并有一定的权限调动相关资源和人力，组织编写团队。负责人并不从事具体的编写事宜，而是在大方向上掌握编写框架及进度，对编写工作进行组织并随时审核编写内容。

 **课后拓展**

秉承服务连锁行业的宗旨，《超市周刊》在关注连锁行业趋势走向、报道业内新闻热点、传播先进经营理念、介绍实用管理方法与技术、提升现代商业文明、促进商品供需双方合作等方面进行了全方位的探索与实践，并成为国内连锁行业内具备一定影响力的权威媒体。获取连锁经营及零售领域前沿资讯、政策法规、行业观点、数据资料，了解最新实务操作案例，请关注微信公众号"超市周刊"（微信号：cacszk）。

本章小结

特许经营手册是指由特许人制定的，要求整个特许经营体系遵照执行的，规定了特许系统受许人的招募、总部和加盟店日常经营行为的书面文件。手册是特许经营体系的招募依据，是特许经营体系参与者的行为指南，是新进受许人的培训材料，是特许经营体系有效运行的书面保障，有利于提高潜在投资者对特许经营体系的信心。特许经营手册编写应从特许经营体系所处的行业、运营体系特点、运营体系书面化的资源材料有哪些等几个角度出发。

招募计划书是特许人制作的，向不特定的潜在投资者发出的，介绍特许经营体系基本情况和加盟条件、加盟程序的书面材料。招募计划书的目的在于向潜在的投资者发出在特许经营体系内合作的邀请，在法律上并不具有直接的约束力。招募计划书是特许人招募行动的基础文件。

单店手册是特许人制定的，用于指导特许系统中单店营运、确定单店各岗位职责的作业指导手册。单店手册包括单店营运、单店营业、店长和员工等方面的内容。

主要概念

特许经营手册　　招募计划书　　员工手册　　营运管理

基础训练

一、选择题

1.特许经营手册的特征有（　　）。

A.由特许人制定

B.是合同的并入文件

C.规定了特许经营体系几乎所有的经营活动

D.服务接待

2.员工行为准则涉及的内容有（　　）。

A.工作时间安排　　　　　　　　　　B.个人行为

C.仪容仪表　　　　　　　　　　　　D.体现了连锁经营的3S原则

3.岗位职务所要达到的责任标准是指（　　）。

A.岗位名称　　　　B.主要职责　　　　C.工作内容　　　　D.能力要求

二、判断题

1.特许经营的经营基础在于特许人对特许系统软件资源的掌握，这种软件资源是特许人创造性劳动的集中体现，是特许人发展特许事业、追求利润的根本。　　　　　（　　　）

2.招募计划书是特许人制作的，向特定的潜在投资者发出的，规定特许经营体系运营规范的书面材料。　　　　　　　　　　　　　　　　　　　　　　　　（　　）

3.员工手册是特许人制定的，用于指导特许系统中单店营运经营，确定单店各岗位职责的作业指导手册。　　　　　　　　　　　　　　　　　　　　　　　（　　）

4.特许企业要求员工所遵循的道德规范实际上与商业道德是并行的。　　　　（　　）

5.岗位名称即对某一需专人负责的职位的描述性称呼。　　　　　　　　　　（　　）

三、简答题

1.特许经营手册有何作用？

2.描述特许招募工作的程序。

3.营运管理包括哪些内容？

实践训练

【实训项目】

制定服装销售企业特许经营手册。

【实训情境设计】

某国内品牌服装生产商为有效把握商品流通渠道，使经营从代工生产向品牌经营转变，准备采用特许经营方式向加盟者授权销售本企业生产的专门品牌服装。

【实训任务】

1.为服装拟定一个符合市场销售需要的名称品牌，确定服装的市场定位和个性内涵。

2.编制招募计划书。

3.编制员工手册。

【实训提示】

1.注意服装企业的经营特征。

2.招募计划书能向加盟者说明特许基本情况。

3.员工手册能让新进员工作为培训教材使用。

【实训效果评价标准表】

实训效果评价标准表见表5-8。

表5-8　　　　　　　　　　　"特许经营手册"项目评价表

评价指标	具体评价	得分
内容全面		
内容合理		
语言符合专业要求		
可操作性		
行业关联度		
合计		

得分说明：各小组的表现分为"优秀""良好""合格""不合格""较差"，对应得分分值为"20""15""12""10""5"，将每项得分记入得分栏，全部单项分值合计得出本实训项目总得分。得分90~100分为优秀，75~89分为良好，60~74分为合格，低于60分为不合格，必须重新训练。

第6章

总部特许经营系统管理

学习目标

通过本章的学习，了解总部在特许经营体系中扮演的重要角色、特许经营总部的组织结构、总部的督导管理，掌握特许权组合的设计，理解特许经营费用及其计算。

【引例】

2017年8月，麦当劳宣布已经正式完成了与中信、凯雷的交易，中国内地2 500家与香港240家餐厅从直营转变为特许经营，这让麦当劳提前一年多完成了4 000家门店特许经营化的目标。这一变化的意义在于，麦当劳将管理和资金投资等事宜交给中国本土投资者，未来以收取特许权使用费的方式从中国市场获利，从而省下大笔运营餐厅相关费用，可能赚更多的钱。除保留的20%股权外，在20年的期限内，麦当劳将收取销售额的约6%作为特许权使用费。而"金拱门（中国）有限公司"将成为麦当劳未来20年在中国内地和香港的主特许经营商，一跃成为麦当劳全球最大的特许经营商，但以后继续使用麦当劳商标要向麦当劳支付特许权使用费，而麦当劳餐厅名称、食品安全标准、营运流程等保持不变。

截至2018年7月，中国内地有超过2 800家麦当劳餐厅，中国成为麦当劳全球第三大市场、美国以外全球最大的特许经营市场，也是全球发展最快的市场。

资料来源　赢商网. 中国版金拱门诞生［EB/OL］. ［2017-10-28］. http://news.winshang.com/html/062/8562.html.

6.1 | 总部在特许经营体系中扮演的重要角色

特许经营总部（headquarter，简称总部）是受特许人的委托，代表特许人建立、发展、运营和管理特许经营体系的机构。

总部和单店共同被称为特许经营体系中基本的组织形态。通常情况下，总部是特许人组织中的一个部门，故人们经常将两者名称混合使用。某些情况下，总部是特许人直接投资或控股的法人机构。

6.1.1 领导者的角色

特许经营体系作为一个新型的社会经济组织具有高度群体一致性的特点，这种一致性为特许人和受许人带来了巨大的利益，但对特许人来讲也存在着较大的决策风险，因为一旦决策失误，将给整个体系带来灾难。因此在激烈的市场竞争当中，特许经营总部必须担当起领导的责任，时刻关注市场竞争态势，看准前进方向，及时调整竞争策略、行动方针和政策，从而保持和发展体系的核心竞争力。

如果把激烈竞争的市场比作大海，那么特许经营体系则犹如一只在惊涛骇浪中航行的庞大舰队，特许经营总部就是其中的旗舰，负责领航和协调。

6.1.2　授权者的角色

特许经营总部受特许人的委托，代表特许人发布特许经营公告，制订并实施加盟商招募计划（recruitment），对加盟申请者进行遴选、签约授权以及开店前的指导和培训，因此完全扮演了特许经营授权者的角色。

6.1.3　经营者的角色

在特许人的组织中，特许经营体系是组织中相对于其他部分的一个独立的、完整的系统。特许人在委托特许经营总部建立、发展、运营和管理整个特许经营体系的同时，也授予特许经营总部很大的行政管理权力，同时要求总部对特许经营体系的运营结果负责。因此总部必须承担特许经营体系年度经营计划的制订和组织实施的责任，也就是扮演特许经营体系经营者的角色。

6.1.4　管理者的角色

特许经营体系是一个新型的社会经济组织，它由众多的相互独立的投资主体——加盟商组成，在特许人统一的品牌旗帜下开展经营活动。

这样一个新型的社会经济组织给特许人提出了新的管理课题——采用现代化的手段来协调体系内不同投资主体（加盟商）的行动，实现整体系统的高效率运转和快速的发展。完成这个课题就成为特许经营总部不可推卸的责任。

6.1.5　培训者的角色

特许人通过与受许人签订特许经营合同的方式将特许权授予受许人使用。特许权的核心是特许人的知识产权，而知识只能通过一个完整的培训和教育的过程，才能真正实现从所有者向使用者的转移。这也就是为什么标准的特许经营合同中要规定培训是特许人必须履行的基本义务之一。因此，总部必须扮演培训者的角色。

6.1.6　后台支持者的角色

依据单店的性质，特许经营单店负责直接服务于客户，向客户提供价值，并获取价值回报。特许经营总部在单店的系统中则扮演的是供应者的角色，负责源源不断地向单店提供各种有形和无形的资源。

如果把特许经营体系整体放到市场中来观察，单店就相当于前台的明星，以他们优秀的经营业绩，放射出特许人品牌的光芒，总部则是强大的后台，以默默无闻的踏实工作，支持着处于不同地区的单店，使单店在激烈的市场竞争中永远立于不败之地。

6.1.7　信息中心的角色

单店处于市场的前沿，除了直接服务于客户之外，同时负责收集并向总部反馈单店的运营管理信息和局部市场的信息，特许经营总部则担负着汇总和处理这些信息的重要责任，并将这些信息作为运营管理决策的重要依据。另外，特许经营运营管理体系的网络化结构中，总部要承担协调单店之间业务的责任，甚至要作为单店之间业务往来的结算中心。因此，从信息系统的角度观察总部，总部在特许经营体系中扮演着信息中心的角色。

6.2 特许经营总部的组织结构

6.2.1 特许经营总部的组织结构类型

特许经营总部的组织结构一般有3种类型：

1）初级模式

很多特许经营企业适宜采用职能式组织结构，尤其是在企业发展的初创时期，公司规模较小，特许经营体系也仅限于小范围内推广，管理难度小，组织层级少，各部门均在总经理的领导下，直接向各加盟店履行本部门的职能，有时甚至总经理还会直接插手具体事务的管理。处于这一阶段的特许经营企业一般会采用组织架构的初级模式，如图6-1所示。

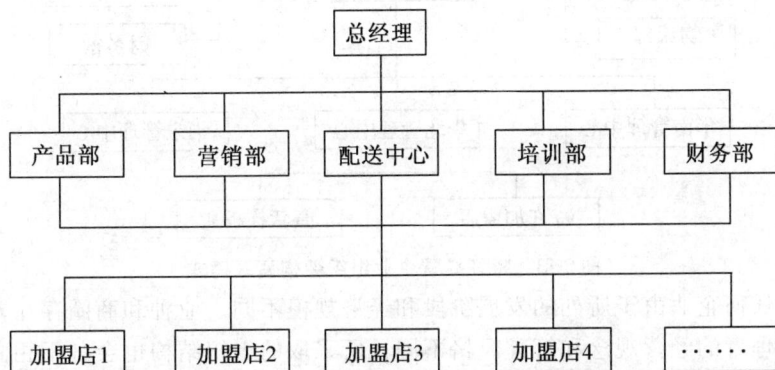

图6-1　特许经营企业组织架构的初级模式

2）标准模式

随着特许经营事业的进一步发展，企业规模扩大，加盟店数量增多，特许总部的工作量和工作难度相应加大，对管理效率的要求越来越高，相应地，对各职能部门间的协作和沟通的要求也越来越高。在这种情况下，必须对一般的职能式结构予以适当的改造和嫁接，从而形成了特许经营企业组织架构的标准模式。

这种模式之所以被称为标准模式，是因为它既保留了职能式结构的优点，又吸收了事业部结构、动态网络结构及项目管理组织的精华，是一种具有推广价值的组织结构模式。这种结构的特点是将"特许经营中心"置于企业"管理场"的中心，由该中心直接接受总裁的指令，整合各职能部门的资源，高效运作于特许加盟事业。它横向沟通各职能部门，避免了职能式结构不同部门之间的协调困难以及由于命令传递所造成的大量等待时间的浪费与衔接的误差；纵向沟通各加盟店与总部，避免了传统职能式结构下加盟店管理中某一环节出现问题而在总部各部门之间推诿和"扯皮"的现象，具体如图6-2所示。

3）高级模式

标准模式同时又是一种灵活机动的组织架构。当特许企业的加盟店发展到一定数量，已经不适于由总部"一统天下"，或者因为不同地区的消费者有不同的口味和需求时，特许人可以在该模式中接入区域式结构的区域管理中心，从而形成特许经营企业组织架构的高级模式，如图6-3所示。

```
                          总　裁
   ┌─────────┐            │
   │产品研发部│      ┌──────────┐      ┌─────────┐
   ├─────────┤      │特许经营中心│      │人力资源部│
   │营销企业部│──────┤          ├──────┤─────────┤
   ├─────────┤      └──────────┘      │ 行政部 │
   │ 物流部 │            │           ├─────────┤
   └─────────┘            │           │ 财务部 │
                          │           └─────────┘
              ┌───────────┴───────────┐
         ┌─────────┐            ┌─────────┐
         │特许加盟店│            │直营样板店│
         └─────────┘            └─────────┘
```

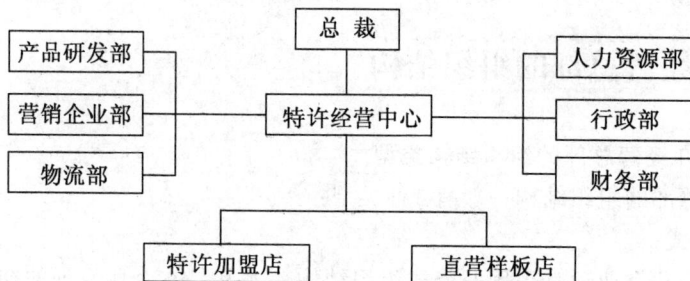

图6-2　特许经营企业组织架构标准模式

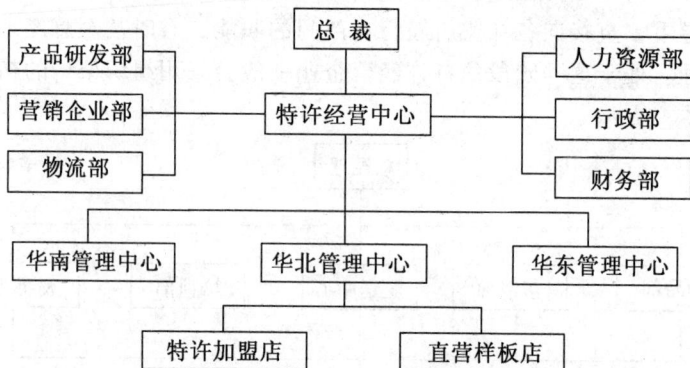

```
                          总　裁
   ┌─────────┐            │
   │产品研发部│      ┌──────────┐      ┌─────────┐
   ├─────────┤      │特许经营中心│      │人力资源部│
   │营销企业部│──────┤          ├──────┤─────────┤
   ├─────────┤      └──────────┘      │ 行政部 │
   │ 物流部 │            │           ├─────────┤
   └─────────┘            │           │ 财务部 │
                          │           └─────────┘
     ┌────────────────────┼────────────────────┐
┌──────────┐        ┌──────────┐        ┌──────────┐
│华南管理中心│        │华北管理中心│        │华东管理中心│
└──────────┘        └──────────┘        └──────────┘
                          │
              ┌───────────┴───────────┐
         ┌─────────┐            ┌─────────┐
         │特许加盟店│            │直营样板店│
         └─────────┘            └─────────┘
```

图6-3　特许经营企业组织架构高级模式

当然，任何企业由于所处的发展阶段和经济规模不同、业种和商圈存在差异，以及投资者、管理者的经营观念和管理风格不同，所采取的组织结构也会各不相同。

6.2.2　特许经营总部的组织结构发展

特许经营总部的组织形态，应先确认其任务功能，而后再考虑架构，因此组织形态也将随着阶段性任务而有所调整。也就是说，随着店数的拓展，总部所肩负的阶段性任务也有所不同，必须先确切地掌握阶段性任务，才不会错用战术。特许总部组织的扩张可以分为几个阶段进行：

1）第一阶段

属于直线组织，此阶段也许尚不需要分工，其最重要的任务在于能直接掌握且解决门店正常运作及所产生的问题，例如采购与进货、订货问题等，如在此阶段都是清楚划分权责层级，恐将降低前线门店的效率，同时造成门店运作更加混乱。

所以，此时仍属于初创阶段，总部最急迫的工作在于制定出基本的各项运作制度，以便能快速地步入正轨。因而往往经营者可能本身就已集采购、训练、开店、设计功能于一身，再下设数名区辅导员，直接指挥管理门店。

2）第二阶段

当门店数逐渐增加，经营者将无法独立包揽所有大小事务，必然要开始增设人员，以强化总部原有不足的各项机能，这时即开始步入了机能组织，专业机能陆续清楚。所谓的组织结构在此阶段才正式开始成形。

3）第三阶段

当店数达到某一数量级后，除了加强门店管理之外，更要将其引向标准化、制度化、效率化，这时，总部的规划管理能力将更加重要。

企业发展到某一阶段后，不能只停滞于管理层面，对于未来发展经营概念的导入，其实才是带动企业向前推进的动力，特许经营尤其如此；门店不断扩张之后，下一步应往何处？未来可同时向何处发展？有没有更好、更新、更合适的新观念与新技术可以引进？这些都是管理企划所必须完成的未来发展规划，此阶段的组织形态则必须赋予企划单位更多的责任。

对于既有的运作，这时也需逐渐导入制度管理。原来门店数较少时，一个人可能同时负有数种机能，但店数增加后，将由组织的机能取代个人的机能，落实以制度管理众多门店的特许真谛。故此阶段可以说是机能组织加上管理企划的组织。

4）第四阶段

当店数持续扩增相当大的数量（以便利门店为例，大约是1 000家），许多运作已很难完全由总部独立操控，至此则可导入事业部制，即每一个事业部皆拥有完整的运作组织机能。一方面，可避免因组织过于庞大而产生僵化弊病，使各事业部都能更灵活自主地运作所属事业；另一方面，总部仍能有效掌握各事业部的动态，借此持续发展更庞大的企业王国。

6.3　特许权组合的设计

6.3.1　特许权及特许权组合

特许经营中的特许是什么？其实就是特许权。特许人向受许人授权内容之总和称为特许经营权（franchise rights），简称特许权。特许权是特许人与受许人双方发生特许经营关系的基础和中心，特许人依靠拥有和开发特许权获得利益，受许人则付出一定代价拥有使用该特许权的权利。

构成特许权的每一项内容被称为特许权要素。特许人的商标/标志、商号、单店经营模式、单店VIS系统、专利、管理和技术诀窍、商业秘密、单店运营管理系统、特许人的其他智慧产品、特许人产品/服务的经销权、特许人商标/标志产品的生产权和分销权以及特许人区域市场的开发管理权等都可以作为特许权要素由特许人授权给受许人来使用。

相对于特许人，特许权是一种产权；相对于受许人，特许权是一种使用权。在特许权组合中包括了业务经营中所涉及的各方面因素，特许权组合以一种可转移的方式反映了特许人的全部经营经验。

由于特许权是一个多种要素的有机构成，其核心部分是知识产权，外围部分是特许人的其他专属权利，且这两个部分又存在一定的匹配关系，因此我们也称特许权为特许权组合（franchise mix），如图6-4所示。

从特许权组合的概念出发，我们不难看出，特许权组合的开发最终归结为对特许权组合中各种特许权要素的开发。

专利、商业秘密、管理和技术诀窍、特许人产品/服务的经销权、特许人商标/标志产品的生产权和分销权、特许人区域市场开发和管理权等特许权要素都与具体的行业和业务紧密相关。

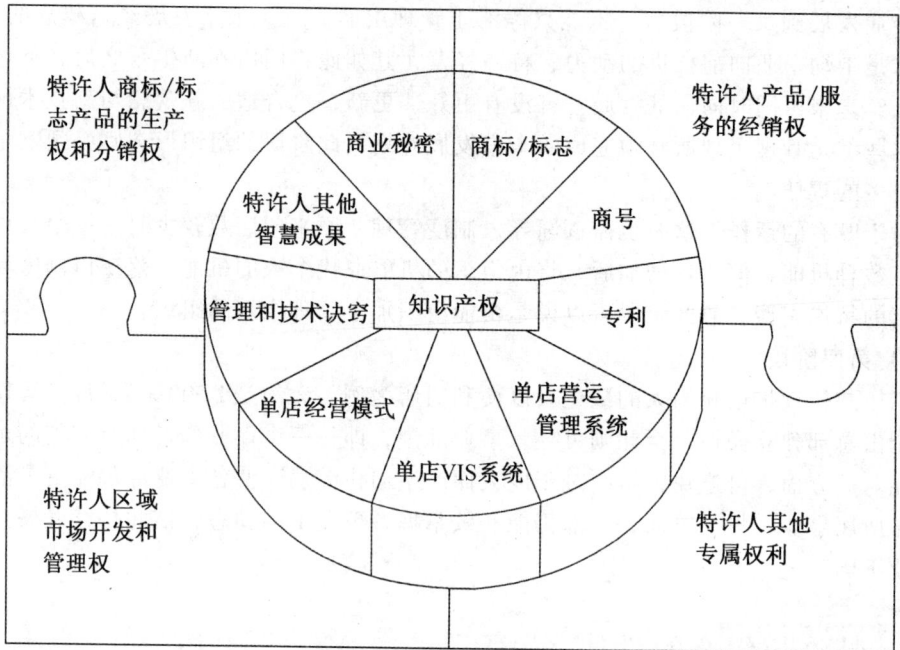

图6-4　特许权结构图

特许权组合对特许经营体系的成败起着关键作用，因此在开发过程中对下列因素必须加以考虑：

①对未来的受许人有较强的吸引力。

②实现与竞争者的差异化，确保竞争优势。

③充分利用组织现有资源和优势并能相互适应、促进、增长。

④满足现有和潜在消费者的各种需求。

⑤充分考虑组织实际业务和经验积累，力求有自己的特色。

⑥充分考虑组织核心竞争力。

⑦充分考虑特许经营体系运营管理维护与控制的因素。

⑧充分考虑组织未来的发展。

⑨符合法律法规的要求。

6.3.2　单店经营模式设计

1）单店经营模式的概念

单店的客户定位、单店的商品/服务组合、单店的获利模型以及总部战略控制这样四个元素组合在一起就构成一个单店的经营模式（business format），如图6-5所示。

单店经营模式设计是特许权组合设计的第一步。单店经营模式设计对特许人来讲是一种最具创造性的活动，所有成功的特许经营体系都是以一个独创的单店经营模式设计开始的。

2）单店经营模式的设计

（1）客户定位设计

单店的客户定位是指单店所选择的目标客户群或目标消费群和单店锁定的该客户偏好。客户偏好是指客户认为重要的东西，他愿意为之付出溢价。当不能在此处得到这种东西时，他将转向别的供应商。

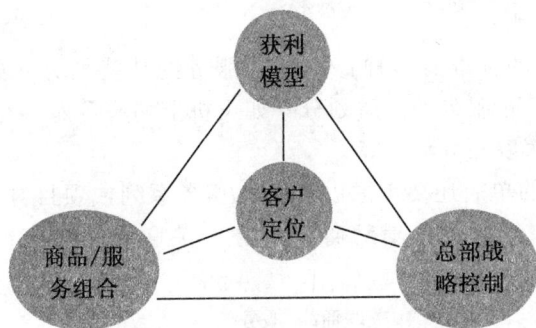

图6-5　单店经营模式四元素

在单店经营模式诸要素中，客户定位是基础的要素，其他要素的设计都要围绕定位来展开。客户定位又是一门重要的学问，准确清晰的定位可以获得客户对品牌的忠诚度。表6-1提供了若干著名餐饮业单店的客户定位。

表6-1　　　　　　　　　　　　**若干著名餐饮业单店客户定位**

品牌	目标客户群	锁定的客户偏好
赛百味	公司职员（白领）	低卡路里、健康、轻松
肯德基	普通家庭	亲情+美味
麦当劳	少年儿童	欢快、憧憬、热烈
马兰拉面	中小学生	物美价廉、美味
黄振龙	逛街市民	解暑、止渴

（2）获利模型设计

获利模型是指单店在为其所选择的客户或目标消费群体创造价值时获取回报的方式，即一个单店各种盈利方式的组合。处于不同行业的单店获利模型会有所不同，创新型的单店会采取更加多样的盈利方式。表6-2提供了若干不同类型单店的获利模型。

表6-2　　　　　　　　　　　　**不同类型单店的获利模型对比**

单店类型	获利模型
时装店	商品零售利润
快餐店	服务利润
餐饮店/咖啡厅	服务利润、商品零售利润（烟、酒、饮料等）
美容院/发廊	服务利润、商品零售利润（美容护肤品等）、财务利润
培训学校	教学服务利润、商品零售利润（教材、音像制品、文具等）、其他衍生服务利润
大型商场/超市	卖场租赁利润、财务利润、商品零售利润

（3）商品/服务组合设计

商品/服务组合是指单店为其所选择的客户或目标消费群体提供的全部商品和服务。商品/服务组合的设计重点在于"组合"，其内涵就是按一定的标准将单店提供的全部商品/服务划分成若干类别（或称系列）和项目（或称品目），并确定各类别和项目在商品/服务总构成中的比例。

对商品/服务划分的标准有多种：按商品/服务的功能划分（如服饰店里的套装系列、衬衣系列）；按商品/服务的品质划分（如飞机上的头等舱、经济舱）；按服务对象的自然属性划分（如医院的分科）等。

除此之外，所有的单店还要考虑以各商品/服务系列或项目对单店盈利的影响来分类，即所谓的主力商品/服务、辅助商品/服务、关联商品/服务（如图6-6所示）的概念。

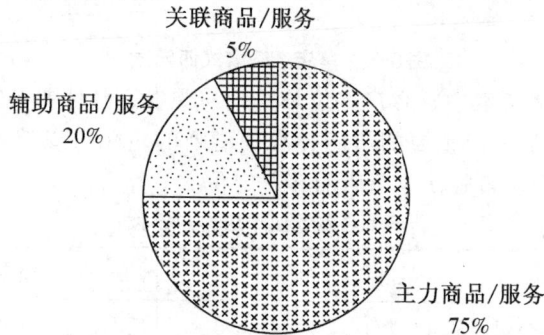

图6-6 商品服务组合

①主力商品/服务。主力商品/服务也称为主打商品/服务，是指那些销售量大、周转率高，在经营中无论是数量还是销售额均占主要部分的商品/服务。在一个单店中，主力商品/服务通常占到75%~80%，如肯德基店中的炸鸡和可乐。

②辅助商品/服务。辅助商品/服务是指那些在价格、品牌等方面对主力商品/服务起辅助作用的商品/服务，或以增加商品/服务宽度为目的的商品/服务，如时装店中的衬衣、T恤、领带，美发店中的头部按摩服务。

③关联商品/服务。关联商品/服务是指那些与主力商品/服务或辅助商品/服务共同购买、共同消费的商品/服务，如时装店中的鞋和手袋、麦当劳店中的儿童游戏区等。

事实上，成功的商家在经营上都有很多的诀窍，其中之一就是将以上三者进行巧妙的组合。比如，在北方城市开设的火锅店，每年一到秋冬季就开始大肆招揽生意，有吃100元返50元的，有吃一盘送一盘的，还有吃20元就返10元的，五花八门。你可能会问，那么这些火锅店靠什么挣钱？他们的主力商品/服务是什么？事实上，火锅店的主力商品/服务恰恰是成本最低、利润最高的锅底！一个清汤锅底为20元，滋补锅底为38~48元，锅底的价钱并不包括在返券中。而各种促销手段也恰恰给火锅店提高了翻台率，因为每一拨新的客人来了都要消费锅底，那些看上去很实惠的羊肉、肥牛、海鲜、蘑菇、蔬菜不过是辅助商品而已。

（4）总部战略控制设计

总部战略控制是指总部针对单店采取的一系列管理手段和措施，形成单店与总部之间的紧密关系，从而确保单店和总部的盈利。

那些成功的特许经营体系无一不存在着强大的总部战略控制（见表6-3）；反之，那些不成功的特许经营体系在其单店经营模式中大多缺乏强有力的总部战略控制。

表6-3　　　　　　　　　　国内外若干知名品牌的总部战略控制手段

品牌	总部战略控制采用的主要手段
赛百味	食品100%统一配送（货源控制）
重庆小天鹅	火锅汤料统一配送（货源控制）
马兰拉面	汤料统一配送、厨师总部统一管理和派遣（货源控制+技术控制）
Jam-King	各地区总部直接与客户签订服务合同（客源控制）
21世纪不动产	总部强大的房源数据库（客源控制）
7-Eleven	指定供应商+POS系统（货源控制+信息控制）
EF	所有外籍教师由总部统一管理和派遣（技术控制）

6.3.3　商标的设计

1）商标的概念

商标（trade mark）是指自然人、法人或者其他组织使自己的商品或服务与他人的商品或服务区别开的可视性标志，包括文字、图形、字母、数字、三维标志和颜色组合，以及这些要素的组合。

2014年5月1日起，新的《中华人民共和国商标法》（以下简称《商标法》）实施，这次《商标法》的修改体现了商标注册的便利化，加大了对知识产权的保护力度。

《商标法》第四条规定：自然人、法人或者其他组织在生产经营活动中，对其商品或者服务需要取得商标专用权的，应当向商标局申请商标注册。申请注册的商标可以包括文字、图形、字母、数字、三维标志、颜色组合和声音等，以及上述要素的组合，均可以作为商标申请注册。

《商标法》第三条规定：经商标局核准注册的商标为注册商标，包括商品商标、服务商标和集体商标、证明商标（见表6-4）；商标注册人享有商标专用权，受法律保护。

表6-4　　　　　　　　　　注册商标的类型及特点

注册商标的类型	概　念	特　点
商品商标	商品生产者和销售者使自己的商品与他人的商品区别开的可视性标志	最常见
服务商标	服务的提供者使自己的服务与他人的服务区别开的可视性标志	
集体商标	以团体、协会或者其他组织名义注册，供该组织成员在商事活动中使用，以表明使用者在该组织中的成员资格的标志	注册和管理的特殊事项，由国务院工商行政管理部门规定
证明商标	由对某种商品或者服务具有监督能力的组织所控制，而由该组织以外的单位或者个人使用于其商品或者服务，用以证明该商品或者服务的原产地、原料、制造方法、质量或者其他特定品质的标志	注册和管理的特殊事项，由国务院工商行政管理部门规定

2）商标设计中的注意事项

（1）不能作为商标的标志

《商标法》第十条规定，下列标志不得作为商标使用：

●同中华人民共和国的国家名称、国旗、国徽、国歌、军旗、军徽、军歌、勋章等相同或者近似的，以及同中央国家机关的名称、标志、所在地特定地点的名称或者标志性建筑物的名称、图形相同的；

●同外国的国家名称、国旗、国徽、军旗等相同或者近似的，但经该国政府同意的除外；

●同政府间国际组织的名称、旗帜、徽记等相同或者近似的，但经该组织同意或者不易误导公众的除外；

●与表明实施控制、予以保证的官方标志、检验印记相同或者近似的，但经授权的除外；

●同"红十字""红新月"的名称、标志相同或者近似的；

●带有民族歧视性的；

●带有欺骗性，容易使公众对商品的质量等特点或者产地产生误认的；

●有害于社会主义道德风尚或者有其他不良影响的。

县级以上行政区划的地名或者公众知晓的外国地名，不得作为商标。但是，地名具有其他含义或者作为集体商标、证明商标组成部分的除外；已经注册的使用地名的商标继续有效。

（2）不得作为商标注册的标志

《商标法》第十一条规定，下列标志不得作为商标注册：

●仅有本商品的通用名称、图形、型号的；

●仅直接表示商品的质量、主要原料、功能、用途、重量、数量及其他特点的；

●其他缺乏显著特征的。

前款所列标志经过使用取得显著特征，并便于识别的，可以作为商标注册。

6.3.4 商号的设计

1）商号的概念

商号（trade name）又称企业标志、厂商标志、组织标志。商号主要是指从事生产或经营活动的法人在进行登记注册时用以表示自己组织名称的一部分，是工厂、商店、公司、集团等企业的特定标志和名称，依法享有专有使用权。

商号是特许权中主要元素之一，是特许人重要的知识产权。特别是在商业模式特许类型中，受许人可以使用特许人的商号，在市场中完全以特许人的形象出现。

2）商号与商标的关系

商号与商标的关系极为密切，经常一起出现在同一商品上，某些情况下商号可以成为商标的一个组成部分或同一内容，但有时又不是。商号和商标在作用和性质上是有区别的，主要表现为：

●商标主要是用来区别商品或服务的，代表着商品或服务的信誉，必须与其所依附的某些特定商品或服务相联系而存在。

●商号主要是用来区别法人组织的，代表着法人组织的信誉，必须与商品的生产者或经营者相联系而存在，商号权属名称权，所以商号权与人身或身份联系更紧密。

● 商标按照《商标法》的规定进行注册和使用，具有专用权，其专用权在全国范围内有效，并有法定的时效性（我国为10年）；商号按照《中华人民共和国公司法》（以下简称《公司法》）或《中华人民共和国公司登记管理条例》（以下简称《公司登记管理条例》）登记注册，同样具有专用权，其专用权在所登记的工商行政管理机关管辖的地域范围内有效，并与企业同生同灭。

● 在我国，商标权有专门的《商标法》保护；而商号权仅比照《民法总则》关于企业名称权的保护方法保护。

● 带有某企业商号标记的含注册商标的商品销售到另一国家时，经营该项产品的组织或个人有必要就其商标在另一国家注册，但无须就其商号再行注册。

● 当有些企业将自己的商号注册成商标使用，或者将已注册的商标变更登记为企业的商号，商标和商号就成为同一内容或是其中的一个组成部分。这都是《商标法》、《公司法》及《公司登记管理条例》所允许的。但是在更多的情况下，由于很多商号名称不具有显著特征，所以不宜也不能注册成商标。

应该注意的是，由于商标和商号可以互为注册或登记的特点，一些用心不纯者利用了这个特点，将与他人的知名商标相同或近似的文字等登记为企业的商号使用，或者将与他人知名企业商号相同或近似的文字等注册为商标使用，企图混淆商品和企业的出处，使人们误认为是同一来源或有相关联系，借用别人的信誉和影响赚取利润，这就是近期国内经常出现的所谓的"傍名牌"现象。

3）商号设计中的注意事项和方法

从上述讨论中，我们可以看到商号与商标的密切关系，因此商标设计中的注意事项同样也适用于商号的设计。在特许经营体系中，特许人通常将自己某一个商品的商标，或某一项服务的商标变更登记为商号。因此，特许人往往在设计和选择商标时，同时完成了商号的设计。

6.3.5 单店VIS系统设计

1）单店VIS系统的概念

单店VIS系统又称单店视觉识别系统，是单店外在的直观的系统，是单店视觉信息传递的各种形式的统一。

单店VIS系统的内容清晰可见，非常明确，具有极强的感染力和传播力，尤其是在大众传播高度发达的今天，公众首先就是通过单店的VIS系统来认识和接受一个特许经营体系。世界上所有知名的特许经营体系均有出色的VIS系统。

单店VIS系统是特许人知识产权的重要组成元素之一，但目前由于还没有相关的立法，因此，特许人对这部分知识产权的保护主要还是通过特许经营合同，作为受许人的一项重要义务来实现。

2）单店VIS系统设计的步骤及注意事项

单店VIS系统设计分为以下两个基本步骤：

第一步，基本标志元素的设计。在确立单店的客户定位后，首先应当设计出单店VIS系统的基本标志元素。

①中英文基本字体。

②图形标志。

③基本色彩。

④基本组合以及它们的使用规范。

⑤吉祥物。

第二步，应用体系的设计。基本元素设计完成后，就是应用体系的设计。应用体系设计是一个庞大而复杂的系统工程，它包括：

①店面形象设计。

②POP广告宣传材料设计。

③户外海报灯箱设计。

④媒体广告设计。

⑤车体广告设计。

⑥员工服装设计。

⑦包装袋设计。

⑧办公用品及名片设计。

⑨相关促销赠品设计。

在上述9项设计工作中，第1项店面形象设计又是最关键的工程和最复杂的工程，它包括店面外观设计和卖场布局设计两大部分工程。因此，特许人一般都聘请专业设计公司来做应用体系的设计。但无论是自己设计还是聘请专业设计公司都应注意以下事项：

①明确单店客户的定位。

②明确特许人的经营理念。

③简单和便捷。

6.3.6　时间权益和区域权益设计

1）时间权益设计

所谓时间权益就是受许人可以使用特许权组合的年限，也是一份特许经营合同的有效期限，被明确地写在合同条款中。

国外的特许经营合同有效期限通常为10~20年，我国特许经营合同的有效期限通常为3~5年。产生如此大的区别主要在于，我国的特许经营的发展还处在一个初级阶段，特许人的成熟程度比较低，实力比较弱，大多数只有3~5年的战略发展规划。因此，将时间权益设计为3~5年比较有利于特许人结合发展战略对特许经营体系做出调整。随着特许人实力的增强和特许经营体系的巩固和发展，随着国家相关特许经营立法的出台，时间权益的设计应考虑适当加长，一方面增加受许人和投资者的信心，另一方面可以节省特许人的管理成本和受许人的交易成本。

2）区域权益设计

所谓区域权益就是受许人使用特许权组合区域的范围，被明确地写在合同条款中。与时间权益的设计原理一样，区域权益的设计属于特许权组合的动态设计，应当与特许人当前的管理和控制能力相匹配，一般是经过一个由点到线再到面的动态发展过程。

当一个特许经营体系处于发展的初级阶段时，应当以单店的授权体系结构为主，对所有受许人的授权区域统统限制在一个点上，即特许经营合同中所讲的"核准地点"上。由于这种单店的授权属于一种非独占许可性质，因此既有利于特许人对特许经营体系的管理与控制，也有利于受许人专心致志地经营其加盟店。当一个特许经营体系发展到一定的规模以后（比如单店的数量超过50家），可以从某区域现有的单店加盟商中，选择一个成熟的且具实力者，授予其开设多家单店（4个以上）的区域的独占许可权利。当一个特许经营体系发展到更大规模之后（比如单店的数量超过500家，特别是有必要建立更多的物流配送中心时），特许人可以采用区域主加盟的授权方式，但选择此种方式，特许人要承担非常大的管理风险。因此，目前在全球范围内已经很少有特许人采用此种授权体系结构了，而是采用特许人直接在目标授权区域内建立独资或控股的管理公司来扮演区域主加盟商的角色。

6.3.7 加盟金和特许权使用费的设计

1）加盟金的设计

加盟金（initial fees）是指受许人为获得特许权而向特许人支付的一次性费用。加盟金的英文字面意思是"初始费"，它实质上是一种"入门费"，它体现的是特许人所拥有的品牌价值。品牌价值高，知名度和美誉度高，愿意加盟的人就多，加盟费就高，反之就低，甚至为零。例如，美国麦当劳的加盟费是45 000美元/20年，而我国有些特许经营企业根本不收加盟费。英国品牌评估机构Brand Finance发布的"2017全球最有价值25个餐厅品牌"排行榜显示，麦当劳以389.66亿美元名列榜首。

如果将特许权组合视为特许人的产品，那么加盟金的本质就是特许权组合的价格，加盟金的设计就是制定特许权组合的价格。与制定其他产品价格类似，加盟金的设计要考虑以下几个要素：

（1）特许权组合的开发成本及市场价值

- 商标设计的成本及市场价值。
- 专利开发的成本及市场价值。
- 单店经营模式开发的成本。
- 单店经营管理体系的开发成本。
- 单店VIS系统开发的成本。
- 特许经营总部运营管理系统构建的成本。
- 特许经营体系拓展的成本。

（2）区域权益的价值

- 考虑授权区域的大小，授权区域越大，则收费越高。
- 考虑是否为区域独占许可，独占许可的收费应高于非独占许可的收费。

（3）时间权益的价值

特许权组合使用的年限越长收费应该越高。

加盟金收取的方式可以有以下几种：

- 在签订特许经营合同时一次性收齐。
- 将加盟金的总额除以特许经营合同的年限，计算出年平均加盟金的数额后，按年收取。
- 不收加盟金。某些特许人，特别是那些品牌知名度很低的特许人在特许经营体系发展的初期采用免加盟费或只收取少量特许权使用费的方式来吸引投资人加盟。

2）特许权使用费的设计

特许权使用费（ongoing royalty fees）是指受许人在使用特许权过程中按一定的标准或比例向特许人定期支付的费用。特许权使用费通常也称为管理费、权益金，它体现的是特许人向受许人提供的持续支持和指导的价值。

关于受许人向特许人交纳加盟金和特许权使用费的合理性有人做过如下评论：

- 受许人因使用特许人的品牌而赢得了客户。
- 受许人因使用特许人的运营管理系统而获得了回头客。
- 受许人因使用特许人的支持系统而获得并发展了自己赢得客户和保持客户的能力。

特许权使用费的本质是一种管理费，类似于租用或购买公寓每月要交物业管理费。特许权使用费的设计要考虑以下几个因素，主要包括：

- 特许人给予受许人开业后的各项培训和指导的费用。
- 特许经营总部日常运营的成本。

特许权使用费收取的方式有以下几种：

①从受许人的加盟店每月的营业收入中提取一定的比例。这种收取方式比较合理，但操作上比较困难，主要在于许多特许人无法真实了解加盟店每月准确的营业收入。解决这个问题有赖于一个设计完善的总部运营管理体系。例如，麦当劳和 7-Eleven 等可以做到将每个加盟店的每部 POS 机与总部相连接，总部从而可以得知每个加盟店的准确的收入信息。

②根据每个加盟店的规模不同，按月或季收取一个固定数额。此种方式比较简单，但不够合理也不精确。

③不收特许权使用费。所谓的"不收取"其实是特许人可以通过其他途径获得这部分收益，比如，从总部统一配送的货品价格中获得，或从某些专用设备的租赁费用中获得。

6.4　特许经营费用及计算

特许人将辛苦开发出的特许权授予受许人，并且在受许人的经营过程中仍然持续地向受许人提供大量支持性工作，这需要受许人给予一定的回报，这些回报就是特许人向受许人收取的各种费用。

特许经营费用指的是在特许经营关系的发生过程中，受许人需要向特许人上交的费用。潜在受许人了解这些费用的名称、构成和特点是有着积极意义的，比如可以在加入特许经营之前有个思想准备，可以据此估算自己的投资收益，可以根据特许人费用的收取情况判断该特许人是否违法地收取了某些不该收取的费用等。按照各种费用的性质，可以把特许经营费用分为三类：特许经营初始费或加盟金、特许经营持续费以及其他费用，如图 6-7 所示。

特许经营的费用
(franchise fees)
- 特许经营初始费(initial fees, IF)或加盟金
- 特许经营持续费
(ongoing fees,OGF)
  - 特许权使用费
(royalty fees, RF)
  - 市场推广及广告基金
(advertisement foundation,AF)
- 其他费用
(other fees,OF)
  - 履约保证金
  - 品牌保证金
  - 培训费
  - 特许经营转让费
  - 合同更新费
  - 设备费
  - 原料费
  - 产品费
  - 其他

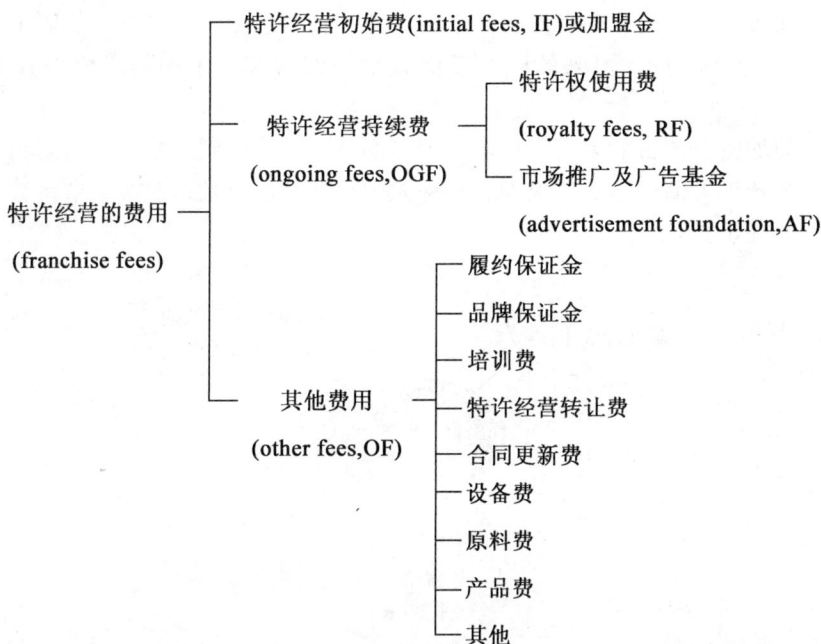

图6-7　特许经营费用的构成图

6.4.1　特许经营初始费（initial fees，IF）或加盟金

在大多数情况下，受许人都会被收取特许经营初始费或加盟金。特许经营的初始费指的是受许人向特许人交纳的加盟金，这是特许人将特许经营权授予受许人时所收取的一次性费用。它如何被确认取决于特许人如何构建他的特许权组合。特许人将提供一系列服务来帮助受许人建立他的经营网点并收取费用。收费范围将涵盖所提供的服务，包括对培训的收费以及对因加盟特许网络而得以利用有关商标、商誉的资格收费。可见，加盟金体现的是特许人所拥有的品牌、专利、经营技术诀窍、经营模式、商誉等无形资产的价值。

其交纳时间通常是在双方签订了正式的特许经营合同之后的一个约定时间内，比如签字后的一周到三个月之内。具体的时间根据特许人的不同而不同，并在特许经营合同上予以说明，法律上并没有严格的规定。但因为签订了合同就意味着特许人要帮助和指导受许人进行市场调研、商圈分析、选址、装修、培训等一系列工作，所以，特许人通常为了尽快地建设加盟店，可能会要求受许人在较短的时间内一次性交齐加盟金。当然，根据受许人的实际情况，有的特许人也允许受许人分次分批地交纳。

加盟金是受许人进入特许人特许经营体系的门槛费，即使受许人毁约，此费用也不予退还。一个特许经营加盟期限需要且仅需要交纳一次加盟金，特许经营合同到期后，如果双方续签，那么受许人需要再为下一个特许经营期限交纳一次加盟金。加盟金的数量没有法律的明确规定，各个特许人也各不相同。就目前国内的情况看，大致有三种情况：第一种情况是免除加盟金的，但潜在受许人需要注意，特许人可能会在别的费用方面把这个免除的加盟金"补"回来；第二种情况是特许人只收取数量很少的象征性的费用，数额从数千元到数万元不等；第三种情况是特许人收取数额较大的加盟金，少则十多万元，多则几十万元，甚至上百万元或更多。

那么，加盟金的数量到底有没有一个科学的计算方法呢？还是说，加盟金的具体数额只是凭借拍脑袋"拍"出来的呢？下面就来详细讲解一下如何科学地计算加盟金数额。

从前述的加盟金的目的来看，加盟金由三部分组成或受到三个因素的制约，即加盟金的数额是由特许人的前期支持成本、特许人的预期利润以及加盟金调节系数这三个方面决定的，如图6-8所示。

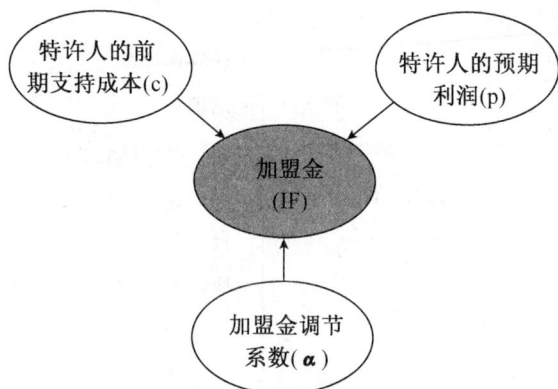

图6-8　加盟金的构成

如果用函数的形式来表示就是：

加盟金=f（特许人的前期支持成本，特许人的预期利润，加盟金调节系数）

或

$IF=f(c, p, \alpha)$

1）特许人的前期支持成本

特许人在前期（即受许人的加盟店开业并进入正常运转这段时期）需要为受许人提供许多支持，包括接受潜在受许人的第一次咨询，挑选甄别合格受许人，帮助受许人选址，对受许人进行培训（免费的部分），帮助受许人招聘人员，赠予受许人物品（包括开业用品、促销品甚至前期铺货等），开业支持，派总部人员到受许人单店进行现场指导等。简而言之，从潜在受许人第一次向特许人咨询开始，一直到该受许人的加盟店正式开业并进入正常营运阶段，特许人需要为受许人提供一系列支持，这些支持需要特许人耗费一定的成本，那么这个成本应该由加盟商支付，并作为加盟金的一个基本组成部分。

特许人应该首先详细列出自己在前期为加盟商所提供的所有支持活动，然后就可以根据每项活动所耗费的资源来初步估计出这个前期的费用总值。但应该清楚的是，加盟金的"底线"就是这个前期的支持费用总值，换言之，特许人的加盟金应该至少等于这个前期值。

由此看来，许多特许人的所谓加盟金为零的政策就应该这样理解。对于这些虽然免去了加盟金却仍然在前期提供支持的特许人而言，基本上有三种情况会导致他们在收取所谓的零加盟金。

第一种情况是，特许人在转嫁加盟金，亦即特许人并不是真的不收取加盟金，而是使用了一些策略，比如把加盟金打入其他费用之中（比如产品价格、培训费用、权益金、设备费等）。

第二种情况是，特许人缩减自己的前期支持活动并进而缩减了前期需要收缴的加盟金，因此，在这种情况下，表面上是受许人免去了加盟金，而实际上受许人并没有得到多少好处，因为受许人可能因特许人前期提供支持的力度变小而使自己以后的成功经营潜伏着隐患。

第三种情况是，特许人在实行强力的竞争措施，比如当市场竞争异常激烈时，特许人为了应对激烈的市场竞争情况，他就可能以加盟金为零来吸引更多的潜在加盟商。

作为受许人，要准确判断出特许人采用零加盟金的原因是属于上述三种情况中的哪一种，并采取相应的措施。若是特许人在实行强力的竞争措施而实施零加盟金政策，那么受许人就可以考虑加盟，因为这个零加盟金是实力雄厚的特许人为加盟商提供的"优惠"。相反，若是特许人把加盟金加到了别的方面或是缩减了前期提供的支持活动，那么受许人就要谨慎行事了，因为这个零加盟金既不能保证特许人前期提供的支持达到相当的力度，也不能保证特许人不在后续的别的方面变本加厉地向受许人收取更多的费用。

但无论如何，因为特许人的前期支持费用是必须支出的，而这个前期支持费用对于特许人更尽心地用自己的优势资源来使加盟商顺利、成功经营加盟店是必不可少的，它对特许经营双方都是有利的，所以特许人应光明正大、理直气壮地收取前期加盟金，并且此加盟金的最低数额或"底线"应该等于此前期费用总值。

如果特许人能把收取的加盟金的具体用途都向受许人说明的话，那么，当受许人看到自己交纳的加盟金都是特许人为了使自己更成功而支出时，受许人一定会更加信任特许人，也当然会心甘情愿地支付这个数额较大的加盟金。

2）特许人的预期利润

在收取了前期费用之后，特许人的前期支持支出是没有问题了，因为至少是不"亏本"的。那么在此"底线"之外，特许人还可以收取一个自己期望的利润。

关于特许人收取自己的期望利润这种做法，也是无可非议的。因为很显然，特许人从零开始地付出自己的脑力、智力、体力并投入了相当的各种资源（人、财、物等）来打造自己的品牌、技术、经验、商誉、客户群、产品、关系网络等，这些对于成功地经营一家企业或单店都是非常宝贵的"秘籍"，那么现在受许人要使用这些"现成"的资源来经营自己的加盟店，受许人因为利用了特许人积累、造就的许多高价值资源而必然会大大地减小风险、提高成功率、节省不必要的浪费、缩短创业成功时间等，所以，特许人因受许人享受到的这些利益而向受许人收取费用并赚取一定的利润也是合情合理的。

具体到期望利润的数额大小，其主要取决于特许人自己的意愿而并没有严格的科学计算方法。但特许人应充分考虑"双赢"、受许人初期创业的资源紧张、特许双方长期利益等各个方面，确定一个双方都能接受的合理的利润值。

3）加盟金调节系数

仅仅把加盟金等同于前期支持费用总值与特许人期望利润的总和是不够的，因为特许人向受许人最终收取的加盟金数额还要受到其他一些因素的影响，这些因素包括行业竞争、续约次数、加盟店数、加盟地域、加盟店性质和规模、加盟期限、权益金、受许人的初期总投资等。因此，在特许人加总了前期支持费用总值与特许人期望利润并得出加盟金的初值之后，特许人还应该根据这些因素的影响情况来调节这个加盟金初值。

（1）行业竞争

毕竟，特许人需要和同行竞争，而加盟金这个门槛费无疑也是竞争的一个重要因素，所以过高的加盟金会使特许人丧失大量合格的潜在受许人，而过低的加盟金则要么会迫使特许人将不收取的加盟金费用转嫁到其余费用上，要么就会因资金的不足而影响特许人建设特许经营体系的质量。

一般而言，当同业竞争比较激烈、本特许经营体系没有明显的竞争优势时，特许人收取的加盟金可以适当放低一些；当同业竞争不太激烈、本特许经营体系有明显的竞争优势（比如是别人没有的新项目、品牌卓著等）时，特许人收取的加盟金就可以适当抬高一些。但无论如何，加盟金最低的数额一般不能低于"底线"——特许人前期提供的支持费用总值。

（2）续约次数

对许多特许人而言，不管是由于关系的原因还是由于特许人对于老受许人的奖励或对新受许人的吸引，特许人都可能会对续约的受许人在加盟金方面实行一定的优惠减免政策，比如第二期加盟金比第一期低，第三期会更低……依此类推。但IFA的一份统计资料显示的关于加盟金减免和续约次数的关系却呈现出相反的结果，即越来越多的特许人正趋向于不再以减免加盟金的形式来吸引或奖励受许人。

（3）加盟店数

受许人购买特许权使用权的交易其实和购买普通商品有许多类似之处，在数量和价格方面也极为相似，因此，有的特许人会规定，加盟的店数越多（区域加盟商或多店加盟商），平均到每家单店上的加盟金可能就越少。但对盟主本身而言，它也可能会随着自己的成熟与成长而提高加盟金，表6-5所示的一家盟主企业就是如此。

表6-5   **盟主拥有店数与特许经营费用的关系**

店数	1~30家店	31~100家店	100家店以上
加盟金（元）	30 000	50 000	60 000
权利金（%）	2.5	3.5	5
广告宣传费（不变）（%）	1	1	1

（4）加盟地域、加盟店性质和规模

因为目标顾客市场的不同，特许人可能会针对不同的加盟地域规定一个最低的加盟店规模，相应地，加盟金等费用也会有所不同。比如某餐饮店体系的加盟费用规定可见表6-6。

表6-6   **某餐饮店体系的加盟费用规定**

	店面面积（m²）	加盟费（万元）	保证金（万元）	合同期（年）
省级中心店	800以上	15	3	3
市级特许店	500	10	2	3
地级特许店	300	8	2	3
县级特许店	200	5	1	3

1997年进入中国市场、来自美国的汽车美容品牌驰耐普，其品牌起步店、创业店、基础店、经济店、标准店、中心店分别需要3.98万元、6.8万元、11.98万元、18万元、28万元、38万元不等的加盟费。在2004年刚刚进入中国的美国汽车美容品牌特福莱那里，其创业店、经济店、标准店、豪华店、旗舰店分别收取的加盟金也从几万元到数十万元不等。

（5）加盟期限

因为一般而言，特许人每个加盟期限都会重新向受许人收取加盟金，所以特许人的加盟期限就必然与加盟金存在着正相关的关系，亦即加盟期限越长，加盟金就会越高；反之就越低。

（6）权益金

加盟金和权益金是特许人向受许人收取的两个主要费用，因此，它们是此消彼长的关系，亦即一般而言，加盟金高的企业会收取较低的权益金。

（7）受许人的初期总投资

加盟金一般会占受许人的初期总投资的5%~10%，但有时会有例外。虽然这一数字的根据没有经科学地论证，但仍然可以供特许人在确定自己的加盟金时参考。

综上所述，如果我们用c表示特许人的前期支持成本，用p表示特许人的预期利润，用α表示加盟金调节系数（其值位于0到1之间）的话，那么加盟金IF就由下述两个公式决定：

$$\begin{cases} IF = (c+p)\alpha \ (0 \le \alpha \le 1, p \ge 0) \\ IF \ge c \end{cases}$$

6.4.2 特许经营持续费（ongoing fees，OGF）

特许经营的持续费指的是在特许经营合同的持续期间，受许人需要持续地向特许人交纳的费用，它主要包括两类：特许权使用费和市场推广及广告基金。

1）特许权使用费（royalty fees，RF）

特许权使用费又称权益金、管理费等，是受许人在经营过程中按一定的标准或比例向特许人定期支付的费用。它体现的是特许人在受许人的经营活动中所拥有的权益。特许权使用费的具体内容和交纳办法也在特许经营合同中予以详细地说明。

权益金的数量可以是一个固定的数额，即受许人需定期交纳一定数量的费用而不管这期间的营业状况如何；也可以是根据受许人的营业状况而按照一定的比例向特许人交纳，比如按照受许人加盟店营业收入、营业利润等的一个固定比例上交。根据目前国内的实际情况，在按照营业收入进行收取时，这个比例的范围在1%~5%之间最为普遍，而国际上最高的甚至超过了10%。

进一步的资料显示，按照营业收入的比率收取权益金的方式更为流行，此计算公式如下：

$$RF = \beta \cdot T$$

式中：T代表营业收入；β代表收取的比率，通常为1%~10%。

如果特许人采取比率的方式来收取特许权使用费的话，那么他最好按照加盟店的营业收入而非营业利润的百分比来收取。原因很简单，与监控营业利润相比，特许人更容易控制、更容易较为准确地得到加盟商的营业收入。这样，特许双方可以减少不必要的纠纷，因为加盟商经营成本的计算问题经常是特许双方发生争执的主要原因之一。另外，特许人只对营业收入进行比率性收费的方式还有利于促进加盟商积极主动地减少经营成本，因为加盟商知道，减少的经营成本其实就是自己可以增加的利润。反之，如果特许人向加盟商收取利润的一定百分比，那么加盟商就可能会做假账以增大成本的方式从而为自己谋取更多的利益，而这显然不是一种良好的合作状态，不利于双方建立持久的互利关系，而是对特许经营关系的一种损害。

另外还要注意，有的特许人在收取权益金时，为了鼓励受许人更多地实现营业额，特许人所采取的权益金比率还可能是一个变量，比如可的便利店就采取了这种变动的权益金收取机制，见表6-7。

表6-7　　　　　　　　　　　　可的便利店的权益金收取机制

毛利/月（元）	可的分配（%）	加盟方分配（%）	毛利/月（元）	可的分配（%）	加盟方分配（%）
<30 000	25	75	>50 000	35	65
30 000~50 000	30	70			

日本7-Eleven公司则采取另外的激励方式，其和加盟店之间毛利分配的原则是：对于24小时营业的加盟店，只需上交给总部43%的毛利额；对于16小时营业的加盟店，必须上交给总部45%的毛利额。商店开业5年后，根据经营的实际情况及实际成绩，作为奖励，总部会减少加盟店上交毛利额的1%~3%：平均每日营业额为30万日元以上的店铺，降低1%；每年毛利额达到5 800万~7 800万日元的，再降低1%；每年毛利额在7 800万日元以上的，可降低2%；最高可降低3%。

2）市场推广及广告基金（advertisement foundation，AF）

这个费用指的是特许人按受许人（加盟商）营业额的一定比例或某定额向受许人（加盟商）收取的广告基金，该基金由特许人统一管理，受许人（加盟商）使用该基金时向特许人提出申请，由特许人审批。表6-8是IFA统计的1998年特许人基于营业收入收取市场推广及广告基金时的比率在行业间的分布。

鉴于和权益金同样的理由，建议收取的比率基础为营业收入而不是利润，其计算公式如下：

$$AF = \gamma \cdot T$$

式中：T代表营业收入；γ代表收取的比率，通常为1%~5%。

收取这个费用的原因是因为特许经营体系在广告效应方面的双重特性。

●因为特许经营体系的克隆性质，所有单店在理念以及外观、实体等软硬件方面都是完全一致的，所以，任何单店的广告都会使其余单店以及整个体系受益，因此，为了防止有些单店的为了省钱而"搭便车"的心理并使整个体系的广告策略保持整体性和一致性，需要特许人对特许经营体系的广告进行集中管理。

●由于各个单店所在区域的实际情况不同，比如消费者对该特许经营体系的认同度、特许经营体系在当地的知名度、单店的规模、季节的变化、当地的经济发展阶段等是不同的，可能还相差很大，所以在客观上就存在需要单店各自在其所在区域进行单独广告宣传的现实。

表6-8 特许人基于营业收入收取市场推广及广告基金时的比率在行业间的分布

行业	0~1%	1%~2%	2%~3%	3%~4%	4%~5%	5%~6%	6%~7%	7%~8%	8%~10%	>10%	总计（%）
汽车（%）	19	19	17	8	25	8	0	0	3	1	100
烘烤食品（%）	24	47	6	18	5	0	0	0	0	0	100
建筑、家装（%）	42	33	18	6	0	0	0	0	0	1	100
商业服务（%）	47	26	5	0	11	5	0	0	0	6	100
儿童市场（%）	44	17	17	17	5	0	0	0	0	0	100
教育业（%）	22	33	22	11	11	0	0	0	0	1	100
快餐（%）	34	27	18	14	6	1	0	0	0	0	100
租房（%）	23	38	28	11	0	0	0	0	0	0	100
维修（%）	24	61	8	0	3	0	0	0	3	1	100
个人服务（%）	80	20	0	0	0	0	0	0	0	0	100
印刷（%）	38	38	24	0	0	0	0	0	0	0	100
房地产（%）	39	28	28	5	0	0	0	0	0	0	100
饭店（%）	46	27	18	1	0	0	0	0	0	0	100
零售食品（%）	35	46	12	4	0	0	0	2	1	0	100
零售（%）	45	25	8	7	13	0	0	0	0	2	100
服务业（音像等）（%）	33	35	12	7	7	2	0	0	0	4	100
运动和娱乐（%）	64	21	7	0	7	0	0	0	0	1	100
旅游（%）	100	0	0	0	0	0	0	0	0	0	100
平均（%）	37	31	15	9	6	1	0	0	0	1	100

注：资料整理自IFA的官方网站。

以上这两个特许经营广告效应方面的双重性就决定了特许人需要集中地管理广告基金才能更公平地平衡各单店之间的利益，并使广告的效果最优。这个费用的具体内容和交纳办法也应在特许经营合同中予以说明。

6.4.3 其他费用（other fees，OF）

特许经营费用除了上面两类最基本的费用外，还会有一些其他形式的费用。需要注意的是，这些费用并不是特许经营这种模式所独有的费用，即使在其他契约式的经营模式里，比如经销、代理等，这些费用也是不可避免的。所以，这些其他的费用并不是每个特许人都要收取的，而是因特许人的不同而不同。同时，这些费用的收取数量也并没有严格的计算方法，而只是一些行业惯例或纯粹就是特许人的主观决定。这些费用有履约保证金、品牌保证金、培训费、特许经营转让费、合同更新费、设备费、原料费和产品费等。

①履约保证金。履约保证金指的是签订特许经营合同并在特许经营合同持续期间，特许人向受许人（加盟商）收取的一种保证金，用于在受许人（加盟商）不及时支付应向特许人支付的款项时的补偿。在特许经营合同到期并且受许人没有拖欠应付特许人的合理款项时，特许人应归还受许人履约保证金。

②品牌保证金。品牌保证金指的是特许人为了保证受许人不做有损特许经营体系品牌的事，而于特许经营合同签订后向受许人收取的一定数额的资金。如果受许人在经营期间违反了品牌保证金规定的事项亦即做出了有损特许人品牌的事，特许人将没收此保证金。否则，在特许经营合同解除后，特许人将把此保证金返还给受许人。

③培训费。培训费指的是特许人对受许人进行培训时需要收取的费用。特许人对于受许人的培训分为两个阶段或类型。一类是在签订合同后、开设单店前进行的培训，主要内容是全方位地使受许人进入运营单店的角色之中。这时的培训通常是免费的，受许人所要承担的无非就是自己的交通和食宿费。另一类培训是在受许人单店开业之后的正常营业过程中，特许人对受许人进行的培训，主要内容是特许人开发的新的技术和知识、体系的新规定等，受许人在承担自己的交通和食宿费之外，特许人可能会向他们收取一定的培训费。

④特许经营转让费。特许经营转让费指的是在特许经营合同未到期时，如果受许人欲放弃该特许经营并将其转让出去，需要交纳给特许人的费用。这是因为特许人需要花费额外的资源去培训一个新的合格受许人。因此，原受许人就需要对特许人的这个额外花费做出补偿。值得注意的是，在有些国家和地区的特许经营法律法规中，特许经营未到期是不允许受许人或特许人单方退出的，因此也就没这个特许经营转让费了。

⑤合同更新费。合同更新费指的是受许人在特许经营合同到期时，如果要续签合同，那么，需要受许人在额外的特许经营正常费用之外另行交纳更新费。尽管这个费用通常被认为是非法的，但现实中的许多特许人却常常要求受许人必须交纳，并以不交纳就不再续签相威胁。更新费可以是一个固定值，也可以是一个比例，通常为加盟费的某个百分比，比如肯德基在续签时除了支付加盟费50%的续约费外，不需要再支付其他费用。

⑥设备费、原料费和产品费。设备费、原料费和产品费指的是受许人向特许人支付的由特许人代为购买的设备、原料和产品的费用。由于各种原因，比如设备、原料和产品是特许人自己专门定制的非标准物、特许人的集中采购会使设备的价格降低、为了保证整个体系的一致性等，特许人通常会指定各个单店使用统一的设备、原料和产品。那么这时，如果特许人代为购买的话，受许人就要向特许人支付这笔费用。不幸的是，这一点常常被一些特许人用作赚取额外利益的机会，比如有的特许人会从设备、原料和产品供应商的折扣中"提留"一部分给自己，向受许人变相地强行推销自己生产的设备、原料和产品等，因此，受许人应保持足够的警惕性。

综上所述，特许经营费用（franchise fees，FF）的计算公式可用下式来表示。特许人可以根据前文所述的方法来分别计算，如此就可以得出一个较为合理的特许经营的费用体系。

$$FF=IF+OGF+OF$$
$$= (c+p) \alpha + (RF+AF) +OF$$
$$= (c+p) \alpha + (\beta \cdot T + \gamma \cdot T) +OF$$
$$= (c+p) \alpha + (\beta+\gamma) T+OF$$

通常情况下要满足的条件为：$0 \leq \alpha \leq 1$，$p \geq 0$，$IF \geq c$，$1\% \leq \beta \leq 10\%$，$1\% \leq \gamma \leq 5\%$。

如果根据费用的目的以及费用发生的时间来划分的话，我们可以得到如下的特许经营关系阶段与特许经营费用的对应关系图（如图6-9所示）。

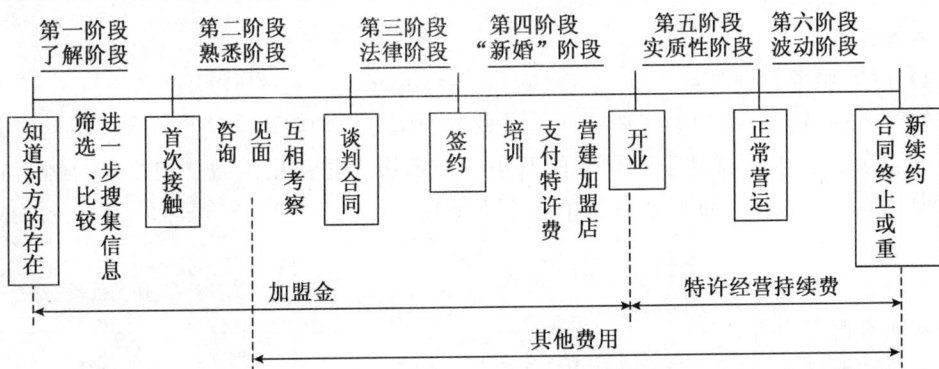

图6-9 特许经营关系的整个生命周期阶段与费用的关系

6.5 总部督导管理

在一个完善的特许经营体系中，对受许人的有效管理是整个体系至关重要的环节，也是科学地对整个特许经营体系实施有效控制与支持的基础。管理的核心就是要对整个特许经营体系进行有效控制与支持。在这个以特许人为中心的特许经营体系之中，特许经营总部的支持与控制自然也就成为总部非常重要的任务。

6.5.1 督导工作的主要内容

必须注意的是，督导工作并不仅仅是简单的检查、考核工作和对单店的经营行为进行监督，督导员还应善于发现单店存在的问题以及帮助他们解决问题，帮助、指导受许人和加盟店提升业绩和改进营业水平。同时，督导员本身还是受许人与总部间沟通的桥梁，因此，督导员要做好上通下达的工作，保证体系中信息的上下顺畅流动。具体而言，督导工作的主要内容应有以下几方面：

1）商品管理督导

• 店面商品构成：根据总部的具体规划实施商品陈列，主力商品、辅助商品、刺激性商品（销售性商品、观赏性商品、诱导性商品）随市场情况而不断变化，需要随时调整搭配方法。

• 商品陈列配置：空间、色彩、位置、商品种类等。

• 商品价格。

• 库存和盘点。

• 其他：包括商品的包装、质量、来源、宣传措施、附赠品等。

2）店面形象管理督导

• 店面形象：店前空间、店面外观、橱窗摆设、店内布局、色彩、陈列设备及用具的维护和选用。

• 专营店容易进入程度。

• 专营店展示陈列状况。

3）销售管理督导

• 销售状况，包括硬件和软件。

• 促销状况，包括硬件和软件。

4）顾客服务管理督导

加盟店的经营活动的关键环节就是对顾客的服务。加盟店的销售对象是顾客，现代零售的竞争，其本质就是争夺顾客的竞争，谁的服务做得更细致、更能满足顾客的需求，谁就能赢得顾客，谁就能在竞争中立于不败之地。顾客服务管理督导的主要内容应包括以下几方面：

• 顾客服务程序。

• 顾客服务内容。

• 接待顾客技术。

• 顾客档案管理。

• 顾客服务的相关硬件状况。

5）岗位人员工作督导

岗位人员工作督导指的是单店内各个岗位工作人员的实际工作情况检查。

• 仪表：着装、化妆、工作牌佩戴等。

• 言谈举止：是否符合企业规范。

• 精神面貌。

• 数量。

6）单店的其他运营状况督导

• 培训。

• 广告宣传。

• 特许经营合同的履行情况。

• 企业文化的贯彻、实施情况。

• 总部规定的其余事项完成状况。

6.5.2 督导员的职业素质要求

专职的督导员是一个要求具有很高的综合素质的职业，并不是一般人能担任的。因为他（她）必须对整个特许经营体系，总部，受许人的人、财、物以及所有工作的方方面面都有所了解才行，否则，如果他（她）自己对什么是正确的、什么是应该的都搞不清楚，又怎么能去督导别人呢？

1）督导员所需要的基本知识

• 区域督导员的工作职责及行为模式。

• 公司的规章、制度、政策、中长期发展计划。

• 相关的政策法令。

- 加盟合同，加盟规章。
- 特许经营体系运营手册规定的内容。
- 特许经营的基本理论。
- 企业诊断的基本技术。

2）督导员所需要的基本管理才能

- 领导才能。
- 团队建立的能力。
- 咨询辅导的能力。
- 良好的组织、沟通与人际关系能力。
- 问题的分析与决策能力。
- 时间管理。
- 压力管理。
- 公关能力。
- 计划能力。

3）督导员所需专业知识

- 商圈调查与商情分析。
- 店铺销售策略、促销策略。
- 盘损分析与行动计划。
- 谈判技巧。
- POS信息运用与商品管理。
- 总部部门职能的知识，包括财务会计、物流配送、人力资源、广告宣传、市场推广等的知识。

6.5.3　督导工作的组织结构图

特许经营体系的督导工作一般都属于客户服务部的工作内容之一，当然，也可以单独地划分出来（如图6-10所示）。

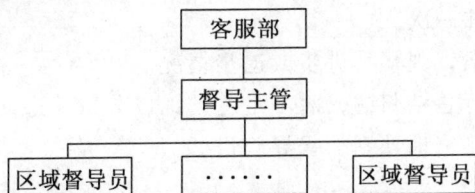

```
          ┌──────────┐
          │  客服部   │
          └────┬─────┘
          ┌────┴─────┐
          │ 督导主管  │
          └────┬─────┘
      ┌────────┼────────┐
┌──────────┐ ┌──────┐ ┌──────────┐
│ 区域督导员 │ │……│ │ 区域督导员 │
└──────────┘ └──────┘ └──────────┘
```

图6-10　督导工作的组织结构图

区域督导员既可以是特许经营体系所聘的专职人员，也可以像有些特许经营企业那样，在企业的顾客中邀请顾客积极参与，亦即每个顾客都可以成为本体系的义务督导员，或者特许经营企业还可以在社会上公开邀请义务人员担当。那么，对这些义务的"兼职"督导员而言，对其作为督导员的要求就要低得多，即并不能要求他们像专职督导员那样具有很高的综合素质。

6.5.4　督导员的岗位职责

①负责样板店与加盟店的规划与商品配置的督导工作。
②负责样板店与加盟店的每日开店作业流程、进度说明及控制重点的督导工作。

③负责样板店与加盟店的整洁管理的督导工作。

④负责样板店与加盟店的安全管理（如消防、防盗、防骗、防抢、防止意外伤害等）的督导工作。

⑤负责样板店与加盟店的设备使用、维修及保养的督导工作。

⑥负责样板店与加盟店的门店商品管理，如进货验收、损坏品处理、商品调拨、退货处理、商品价格管理、盘点的注意事项、商品耗损防止的督导工作。

⑦负责样板店与加盟店的收银钱财管理的督导工作。

⑧负责样板店与加盟店的服务管理的督导工作。

⑨负责样板店与加盟店的人员出勤管理的督导工作。

⑩负责样板店与加盟店的退货作业、损耗管理的督导工作。

⑪接受上级主管的业务督导和业务培训。

⑫与其他部门合作，完成上级主管布置的工作任务。

⑬执行与督导上级主管交办的其他事项。

⑭监督市场价格。

⑮维护品牌形象。

⑯监督对顾客服务的满意程度。

⑰监督特许加盟合同的执行。

⑱信息的沟通管理。

6.5.5 督导的工作流程

①制订工作计划。

②设定标准，执行监督。

③对受许人的咨询和信息收集。

④对存在的问题进行分析、培训、指导、解决。

6.5.6 督导工作的管理规章制度

①对于各个具体的受许人，做出相应的核检标准。

②每隔一段时间测评一次。

③测评结果记录备案，观察其进步或退步情况。

④对成功的经验进行总结归纳，对不足之处加以分析并进而提出改进方案。

⑤根据改进方案制订培训计划，督导改进。

案例精析

谭木匠：做全球最好的梳子

谭传华说，谭木匠公司有钱了，我们坚决不买高档办公楼，坚决不买豪华别墅、小轿车，要把有限的资金花在"一硬一软"之上：硬是好的设备，软是能干的人；硬是产品的质量，软是产品的文化含量。

谭传华出生在重庆市万州农村。在经过了多次的人生挫折以后，他继承了祖上传下来的职业，做了木匠并开始创业。

1995年，谭传华正式注册"谭木匠"梳子商标。经历过艰难的推销之旅，烧过价值30万元的不合格产品,搞过无数次技术改革,创办过《快乐的谭木匠》宣传漫画报。1997年,谭传华的小木梳终于获得了较好的市场知名度。就在他磨刀霍霍准备大干一场的时候,一个意外的难关挡在了面前:由于没有固定资产作抵押,银行不愿意贷款给这个靠生产小梳子为生的小企业,谭传华后继乏力。

这是当时中国所有中小民营企业共同的成长难题。1997年8月19日,对银行苦苦哀求没有结果的谭传华愤怒了,在重庆一家报纸上打出整版广告:谭木匠工艺品有限公司招聘银行。在当时的中国,民营企业招聘银行是一件国内外轰动的稀奇事,全国乃至全球1 000多家媒体蜂拥而至,争相报道"谭木匠招聘银行现象",并随后在金融界、企业界引发了一系列关于"银企关系"的大讨论。

谭传华终于获得了银行的支持,"谭木匠"的知名度也空前高涨。但市场似乎并不给这个"第一品牌"面子。此刻"谭木匠"的销售模式主要依靠商场铺点。然而,"谭木匠"出名之后,其他木梳企业也开始苏醒,商场终端竞争激烈起来。就在谭传华发现商场这条路不仅走得慢,而且有日益走下坡路趋势的时候,他无意中尝试建起来的几个专卖店营业额却节节飙升。与其深陷于商场肉搏,不如另辟一条蹊径,在专卖店上做文章。谭传华立即请来当时大名鼎鼎的"余明阳专家团",为公司导入CIS。这一导入,谭传华"斗胆"花去了当年1/3的利润。同时他重新规划企业战略,撤出各地商场柜台,将商业模式转向专卖店连锁加盟的方向。

1998年3月7日,"谭木匠"与第一家加盟连锁店签约,从此开始了特许经营的发展之路。特许加盟令谭木匠公司走上了产销可控、渠道可控、品牌可控的长远发展道路。

到2000年年初,"谭木匠"专卖店已星罗棋布地开了接近100家店。然而就在这一年春天,专卖店加盟速度骤降,各地加盟商开始有了抱怨。抱怨的核心是效益:其一,由于产品单一,风格单一,顾客来到店里的选择并不多;其二,谭木匠梳子价格很高,但针对高品位高消费群体的品牌附加值并没有做足;其三,梳子虽好,店堂装修却很一般,常常埋没于商街而吸引不了眼球。其结果是各地加盟店生意平平淡淡,投资回报率不高,有的甚至亏损倒闭。

这其实是中国所有连锁加盟企业都必须遭遇的一道坎,能否迈过这道坎,既要看企业家的能力,也要看企业家的态度。谭传华花了一大笔钱,在绝对一流的"能干人"帮助下,谭木匠既传统又现代、以中国传统文化为基调的新店面设计方案很快拿了出来。自己试装了一个店,大获成功,销售额比老店竟多了一倍有余。

新的店面设计古朴、典雅,充满个性和传统文化气息,充分展示了"谭木匠,手工造"的悠久韵味,大大提升了谭木匠梳子的品牌文化含量。推出之后,立即在行业内外引起了轰动,高价位的木梳因文化含量的烘托,也似乎让消费者觉得物有所值了。口口相传之下,2000年年底,要求加入"谭木匠"特许经营网络的人数是1999年的几倍。

2018年,谭木匠继续在大、中城市的购物中心、一线商圈、机场及高铁站发力,将其作为重点业务拓展方向,继续清理关闭位置不好、形象欠佳、盈利能力差的店铺。加快O2O程序开发与运行速度,运用好节点营销。调整海外市场开发策略,抽调国内市场优秀管理人员拓展海外业务,适量投入开发符合海外消费者消费习惯的产品及包装。

资料来源　特许经营项目组. 谭木匠:做全球最好的梳子 [EB/OL]. [2018-11-18]. http: // www.texu1.com/a/chenggongahli/20131118/1785.html.

精析：谭木匠通过导入 CIS，将企业的分销模式转向专卖店连锁加盟的方向，并通过"既传统又现代、以中国传统文化为基调"的新店面设计解决了各地加盟店生意平淡、投资回报率不高的问题。可见，CIS 系统的设计是特许总部特许权的重要因素。近几年来，谭木匠继续在购物中心、一线商圈开发新的加盟店，加快 O2O 程序开发与运行速度，提升店铺形象，升级营销策略，带动了加盟事业的进一步发展。

🛡 职场指南

特许加盟如何"上对花轿嫁对郎"

对于那些想自己创业当老板的人来说，加盟一个运作成熟的特许经营品牌，不仅可以降低创业失败的风险，而且能够节省创业资金的投入，不失为一个明智的选择。但在各种品牌鱼龙混杂、良莠不齐的情况下，创业者如何根据自身的实力和情况选择加盟品牌或加盟总部，是一件颇费心思的事情。

品牌、广告硬实力至关重要

一个品牌的知名度包含了消费者对该品牌的迅速识别和有关该品牌回忆的呈现。对某品牌产生一定认知度的消费者，在获得某种提示后，通常能够正确地说出以前是否曾经看过或听说过该品牌。品牌回忆是指当消费者想到某种产品或服务时，不经任何提示，便能与某特定品牌联系起来。品牌知名度常常是消费者决定购买与否的关键因素。选择一家具有较高知名度的特许经营品牌，在某种程度上具有"背靠大树好乘凉"之效。

除知名度外，经营诀窍、广告投入和相关的培训支持也是衡量加盟总部综合实力的重要因素。连锁经营看似简单，其实包含着相当多的诀窍，从商品品类的开发、商圈的经营、营销方式，到广告策划、员工招聘与管理、财务预算与运作等，都需要加盟总部一一传授，这也是保证加盟店长期经营的必要条件。

文化、培训软实力不容忽视

每个知名品牌的背后都有其独特的企业文化作为支撑，企业文化是企业信奉并付诸实践的经营理念，是企业在经营过程中逐渐形成的，为全体员工所共同认知和遵守的使命、宗旨和价值观。一个良好的企业文化，可以让企业员工形成一种强大的凝聚力和创造力。加盟者在选择品牌时，可从两个方面来考察该品牌的企业文化。其一，这种文化是否为企业发展提供了源源不断的动力。其二，也是更重要的一点，该品牌的企业文化是否适合你。如果与你的价值观不匹配，就要慎重考虑了，因为经营理念上的冲突，势必会影响到日后的合作。

培训也是支持特许经营正常运转的要素之一。对于新的加盟商来说，在员工招聘、店面管理、打开销售局面、提高营业额等方面，有许多需要学习的技巧。一个好的特许经营品牌，通常拥有一套完善、有效的培训系统，该系统可以帮助加盟商扫清障碍，提高成功的概率。有关专家提醒，要了解一个品牌的培训能力，可以从以下几个方面来考察：总部是否有自己的培训部门，共设置了哪些培训课程，培训师的实战经验和专业素养，培训期的长短，以及是否会安排现场培训等。同时，还可以通过了解已加盟者的受训情况及效果来判断其培训的有效性。

布点密度、回报率、服务细微处见真诚

除服务之外，好品牌应合理控制加盟店布点的密度。密度太高会导致竞争过度，自相残杀；而密度过低则会使客户感到不便，给竞争对手以可乘之机。有些品牌因为一炮走红、大受欢迎，就目光短浅地到处扩张，盲目增加加盟店的数量。同时将总部迁入大的写字楼或厂房，大量增加人员、设备，造成了亏损和现金流危机。

选择加盟品牌，投资回报率无疑是加盟者最关心的指标。部分特许连锁企业为了吸引加盟者，往往在投资回报上夸大其词，有的甚至宣称一个月就能收回投资，对这种不负责任和不切实际的宣传，加盟商应保持冷静和清醒的头脑。连锁加盟的确是一种比较稳妥的赚钱方式，但一夜暴富的希望微乎其微。一个负责任的特许连锁企业通常会在加盟商加盟前与其充分沟通，对所加盟项目的投资回收期和收益率等方面做出一个客观的评价。根据行业惯例，连锁加盟行业的投资回收期大多为1~2年。

一个负责任的总部在选择加盟商时，都会在市场考察和选址方面投入大量的精力，同时，他们也会站在加盟商的角度，在店面规划方面提供合理建议。面积过大，容易造成资源的浪费；面积太小，则不能满足高峰期的经营需求。

良好的售后服务也能体现出一个品牌的质量，好的加盟总部往往拥有较为完善的后续服务机制，为加盟店的长期发展提供了有力的保障。比如，有些总部会根据加盟店的销售情况，由专业的配货师为其选货配货，以适应当地消费者的喜好。还有一些总部会定期或不定期去各加盟店进行巡察，这样既体现了总部对加盟店运营情况的关注，同时还可以收集到许多市场信息，及时调整经营策略、提高品牌的竞争力。

资料来源　特许经营项目组. 特许加盟：如何"上对花轿嫁对郎"［EB/OL］. ［2018-11-16］. https://www.globrand.com/2010/467245.shtml.

((◉)) 课后拓展

百胜中国拥有肯德基、必胜客和塔可贝尔三个品牌在中国市场的独家运营和授权经营权，可授权加盟商在特定区域内或加盟商持有的市场渠道内开设品牌餐厅。了解百胜中国的特许经营体系、加盟政策、申请条件与流程、说明会与展会、经验分享等信息，在线提交申请，请关注"肯德基特许经营"微信公众号或扫描二维码。

🐾 本章小结

本章介绍了总部特许经营系统的一些管理问题，包括总部在特许经营体系中扮演的重要角色、总部的组织结构、特许权组合的设计、特许经营费用及其计算以及总部的督导管理。总部扮演的角色包括领导者、授权者、经营者、管理者、培训者、后台支持者和信息中心。总部组织结构有三种类型，即初级模式、标准模式和高级模式。特许权组合中包括单店经营模式设计、商标设计、商号设计、单店VIS系统设计、时间权益和区域权益设计及加盟金和特许使用权费用设计；特许经营费用计算中分别介绍了加盟金、特许经营持续费及其他费用的计算。最后介绍了总部的督导管理，包括督导工作内容、督导员的职业素质要求、督导工作组织结构图、督导员的岗位职责、督导的工作流程及管理规章制度。

主要概念

特许经营总部　特许权　单店经营模式　客户定位　获利模型　商品/服务组合　主力商品/服务　辅助商品/服务　关联性商品/服务　商标　商号　时间权益　区域权益　加盟金　持续费　权益金

基础训练

一、选择题

1.特许总部的组织结构在（　　）才正式开始成形。

A.第一阶段   B.第二阶段   C.第三阶段   D.第四阶段

2.在单店经营模式诸要素中，（　　）是最基础的要素，其他要素的设计都要围绕它来展开。

A.客户定位   B.获利模型   C.商品/服务组合   D.总部战略控制

3.权益金属于特许经营费用中的（　　）。

A.加盟金   B.初始费   C.持续费   D.其他费用

二、判断题

1.具有推广价值的组织结构模式是指总部结构的高级模式。   （　　）

2.在一个单店中，主力商品/服务通常占到70%~85%。   （　　）

3.特许人的加盟期限与加盟金存在着正相关的关系。   （　　）

三、简答题

1.特许经营组织的总部结构有哪几种类型？

2.特许权要素都包括哪些？

3.督导工作的主要内容包括哪些？

实践训练

【实训项目】

调查不同企业的特许总部，了解不同特许企业特许权要素的构成。

【实训情境设计】

通过调查不同企业的特许总部，掌握不同特许企业特许权要素的构成。

【实训任务】

以小组为单位，选取不同企业的特许总部进行调查，分析不同特许经营企业特许权要素的构成，并提交调查报告。

【实训提示】

不同的小组可以选取不同的企业的特许总部进行调查，分析不同特许经营企业特许权要素的构成。

【实训效果评价标准表】

实训效果评价标准表见表6-9。

得分说明：各小组的表现分为"优秀""良好""合格""不合格""较差"，对应得分分值为"25""20""15""10""5"，将每项得分记入得分栏，全部单项分值合计得出

表6-9　　　　　　　　　　　　　调查报告评价表

项目	表现描述	得分
调查的对象和目的		
人员分工		
调查方法		
报告内容和形式		
合计		

本实训项目总得分。得分90~100分为优秀，75~89分为良好，60~74分为合格，低于60分为不合格，必须重新训练。

第7章 门店特许经营系统管理

学习目标

通过本章的学习，熟悉特许经营权的购买、受许人的监督和控制、加盟店经营绩效管理，了解受许人的选择。

【引例】

OYO酒店集团始创于2013年，是南亚最大的连锁酒店品牌，旗下拥有5 000多家酒店，超过127 000间客房，是一站式连锁酒店的先行者与行业标杆。OYO酒店集团拥有强大的酒店科技研发能力，运用线上线下全覆盖的销售网络，通过特许经营、委托管理、租赁经营三大运营模式，让中小型单体酒店跃升为高质量的旅居空间。通过与酒店预订平台Booking.com与Makemytrip等的合作，为酒店带来流量。目前，OYO酒店集团已进入中国、印度、马来西亚、尼泊尔等国家和地区。

据透露，OYO酒店集团自2017年11月进入中国市场以来，一直积极扩张，中国成为其继马来西亚和尼泊尔之后进入的第三个市场。数据显示，截至2018年9月上旬，OYO品牌在中国已经拥有超过2 000家酒店、87 000间客房。目前，OYO酒店集团正在以现象级的拓展速度颠覆着曾经稳固的行业格局，步步逼近其他传统连锁酒店品牌积累10余年的业务规模。

在中国，这家平均房价主打100~200元的OYO酒店集团背后不乏软银、红杉资本的身影。据内部人士透露，目前OYO在中国国内市场上线的酒店产品至少有三个，即OYO酒店普通店、OYO酒店尊享系列和OYO酒店直营店。不难看出，OYO酒店集团顺应了新时代的行业发展趋势，通过特许经营、委托管理以及租赁经营模式，成功进入了其他酒店品牌从未涉足的领域——在100~200元的价格区间内，为住客提供年轻化和高品质的旅居空间。OYO酒店的独特之处在于，只要100~200元的价格，就能入住品质相当于300~350元的酒店房间，深受中等收入家庭喜爱。同时，OYO酒店专注于二、三、四线城市的酒店市场，更重视广大尚待开发的旅居需求。

OYO酒店集团旗下的普通加盟店，聚集了众多规模较小，且需要提高知名度的经济型单体酒店。加盟OYO酒店集团后，专业的改造团队最快会在两周内完成酒店内外的品牌化升级改造，其中包括更换店招、重新刷漆等。

OYO酒店发言人表示，虽然公司将继续专注于扩张，但客户体验仍将是其工作重点，此外，公司会努力严把质量关和安全关。这意味着OYO品牌下的每家特许经营酒店都与整体声誉共存亡。

资料来源 梁国庆. 又一独角兽来袭！明星经济酒店OYO的中国之路 [EB/OL]. [2018-07-31]. https://baijiahao.baidu.com/s? id=1607489611880252435&wfr=spider&for=pc.

7.1 受许人的选择

受许人的选择过程对特许人来讲至关重要，正确选择会使以后的工作开展得非常顺利，反之则会为以后工作带来很多困难。只要特许人认真研究其选择过程，设计好向申请人提出的问题、面试、申请者审核标准等事宜，就完全有可能选择到合格的受许人。

成为受许人须具备如下基本条件：

- 拥有足够成为加盟商的资金；
- 准备或选定了加盟特许经营的营业场所；
- 具备一定的经营与管理经验；
- 具有创业的勇气和信心；
- 有服从、接受特许经营体系要求的意愿和决心；
- 良好的沟通品质。

通过如下运作可成为名副其实的受许人：

- 特许经营权的购买；
- 特许经营产品、服务的销售；
- 销售授权；
- 区域的发展等。

许多特许人都已开发出一整套营销特许权的程序，受许人必须通过这些程序，才有可能获得加盟权。对受许人的评估除了商圈条件、店面要求、资金实力和个人素质四个主要方面外，还涉及加盟申请人是否适合承担新的工作、加盟申请人能否与总部和现场支援人员融洽相处、加盟申请人过去的经历如何、加盟申请人是否得到其家人的支持。

特许人还应该向受许人仔细解释合同的条款，这项工作需要很大的耐心。特许人的考察工作必须非常慎重，因为几十万元甚至上百万元的资产对于特许人尽管不是小数目，但对于受许人来说可能是他一生中最大的投资。特许人对潜在受许人的评估项目还应包括：

①受许人的财力。特许人要求受许人必须具备相当的资金实力，用于前期店铺租赁、装修和后期首批进货。一些特许人还要求受许人交纳一定的加盟费和保证金。受许人在开始时有足够的资金很重要，但并不是说要有很多钱。受许人可以借一部分钱，其余的依靠他自己。值得注意的是，如果受许人没有投入自己的资金，那么他遇到困难时很可能会轻易地放弃业务。适度的资金参与既能提供有效的刺激，又是特许权交易中的一个基本特征。

②健康状况。独立的受许人应当拥有健康的身体，以便能承受高强度的工作。对于顾客，受许人看起来健康、精力旺盛是非常重要的，尤其是在服务行业。

③经验。一些特许人认为有工作经验的受许人在建立业务时以及与特许人沟通时都

较容易。但大多数特许人并不要求其受许人有实际工作经验，因为对他们的业务培训既基本又全面。事实上，有些特许人认为，按照公司的方法对有经验的人进行培训会更困难。

④婚姻状况。申请人是否已婚，影响到将来加盟店发展的稳定性。结了婚的人常表现出某种程度的成熟、稳健和安定，一般不会感情用事。与已婚者面谈时，最好能邀请夫妇一同前来，了解申请人家庭对其支持的程度。

⑤独立性。潜在的受许人必须有较强的独立性，以便能自己进行日常管理工作，自己做出各种决策。但他的独立性也不应该强大到使他不遵守体系规则或想脱离体系。

⑥信任。就特许双方的关系而言，特许人和受许人之间有良好的互信和尊敬是相当重要的。

⑦组织能力。申请人必须有一定的管理组织能力，这是他经营自己的业务所不可或缺的。

⑧和睦相处。特许人和受许人之间毫无疑问会产生高度的相互依赖，因此双方能相互适应与相互尊敬是非常重要的。毕竟，大家是为了一个共同的目标，即特许经营的成功而一起工作，对双方来说，对方的成功是非常重要的。

⑨特殊交易。刚开始特许经营业务的特许人常犯的一个错误是草率接纳最初的几个申请者，并给他们特殊的优惠。特许人想尽可能快地扩展组织并获得投资回报，但他这么做会带来严重的后果。特许人只应选择那些符合他的标准的人作为受许人，而不是谁想加入进来就卖给他特许权。

因此，特许人通过给予特殊交易的方式吸引人们加入是一个极大的错误，会给特许经营体系以后的发展带来严重问题。受到特殊待遇的受许人会认为他情况特殊，并总是向特许人要求种种特殊待遇。

⑩最后决策。只有在对申请人做出全面评价以后，才能决定是否选择其作为受许人。特许人要尽可能地谨慎小心，不能为了图省事而草率作决定。特许人必须记住，他的决定对双方都至关重要。

综合以上内容，我们将特许人对受许人的主要评估项目分列于表7-1。表7-1中所列当然只能符合一些通用的规则，具体到某一家企业，则必须根据其实际情况做出适当调整。

对于有以下缺点的人选，一般不宜于接纳为特许经营体系的加盟商：

- 独断专行，不愿或无法与他人共事；
- 即使有业务上的需要，也不愿或无法雇用他人；
- 年纪太大，不胜任加盟店的经营管理工作；
- 人品不佳，不诚实守信、无法履行合约；
- 过分贪求，有一本万利的想法；
- 夫妻家庭不和睦等。

表7-1 受许人选择评估表

评估项目	子项	具体考察内容	评价		
			条件优越	符合要求	尚有欠缺
店铺条件	商圈条件	所在地点的繁荣程度、所在地区的商业类型及范围等			
	店址条件	交通状况、交通路线、附近的公共设施等			
	营业面积	各类型的特许经营企业都有其具体的面积需求			
	客源条件	是否有基本客源、同业的竞争状况等			
资金以及营运状况	保证金	一些加盟企业要求以现金或非现金的担保品为担保			
	周转金	是否有贷款能力及备有初期周转金			
	员工雇用	对员工雇用及培训程序是否熟悉			
	经营计划	利润、最低毛利保证、风险及初期可能遇到的各种问题			
申请人自身的条件	个人品行	加盟申请人过去的经历如何，是否有不良记录			
	学历和专业知识	是否符合起码的学历要求，具备掌握专业知识的条件，能否承担加盟店的管理、运营责任			
	加盟动机和经营理念	申请者对于利润的了解、开业初期可能发生的困难、公司本身的经营状况、公司文化及理念等，必须具有心理准备、接受运行的实际状况			
	个性、潜力及可塑性	个性是否合适、是否有诚意加盟，加盟后能否有热情持续经营，是否具有潜力及可塑性以施行教育			
	沟通能力	必须考虑是否能配合企业的做法，并认同企业的经营理念以达到企业的要求标准			
	健康状况	加盟店事务繁忙，所以店主的身体健康是必要条件			
	婚姻状况	有些特许企业物色加盟商时偏好已婚者，原因是已婚者可能会更具有责任感			
	工作经验	具有相同行业的工作经验，是应优先考虑的加盟者			
其他辅助条件	家庭支持	申请者的家庭是否支持，配偶能否共同参与			
	当地经营商业环境	当地总体消费水平、投资环境、社会治安状况如何，都是特许人应当考虑的问题			

7.2 受许人的监督和控制

7.2.1 受许人的监督

特许经营单位连锁一旦成功建立，特许人就要严格规范特许经营的机制，以便有效监督各个单位的表现。"监督"不仅仅局限在销售和收入方面的业绩，还包括其他方面，比如顾客反馈、市场份额等。

1）销售业绩

人们衡量一个企业的好坏，通常是看它实现的销售和收入。销售和收入是最基本的业绩因素，可以衡量特许经营单位的经营状态。特许人应该根据企业性质事先做好调查表，按照每日/每周/每月的时间安排，定期从特许经营单位收取销售数据。

站在受许人的角度来看，衡量自己单位业绩的最好方法就是看自己的盈利，但是对特许人而言，这不是有效的监督方法，因为这并不代表他控制了受许人的成本和费用。特许人对特许经营单位的监督不应仅仅局限在销售和收入上。

特许人对收取的数据进行分析，可以得到某些重要的信息，衡量每个特许经营单位的发展，衡量不同受许人的业绩，总结出销售单位的产品走势（这与地区、整个组织都有密切关系）。

2）竞争和市场份额

当今社会竞争高度白热化，信息资料已成为衡量企业业绩的晴雨表。不仅对单一单位如此，对于整个组织也是如此。如果能得到其竞争者和市场份额的信息，企业就能应对市场的多变性。

收集竞争对手的数据通常有一定难度，因为数据独立存在于运营之外，不容易被人们得到。绝大多数受许人都感觉到了难度的存在，即使自己能够收集某些信息，信息的真实性也值得商榷，因为毕竟有一些信息是道听途说的。为了避免出现这种情况，特许人应该规定收集哪些方面的信息，以及怎样收集这些信息。

以下做法可以帮助你收集到竞争对手的数据。

①查看商业网站信息和杂志是一条有效途径，可以收集到竞争对手和整个行业的数据。虽然特许人不希望受许人从这里得到信息，但是他还是应该要求受许人查看一下当地的出版物。

②监督当地竞争者的广告和促销活动通常也是受许人的做法之一。受许人可由此了解竞争对手主要利用的媒体、他们的促销方案以及扩大品牌知名度的活动。

③受许人可通过观察竞争对手的销售单位了解以下信息：出入其单位的顾客数量和顾客类型；顾客对竞争者产品的反映；此外还可以使用"密探"和"神秘顾客"来考察竞争对手销售单位的销售和服务。这样，受许人就可以大体了解竞争者的产品、销售方案和服务水平了。

④特许人应该鼓励受许人成为当地行业协会的成员。人们通常会在这些论坛和协会里针对行业内不同成员交换看法，受许人在这里比较容易获得有用的信息。

收集竞争对手的信息有多种途径和方法。受许人对当地竞争很敏感，会对竞争对手的活动时刻保持警惕。如果受许人知道了使用什么工具和方法能收集到信息，他们就会向特许人提供一份高质量的市场数据。特许人把从不同受许人处得到的数据进行分类整理，就会了解竞争对手和市场份额的整体情况。特许经营组织可以根据这些数据调整自己的营销以及销售的策略和方案，以便反击或者预先提防竞争者的活动。

3) 顾客反馈

顾客反馈从侧面说明了特许经营销售单位的业绩。顾客的意见通常集中在销售、服务和售后服务这几个方面。特许人应该准备标准的书面反馈表，发放给各个受许人，帮助他们周期性地获得顾客的反馈意见。特许人应该定期地检查分析受许人得到的数据，并且和受许人一起讨论研究。顾客反馈可以帮助受许人了解自己单位的服务水平，也可以帮助特许人监督自己组织的服务水平，让特许人辨别出哪些专卖店具有良好的顾客服务，哪些专卖店的顾客服务水平需要提高。

特许人也可以使用"神秘顾客"，获取顾客对受许人单位服务水平的反馈意见。当特许人收到顾客对某个受许人的投诉时，他就会使用"密探"弄清事实真相。特许人也应该建立有效的投诉管理机制，获取顾客对各个销售单位的建议、反馈和投诉。此外，特许人还可以在销售单位处设置意见箱，张贴海报欢迎顾客提出意见和建议。为了使投诉管理机制发挥更大的效能，特许人还应该确保：顾客的每个投诉和意见都能得到及时回答和尽快解决。

4) 业绩指标

特许人应该设计一个业绩指标，将上述三个因素（销售业绩、竞争和市场份额、顾客反馈）全包含进去，以便不断衡量各个销售单位的工作业绩。业绩指标要包括销售/收入的等级、市场份额和顾客服务。特许人可以根据自己所在行业的特殊性多加几个因素，将行业中的各个因素都考虑在内，这样就会得到更全面的指标。对每个因素给予不同的加权之后，就得到了最终的业绩指标，特许人可用这些指标来综合考察专卖店的工作业绩，从而了解地区的和组织整体的经营状况。这样一来，组织就从宏观上把握了销售单位的整体情况。接下来特许人组织就可以设定其他目标，以提高某个单位、某个地区、整个组织的水平。这个过程可以极大地推动专卖店改善自己的销售行为，有利于特许人将专卖店的销售业绩和奖励机制挂钩。

7.2.2 受许人的控制

合理的监督机制对特许人很重要，当特许人发现销售单位中有背离组织的迹象时，他能够采取适当的行动，并收到良好的效果。特许人在深入分析了背离产生的原因之后，会及时修改特许经营机制，以防未来再出现类似的背离。特许人要在不同运作阶段上保持绝对的控制。因此，有效的监督也就产生了良好的控制。

特许人可以在特许经营一开始，就将控制机制融合到特许经营的管理机制中。控制机制可以帮助特许人尽早发现背离的迹象，并将背离消灭在萌芽状态，防止了"小背离"演变成"大问题"。下面的这些控制方法对特许经营的运作有重要作用。

1) 运作控制

运作控制最为有效，因为它是特许经营单位生产过程的重要组成部分。运作控制可以控制一个活动、一件原材料或者一个文件，只要是生产过程需要的就行。没有这些元素，过程就无法完成。特许人需要控制这些元素，以便对整个运作过程实行控制。例如，在软饮料行业中，受许人生产软饮料所需的浓缩液就是一个控制元素，因为浓缩液由特许人直接向受许人提供，如果没有浓缩液，受许人根本无法进行生产，所以特许人对受许人的软饮料生产有着绝对的控制权。受许人生产多少瓶软饮料，特许人就可以得到相应的特许权费，因此特许人对受许人的商业运作有着完全的控制机制。

同理，在教育业的特许经营中，那些提供给学生的课件、考试试题以及结业证书都是运作的控制元素，它们确保了特许人可以控制整个运作过程：学生要购买、学习特许人提供的材料，要通过一定的评估和考试才能拿到结业证书。特许人按照注册的学生数目，控制了课程材料、考试题目和证书的发放。这些控制既监督了自己的服务水平，又监督了受许人向特许人交纳的经营费用。

任何采取特许经营的商业都有自己的控制点。特许人在从选定第一个受许人的那个时刻开始，就应该明了自己的控制点是什么。这些运作控制能够确保特许人总揽大局，防止受许人漏交应该交纳的费用。

2）财务控制

特许经营机制还要包括财务控制和会计控制，可以防止受许人漏交特许权费。特许人可以采取不同的财务控制方式，既可以监督受许人销售单位的现金流入，也可以采取财务审计的方法。特许人通过财务控制得到了每个销售单位的营业数据，因此也就没有必要让受许人再单独上报销售收入了。

控制现金的方法虽然麻烦但很有效，一旦执行就会收到极好的效果。特许人要力争控制所有销售单位收取现金的渠道。如果顾客的大多数支付手段都是移动支付、信用卡或者通过银行支付，特许人就有可能控制专卖店的现金渠道。但是对于日常中那些利润低但销量大的零售业，顾客通常用现金支付，这种情况下，特许人就很难实现对现金的控制。当顾客用支票进行支付时，受许人可以要求他把费用划在特许人的账下，这种做法有一定的积极效果，会让顾客感觉到受许人专卖店是母公司的延伸，能够增加顾客对商品的信心。如此一来，特许人就控制了所有的现金渠道，可在扣除自己应得的特许权费之后，再将营业结余返给受许人。

特许人还可以采取其他方式进行现金控制，即让受许人每天向自己的银行账户存入一定的存款。这种做法不仅加强了受许人的纪律性，还有利于特许人及时了解受许人的交易情况。但这种要求过于严格，执行起来相对困难，再加上受许人对此非常反感，所以特许方要三思而后行。

财务审计是特许经营的必要步骤。特许人的审计员要定期审查受许人的所有账本，公正地向特许人汇报审查结果。审计员要和受许方事先商量好审计的范围，包括所有的收入和收款、向特许人支付的特许权费、原材料等；同时，还要审计那些对运作控制起重要作用的元素。例如教育业的特许经营，审计员需要审计注册的学生数目、学生的学习情况、受许人从特许人处采购的课件和颁发给学生的证书。这样，各个单位的具体情况就清楚地摆在人们面前，审计机制发挥了应有的功能。

前面已经提过，特许人对受许人单位能否盈利，不负有直接责任，这样看来，特许人也没有必要审计受许人所有的费用和账本，但是，审计员需要检查那些影响销售单位运作的费用项目。例如，受许人从第三方供应商采购的原材料，以及其他重要费用项目。所以，在审计之前，审计员应该在审计范围里详细列出所有应该检查的费用项目。

3）质量控制

运作控制和财务控制有相似的作用，即保护特许人的财务利益、监督销售单位的营业业绩、防止受许人漏交特许权费。服务质量控制和服务质量本身一样不容忽视，它既保证了每个受许人都能严格遵循特许经营机制，也保证了受许人正确使用特许人的品牌，按照特许人规定的质量标准生产产品和服务。因为品牌和产品是特许方的核心资产，所以质量控制的地位和运作控制、财务控制一样重要。

特许人需要监督各个销售单位，使其严格执行操作手册（手册体现了特许经营机制）规定的内容。特许人的工作人员要通过周期性的检查和审计，核实各个销售单位的执行情况，这是特许人实现控制的一颗棋子。特许人可以利用诸如 ISO 9000 之类的质量认证标准来规范受许人的经营。

ISO 9000 认证包括了诸多质量标准，可以为制定特许经营机制提供文件支持，也可以解决运作过程中的设计、生产和配送等问题。如果特许人的机制已实现了这些标准，那么他可以继续努力，争取取得"ISO 9001 认证"，这样能促使特许经营体制不断完善。

因为受许人没有"设计"这个功能，所以受许人专卖店可以按照 ISO 9002 标准办事，这一标准只解决生产和配送的问题。每个专卖店都要取得 ISO 9002 认证，以此证明自己贯彻执行了特许人的质量机制。

特许经营单位要取得 ISO 9002 的认证，就要严格执行特许人的经营手册，要接受质量审计机构的审计。如果受许人认为自己的质量体系已经达到了标准，便可将自己的体系提交给审计机构以取得认证；那些已经取得认证的受许人，还要继续努力维持自己的质量认证。

特许人必须强制规定所有的受许人都要通过 ISO 9002 认证，也可声明是否能与受许人再续特许经营权利，要看其是否获得了认证。受许人是否执行特许人的质量机制，可以通过第三方的认证来判断，这种认证也有一定的好处：可以减少特许人工作人员的工作压力，对特许经营机制给予公正的评估，保证受许人向顾客提供的服务质量。

ISO 9000 认证只是众多质量保障体系之一。特许人必须认真选择质量认证体系，既符合所在行业的性质，又能在竞争中占有一定优势。特许人也可以在促销活动中使用质量结果和认证，以便对自己的产品和竞争者的产品有深层的了解。

4）通过报告来控制

监督机制也会对特许人起到控制作用。"监督"带来的"控制"虽然微不足道，但却非常必要。因为在一些控制机制中被省略的重要信息，却会伴随着监督机制出现在不同的报告中。特许人可以把从受许人得到的业绩报告进行分析和归纳，以观察所属单位的会计系统和质量系统是否出现了问题。特许人还可以将这些数据与从别处得到的数据进行对比，以便发现问题。一旦发现问题，就应立刻采取行动解决。

7.3 加盟店绩效评估

7.3.1 绩效评估

营运绩效不能用直觉来判断，是因为加盟店的扩展比率较一般企业快速，竞争也比一般企业激烈，所以在经营绩效评估方面，也比一般企业更为注重效率化及规格化的要求。

把各种经营绩效项目及程序规格化、标准化，不但可以迅速分辨出所属店铺的绩效高低，降低开店失败率，还可以就绩效评估的结果做改进，减少浪费，增加利润。

1）评估的目的

评估的目的包括：

- 作为对各店奖励的依据。
- 作为对各店惩罚的依据。
- 作为对各店提出应改善的问题点的依据。
- 作为连锁体系各店划分等级的依据。

2）评估的对象

评估的对象包括：

- 直营店。
- 加盟管理店。

3）直营店评估人员

（1）月评估

- 由总部的营业部及各店组成评估小组，负责各店的评估工作，由营业部负责召集。
- 区主管的组成，每5家1位。
- 各评估小组所评估的结果再经区主任对评估结果进行会审（抽评）。

（2）季评估

- 由总部的营业部及各店组成评估小组，负责各店的当月评估工作，由营业部负责召集。
- 区主管的组成，每5家1位。
- 营业部区主任就各店每月的评估结果进行评选。
- 区督导就当季评选结果进行会审。

（3）年度评估

- 由总部的营业部及各店组成评估小组，负责各店的评估工作，由营业部负责召集。
- 店主管的组成，每5家1位。
- 区督导就各店每季的评估结果进行评选。
- 总经理就当年评选结果进行审核。

4）加盟管理店评估人员

第一，由总部营业部选出2名人员与加盟店主，组成评估委员会，并选出评估小组，负责评估工作，由营业部负责召集。

第二，加盟店以每10家为一组，可推选出2位参加评估，加盟店主以不评估自己店为原则。

第三，为达到评估公平，每次评估方式皆由评估委员决定，不一定都采用同一模式。

- 交叉评估（采用区域交叉，如A区—B区—C区—A区）。
- 抽签评估（不抽自己区域）。

第四，评选的方式可同直营店。

5）评估时间

（1）例行评估

- 每月评估一次，并提出报告（每月10日为评估时间）。

- 每季综合当季各月成绩评选。
- 每年综合当年各季成绩评选。

（2）绩效评估

- 每月评估一次，并提交报告。
- 每月10日为评估统计时间。

6）绩效评估基准

严格来说，连锁加盟企业的绩效评估项目与基准和一般企业相同，但是连锁加盟企业所面对的店铺可能多达数百家，针对分布各地的店铺，自然而然对店铺营运绩效的评估需求比较高。正确的营运评估可以更正营运管理决策的错误，避免资源的浪费，作为公司政策成效的审核、经营管理的指标及经营改进的方向。

只有绩效评估基准的确立，才能设立一个比较的标准，并由实际状况判断营运表现的优劣。如标准定得太高，不容易达成会影响士气；标准定得太低，又会失去设定标准的推动效果。所以，营运绩效的标准，事实上是由营运目标的设定转化而来，由未来营运发展方向及营业目标换算为合理、可以评估的数据。

营运绩效的基准必须考虑到实际的可行性、适合的执行方式、是否可被员工接受、数据本身是否有价值和是否符合目标的设定等，并且要有时间进度，以便和高阶层管理及横向单位的目标一致，除此之外，还必须能符合产品种类、公司渠道、策略目标及财务目标的需求。营运绩效标准使用的单位要相同，不可以用不同单位来评估，否则会影响结果的正确性。绩效标准应该依照工作本身来建立，而不是针对不同的工作者给予不同的绩效标准。一项有效的绩效基准必须符合下列条件：

（1）具有挑战性且可以达成

具有挑战性的绩效标准，一方面可以配合营业竞赛激励员工达成，另一方面可激发员工的潜力增加绩效。绩效标准必须是员工的能力所能达到的，因为达不到的标准，除了没有意义外，更会削弱员工的士气，因而产生相反效果。

（2）经过管理者及执行者双方同意

绩效标准必须经过高层管理者、绩效审核者及店铺执行主管的共同研究调整，没有经过双方同意的绩效标准会降低它的效果，因为由营业部门所提议的绩效标准不一定顾及整体的需求，而高层主管的意见则容易忽略执行细节与实施的困难，所以一定要综合两方的意见，寻求兼顾双方的平衡点。

（3）具体且可以评估衡量

绩效标准必须能加以数量化，无法量化的标准在审核时，会引起不必要的困扰及争端，如果是以个人意见或以经验来衡量，结果一定会因为不容易计算而使员工产生不满或困惑的情绪。

（4）备有明确的期间限制

绩效标准应该附带明确的记录期间，以便提供评估审核，比如以每个月的销售额做标准，必须能配合新渠道的特性，绝不能采用不可能调整的绩效标准。

（5）可以调整

可以调整的绩效基准保证了评估工作具备一定的灵活性。

（6）简单易懂且便于计算

如果涉及奖金，则必须有一个可计算的公式，以减少因为计算困难所产生的纠纷，绩效标准必须使营业人员能够便于计算。

（7）有助于持续性改善

必须要能对下一次的评估有比对的效果，才有意义，如果没有持续比较的功能，只能用于专案类的特殊事件，并不适合一般的营运绩效标准。

7）绩效评估项目

（1）营业额

通常会依不同的时间来记录，比如每日、每周、每旬、每月、每季或每年的营业额；也有以特别的活动期间来记录的，比如说周年折扣期间的营业额，这是最常用的经营绩效评估项目，可以直接由各店的销货记录取得，但是并不能计算出精确的利润，例如某家店的成本费用惊人，所以即使营业额相当高，实际的利润也可能很有限。

（2）营业数量

经营数量的增加不一定是利润的增加，销货数量和销售价格呈反向关系，如果折扣大，营业数量虽然增加，但是利润还是很低，有时绩效反而不如折扣较低、较少量营业数量。

（3）利润额

利润额一般指毛利额、净利额及投资报酬率。毛利指营业额扣除成本费用后的税前毛利额，这种评估项目虽然比较偏财务方面，但也是营运中追求的重要指标。

（4）费用额

费用额指维持运作所耗的资金及成本，一般包括租金、折旧、人事费用、营运费用等。一个高营业额的店，如果费用也高，就会降低它的利润，与营运绩效最直接的就是营业费用。

（5）成长率

成长率指与历史数据的比较，实务上常与上年同期的数据比较，比如营业额成长率、市场占有率、重要商品成长率等。

（6）业绩达成率

一般企业对所属营运单位或店铺，都会在新年度开始前制定不同的营业目标，销售额与预定目标的比例即为达成率，由达成率可以知道实际的销售状况。

（7）空间效益

将营业额除以单位面积数，由此项可看出每单位空间所提供的效益。但是小面积的卖场会比较高，如百货公司内的专卖店，所以此项仅作为参考，不能作为主要的绩效评估项目。

（8）员工贡献效益

员工贡献效益指退货率、损坏率、商品周转率、平均库存等，与商品有关的绩效项目，商品效率虽然和营运是间接关联的，但是可以由这些评估项目审核营运的品质。

（9）销售分析资料

销售分析资料指来店客数、平均客单价及时段营业额等的店铺销售资料。

8）例行评估

（1）人员士气、服务评估

- 每月是否依规定轮流值班、休假？
- 员工请假率是否太高？
- 每日营业时间是否按规定执行？
- 每日店早会是否召开？
- 员工是否依规定出勤？
- 员工出勤是否依规定打卡？
- 公司各项训练员工是否参加？
- 是否落实追踪教育训练的执行？
- 人员是否皆能善用公物、爱惜资源？
- 员工对店内设备操作是否熟练？
- 员工的服装、仪容是否合乎规定？
- 员工是否着规定制服？
- 是否有入店招呼及送客招呼？
- 员工对待顾客时，是否亲切有礼？
- 员工是否触犯卖场禁忌事项？
- 员工对待顾客是否主动？
- 员工是否熟悉应对用语及技巧？
- 员工个人物品是否放置得当？
- 员工是否按规定填写表单并确实执行？
- 店长是否每日填写店长日志？

（2）商品管理评估

- 商品是否按先进先出的原则处理？
- 报废损耗商品是否填入报表？
- 商品进货明细及单据是否保存完整？
- 店铺是否有商品缺货，而员工不知的情况？
- 进货的商品整理是否依分类置于指定处？
- 原料、包材、工具是否依规定放置？
- 对于商品知识，员工是否皆有基本常识？
- 设备保养与维护方式是否按规定执行？
- 商品的原料、包材是否备齐？
- 是否常发生缺货的情况？
- 原料不足时，是否立刻补充？
- 店卡等是否随时补充？
- 销售商品是否依规定逐笔打入收银机？
- 是否按订货规定向公司订货（时间、流程）？
- 是否发生私自向外厂商订货，而公司不知的情况？
- 商品制作程序是否正确、迅速？

- 商品包装是否干净、迅速？

（3）环境整洁评估

- 店门口是否整洁？
- 价目表、招牌是否整洁？
- 陈列台是否保持清洁？
- 营运设备、器具是否保持整洁？
- 天花板、地板是否保持整洁？
- 营运设备是否定期维护保养？
- 营运器具、设备是否于使用后立刻清洗？
- 办公室（仓库）是否保持整洁？
- 清洁工具是否依规定放置？
- 是否备有伞架（桶）、脚踏垫等防水工具？
- 海报、POP、店卡是否依规定放置？
- 卖场是否播放音乐？
- 空调、灯光是否按规定开启？
- 柜台是否保持整齐、干净？
- 前场环境是否保持整齐、干净？
- 后场环境是否保持整齐、干净？

（4）钱财管理评估

- 是否依规定时间将前日营业收入汇回总公司？
- 每月是否按规定将货款交于公司？
- 每日是否填写收银日报表？
- 收银误打时，是否填写收银误打记录表？
- 收、找钱时是否按标准术语向顾客说明？
- 是否依规定将大钞、抵值券放于指定处？
- 是否依规定开立发票交给顾客？
- 顾客未取走的单据是否按规定处理？
- 更换收银机纸卷是否正确、迅速？
- 收银是否常无零钱可找？
- 每日结账时，是否发生收支不符？
- 人员是否有辨识伪钞的能力？
- 零用金是否区分使用？
- 服务人员身上是否均无携带钱？
- 交接班是否按规定办理？
- 结账完毕后是否清机，并开启收银机？
- 误打发票的情形是否增加？
- 收银结账金额是否常有误差？
- 表单是否整理定位？

9）评估方式

- 实地评估：由评估小组人员至各店现场实际评估。
- 资料评估：依据会计部门等提供的有关资料评估。
- 抽查评估：利用不定期抽查或神秘顾客至各店消费调查。
- 竞赛评估：若遇举办促销活动或店竞赛时，由评估小组针对活动期间进行评估，评估结果计入该次总评估中。

10）奖励原则

为了提高营运的绩效，连锁加盟企业也运用不同的奖励方式，来激励所属的员工及加盟店。对于不同门店或加盟形态的奖励，由于与连锁企业本部的关系及运作方式不同，所以也有不同的奖励方式。激励或奖励是一种诱因，是配合绩效评估来提升营业人员的士气，推动人员发挥潜力，进而达到高业绩的方法。奖励必须考虑比例、次数和时段以及奖励的分配和奖励的选择。

（1）奖励的比例、次数

奖励要造成差别化，使绩效高的人员获得较高的奖励，吸引人员不断向上发展，但名额不宜太多，以免使奖励显得不突出而降低效果。除了按比例给予的奖金外，奖励的奖项数量不宜超过5个，最高的奖励人数不宜超过现有员工的1/10，以免因为数量太多及太容易获得而失去吸引力。

（2）奖励时机

奖励的时间不宜过短，期限太短使得效率改进困难，容易使人放弃，奖励的时机一般有两种：①立即奖励，指达到标准则立刻给予奖励。②延后奖励，其通常是对成果的奖励。

（3）分配原则

奖励的分配是指分配的方法及对象，分配基本有定额法、比率法及混合法三种，分配的对象一般可分为个人及团体。

①分配的方法。A.定额法，指达到目标即可获得定额的回馈，比如一般的业绩奖金。B.比率法，指依营业额提供一定比例的回馈，比如以营业额的1%为业绩奖金。C.混合法，其可能参照以上两种方法，或以其他的公式另行换算，比如达到预定目标的营业额是给予定额奖金，但是超出预定目标的营业额就可以领取特定比率的业绩奖金。

②分配的对象。A.个人，指以个人为评估及奖励的对象，奖励是针对个人的表现发放或给予。B.团体，指以部门或店整体作为评估或奖励的对象，比如说部门奖金、针对店铺或加盟店的奖项等。

（4）奖励方式

对于奖励必须要针对不同业态的需求加以设计，并不是每一种奖励对每一种业态或状况都合适。对于奖励项目的选择原则如下：

- 对参加人要具备吸引力。
- 达到不同目标的要求。
- 必须使竞争者有足够的时间做改变。
- 必须依绩效的表现给予不同的奖励。

11) 评估的结果及处理

- 每个月对各店评估一次。
- 例行评估的总平均分数×40%+绩效评估之总分数×60%=总得分。
- 不定期评估，其评估结果列入例行评估时总计分内，但因采取不定期，故有评估时才计分。
- 评估的结果需经受评单位签字确认。
- 店的分级见表7-2。

表7-2　　　　　　　　　　　　　　　　　店的分级　　　　　　　　　　　　　　单位：分

等级	总得分
A级店	90以上
B级店	80~89
C级店	70~79
D级店（庄敬店）	60~69
E级店（自强店）	60以下

- 奖惩方式。

月评估见表7-3。

表7-3　　　　　　　　　　　　　　　　　　月评估

等级	总得分
第一名	冠军奖状1张
第二名	亚军奖状1张
第三名	季军奖状1张

季评估见表7-4。

表7-4　　　　　　　　　　　　　　　　　　季评估

等级	总得分
第一名	冠军锦旗1面
第二名	亚军锦旗1面
第三名	季军锦旗1面

年评估见表7-5。

表7-5　　　　　　　　　　　　　　　　　　年评估

等级	总得分
第一名	冠军奖牌1枚
第二名	亚军奖牌1枚
第三名	季军奖牌1枚

● 被评估为 A、B、C级店，可采用奖励方案来奖励，每次的方式都可以有变化，这样不仅可达到实质奖励作用，也可兼具竞赛娱乐效果。

● 评估为 D级店或 E级店，则应列入店铺自强计划处理，若超过3个月仍无起色，由加盟部主管与加盟商共同决议是否迁店或关店。

● 10家店以下奖励方式由公司另行确定，10家店以上则适用上述办法。

7.3.2 店铺自救作业

为配合各店的营运需求及延伸店铺绩效评估，针对营运状况较差的店可以进行辅导改善，使其步入轨道，为连锁体系提供较好绩效及服务。

1）目的

①依例行及绩效评估结果，进行单店问题分析，研讨差异原因。

②就业绩未达目标水准的单店，研究拟订改善方案。

③提升单店业绩净利，达到营业目标水准。

④商圈特性掌握及顾客层稳固与开拓。

⑤使每家店都成为黄金店。

2）自救计划原则架构流程（如图7-1所示）

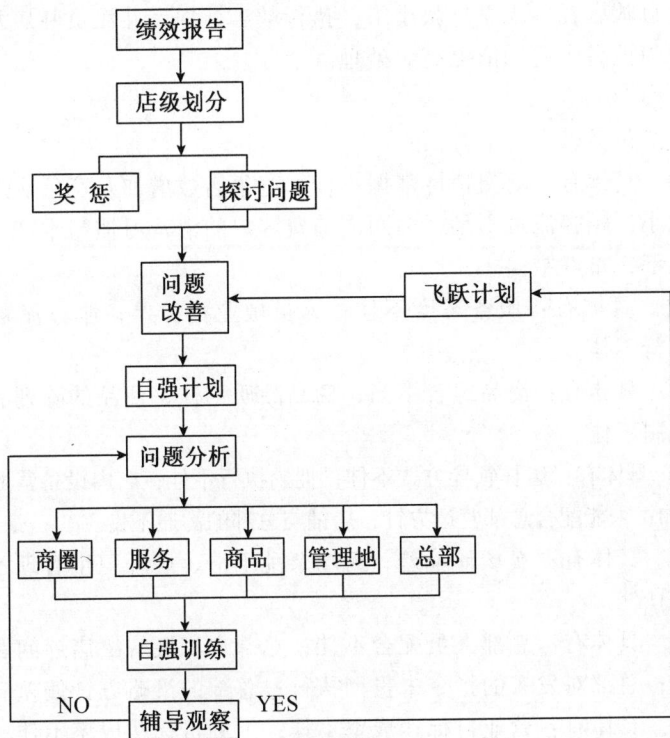

图7-1 自救计划原则架构流程

3）店级划分

（1）评估区分

优良店的定义：经评定人员士气、服务、环境、商品、钱财状况均良好者；经营一段时期（约3年）绩效一直卓著，公司可给定较高的营业目标者；经评定为A级店者。

提高店的定义：经营评估尚可者；公司给定营业目标，未达标准（达到目标的

80%），但仍有盈余者；经评定为 D 级店者。

　　自救店的定义：盈余连续亏损 2 个月者；人员大量流失达 1/3 者；生产力偏低者；来客数降低者；营业额在目标的 80% 以下者；经评定为 E 级店者。

　　（2）店级特性

　　提高店：商圈掌握较差；营业目标未达到，但仍有少许盈余；内部管理控制已出现问题；人员士气欠佳、服务及环境与商品管理欠佳；人员流失率扩大。

　　自救店：商圈掌握较差；营业目标未达到，未达损益平衡点；内部管理控制已出现问题；人员士气、服务、商品、环境等欠佳；人员流失率扩大；生产力偏低。

　　（3）问题分析处理方式

　　对于经营不佳的店，应该做个别原因分析，并且根据所分析的问题点施以必要辅导。问题可从店铺绩效评估各表及商圈估计得知。发现问题之后，需要对店内人员进行针对性较强的辅导。正职人员，可以采取集中式训练（针对问题需求排课）；兼职人员，可以由店主管采取激励、奖励方式进行；专业人员，可以由总部集中或个别训练，如加强促销活动、人员驻店、管理改善、激励活动等。不过，由于店的级别和特性不同，采取的辅导方式也不同。列为提高店者，应成立提高小组，定期派专员督导，每周定期汇报；列为自救店者，成立自救小组，执行救店计划，并派员驻店督导，每周定期汇报，直至提升为提高店后，依提高店处理。

　　（4）问题种类

　　问题主要可能包括以下几个方面：

　　①商圈问题。具体有：商圈特性掌握不佳；竞争店数增加及竞争店改变特殊营销策略；商圈腹地太小，顾客流量不足；商圈内消费客户的消费习惯与本产业不符；总部在不了解商圈状况下，布点错误。

　　②服务问题。具体有：服务态度不佳；人员敬业精神差；服务流程不顺；人员不足；教育训练执行不佳。

　　③商品问题。具体有：商品组合不当；商品品质不佳；商品的陈列有问题；缺货情况增加；存货控制不佳。

　　④管理问题。具体有：店长领导方式不佳；促销执行不佳；店内设备营业器具运用不佳；现金短溢情况增加；未能配合总部营运方针；店铺与总部的沟通不良。

　　⑤环境问题。具体有：卖场环境差；后场杂乱不洁、店外卫生管理不佳；卖场营业设备清洁维护不佳。

　　⑥总部问题。具体有：总部人员配合不佳；总部未积极解决店铺问题；总部未尊重店铺所提的议案；总部对发布的指令未贯彻执行；总部的策略方针偏差。

　　⑦绩效问题。具体有：营业目标达成率不佳；毛利目标达成率不佳；费用目标控制率不佳；净利目标达成率不佳；营业额成长率不佳。

　　4）自救训练

　　①课程。具体有：激励活动；商圈调查与资料运用；服务流程训练；服务技巧的应用；专业训练；设备、器具的标准使用训练；管理技巧训练；环境整洁的标准作业程序训练。

　　②问题改进研讨。具体有：商圈的地点不佳；人员不足、流失率增加；商品组合不当；店铺与总部的沟通不良、配合不佳；政令发布未能贯彻执行；总部的策略方针偏差。

③课程安排原则。具体有：领导沟通激励活动、商圈调查与资料运用为必修课程；根据提高店、自救店问题分析表将相关的课程排入；课程安排时如果是大部分的提高店及自救店皆有的问题，应重点安排。

④课程基本类别。

● 商圈问题（如图7-2所示）。

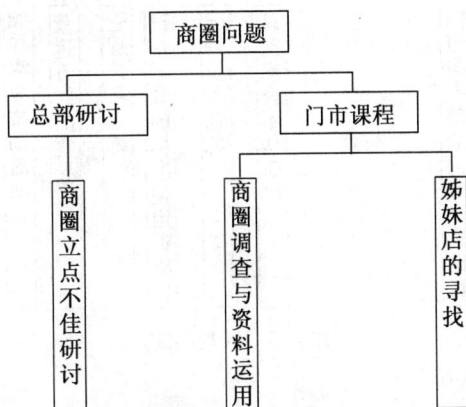

```
                    ┌──────────┐
                    │  商圈问题  │
                    └────┬─────┘
            ┌────────────┴────────────┐
       ┌────┴────┐              ┌─────┴─────┐
       │ 总部研讨  │              │  门市课程  │
       └────┬────┘              └─────┬─────┘
       ┌────┴────┐          ┌─────────┴─────────┐
    ┌──┴──┐           ┌─────┴─────┐      ┌──────┴──────┐
    │商圈立点│           │商圈调查与  │      │  姊妹店的寻找  │
    │不佳研讨│           │资料运用    │      │             │
    └─────┘           └───────────┘      └─────────────┘
```

图7-2　商圈问题

● 服务问题（如图7-3所示）。

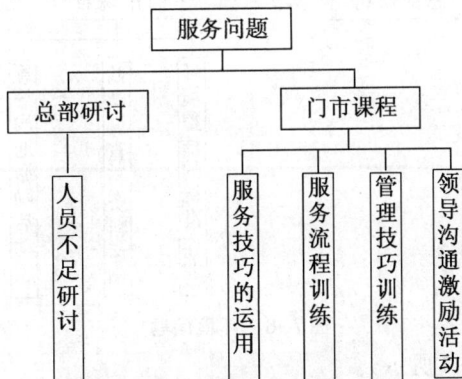

```
                    ┌──────────┐
                    │  服务问题  │
                    └────┬─────┘
            ┌────────────┴────────────┐
       ┌────┴────┐              ┌─────┴─────┐
       │ 总部研讨  │              │  门市课程  │
       └────┬────┘              └─────┬─────┘
          ┌─┴─┐      ┌──────┬─────────┼─────────┐
       │人员不足研讨│ │服务技巧的运用│ │服务流程训练│ │管理技巧训练│ │领导沟通激励活动│
```

图7-3　服务问题

● 商品问题（如图7-4所示）。

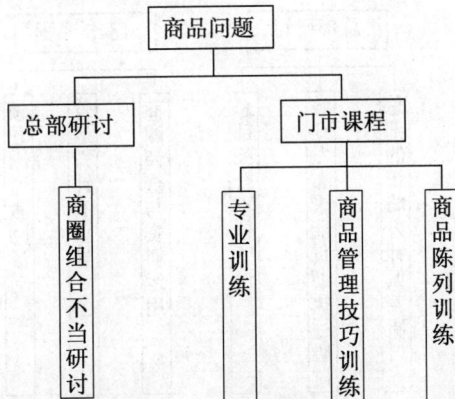

```
                    ┌──────────┐
                    │  商品问题  │
                    └────┬─────┘
            ┌────────────┴────────────┐
       ┌────┴────┐              ┌─────┴─────┐
       │ 总部研讨  │              │  门市课程  │
       └────┬────┘              └─────┬─────┘
        ┌───┴───┐         ┌──────────┼──────────┐
      │商圈组合不当研讨│   │专业训练│ │商品管理技巧训练│ │商品陈列训练│
```

图7-4　商品问题

- 管理问题（如图 7-5 所示）。

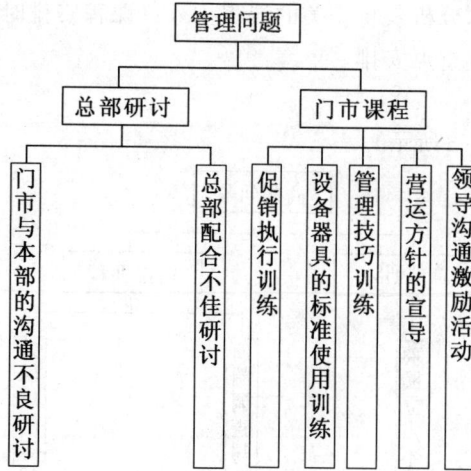

```
              管理问题
       ┌─────────┴─────────┐
    总部研讨              门市课程
   ┌───┴───┐      ┌───┬───┬───┬───┐
门市与本部  总部配合  促销  设备器具  管理  营运  领导
的沟通不良  不佳研讨  执行  的标准    技巧  方针  沟通
研讨              训练  使用训练  训练  的宣导 激励活动
```

图 7-5　管理问题

- 环境问题（如图 7-6 所示）。

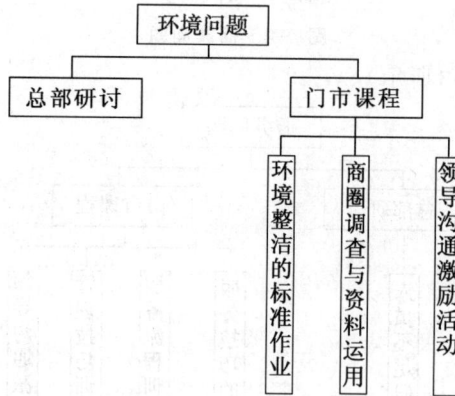

```
              环境问题
       ┌─────────┴─────────┐
    总部研讨              门市课程
                   ┌───┬───┬───┐
              环境整洁  商圈调查  领导沟通
              的标准作业 与资料运用 激励活动
```

图 7-6　环境问题

- 总部问题（如图 7-7 所示）。

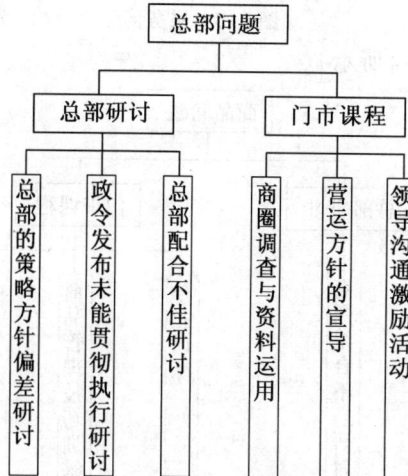

```
              总部问题
       ┌─────────┴─────────┐
    总部研讨              门市课程
   ┌───┬───┐      ┌───┬───┐
总部的策略  政令发布  总部配合  商圈调查  营运方针  领导沟通
方针偏差    未能贯彻  不佳研讨  与资料    的宣导    激励活动
研讨        执行研讨          运用
```

图 7-7　总部问题

⑤课程组合方式。

● 根据问题分析结果将课程基本类别套入。

● 商圈及商品两类问题（如图7-8所示）。

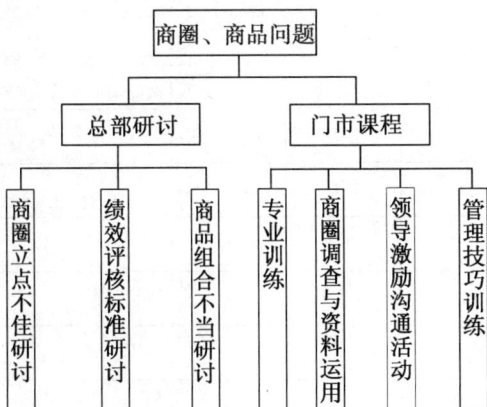

图7-8　商圈、商品两类问题

● 全部问题皆有（如图7-9所示）。

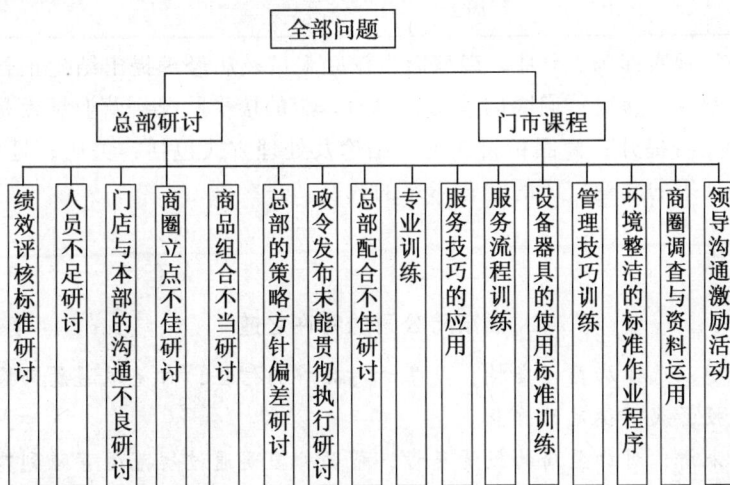

图7-9　全部问题

5）自救计划配合事项

①商圈精耕，包括：姊妹店加强公关；寻找商圈内DM发放地点及时段，具体调查主消费层（上班族、附近住户）走动频繁的地点，次消费层（青少年）走动频繁的地点，选择主、次消费层走动频繁的时段。

②促销活动的展开，包括：促销方案的拟订；DM及促销工具的准备。

③人员派遣，包括：派遣原则，应落实代理人制度，以避免人员派出后原有工作无人接替；派遣单位，应考虑营业单位隶属的店务管理、营业管理；营销单位隶属的营销企划单位；隶属直营店的优良店（正、副店经理）。

④总公司支援，包括：于观察期做现场指导；该店所配属的区主管经常驻店进行观察及指导；店铺营运各级主管的指导可视情况派驻，不需以整个月或整周来指导，进行适时指导即可（经理应尽量参与提高店及自救店的指导）。

⑤时间计划表（见表7-6）。

表7-6　　　　　　　　　　　　　　　时间计划表

安排　　　　时间		第一个月	第二个月	第三个月
集中特训（集中式）		1~3天		
本部研讨		2天		
商圈精耕		7天		
促销活动及促销工具准备		14天		
DM发放		2~3天		
促销期		15天		
观察期		60天		
人员驻店	××店	每周1天		
	××店	每周2天		

⑥观察期。观察期为2个月。观察后由派驻人员及店经理提出结论报告。报告内容包括：店内问题改善状况；商圈内消费客户对本店的接受状况；营业绩效是否提升；来客数、客单价是否提升；商圈精耕状况。结论及处理方式包括：关店；迁店；再教育；商品组合、陈列等的改变；店的经营形态的改变。

案例精析

福奈特公司的特许之道

投资者之所以选择加盟福奈特，是基于对品牌的信任，希望跟随总部圆自己的创业梦想，或期望投资获得稳定的收益。

对于总部来讲，对加盟商的投资负责，帮助加盟商通过规范运营赚到钱，真正达成特许总部与加盟商的双赢，是开展加盟业务的初衷和使命。

1.低调加盟，稳步发展

福奈特公司成立于1997年，在北京西单成功开设了全国第一家"一小时洗衣服务"和"自动取衣系统"的洗衣店。目前，1 500多家福奈特洗衣店已经遍布全国31个省、自治区、直辖市320多个城市，其中88%是加盟店。在此期间，加盟店一共关闭了100多家，其中因履约问题而解约和由于其他客观原因关掉的店占60%左右，因为经营不善而关闭的店占40%左右，这些数字说明福奈特品牌具有较高的开店成功率。

2.开店成功率是重要指标

加盟业务的开店成功率一直是福奈特非常关注的重要指标，质和量的平衡，是品牌得以健康并良性发展的根本。多年以来，在总部从事市场加盟业务的项目经理的KPI指标中，开店成功率指标特别突出，如果某项目经理所开的店第二年的经营业绩与预期不符或有评估判断失误，那么他的绩效奖金都会受到影响。

另外，加盟核准方面也有相对完善的审批机制，同样也是为了提高开店成功率。

开店成功率所对应的是加盟商的投资回报，这是衡量任何一个品牌加盟体系的硬指标。如果无法保证较高的开店成功率，那么该品牌的品牌价值就无法体现，其持续经营能力也就无法保证。

经过多年的实践与积累，福奈特认为，在品牌特许经营发展过程中，如果一个加盟品牌具有良好的经营模式，总结这些成功店的成功要素是什么，并针对这些要素去发展市场和加盟商，这在方向和方法上就相对明确了。

3. 协同经营，致力双赢

无论做什么行业，加盟什么品牌，想要成功，人的因素尤为重要。福奈特重视加盟商或经营者、市场、店址等方面的甄选，在实践中积累了一定的经验，形成了较为完善的评估系统。

福奈特首先针对准加盟商的理念、意识和性格特征进行书面问答测试评估，然后要通过对市场和店址的评估，最后才能成功加盟。综合来说，对于一个适合的目标市场，一个合适的加盟商再加上一个适合的店址，是加盟福奈特的决定因素。

投资者加盟福奈特大概需要七八十万元，回收期现在基本上都是在3到5年，可能相对是较慢的。但洗衣店却是一个很稳定持久的生意，可能前一二年不赚钱，但是一旦过了培育期之后，经营业绩就会很明显地转好。福奈特自己的直营店以及很多加盟店，经营10年以上了也还会有5%~10%较大幅度的增长。

4. 品牌特色

福奈特总部对加盟店的服务有三个重点工作目标——规范、盈利和关系，其中最核心的就是在规范运营的前提下，帮加盟商赚到钱。经营业绩不断提升的基础是优异的质量和服务，帮助加盟商赚到钱，其实就是给予加盟商最坚实的后续支持与服务，这也是总部最为关注的工作要点。

举个简单的例子，在资源配置上，福奈特总部的加盟业务多年来只配置有3~4人，但是后续支持服务团队却配置了70多人，主要是装修设计、技能培训、企划宣传、设备维修维护、物料配送、营运督导、客服等。所有职能工作都对应相应的工作KPI指标，如员工的持证上岗率、参训率、规范达标率、质量合格率等。

另外，总部还建立了对亏损店和长期不盈利店的挽救服务机制，每年圈定排列出效益不好的店，由部门经理主抓帮扶工作并对效果负责，不定期地对这些店进行主动沟通交流、实地现场会诊，重点是查找问题和不足，鼓舞士气，并有针对性地提供改善建议和方案。

跟加盟商建立并保持非常良好的合作关系也非常重要，品牌的经营理念才能与加盟商共荣共通，只用这样才能齐心协力，共同发展。特许经营其实是真正的共享经济，共享品牌的价值，共享市场，追求共赢。

20多年来，福奈特始终坚持着"共享-互助、共创-互利、共存-互动"的特许经营理念，让每一位顾客满意而归，是所有福奈特人永恒的追求！

资料来源　佚名. 福奈特：帮加盟商赚到钱是特许总部最重要的事 [EB/OL]．[2018-11-25]. http://www.sohu.com/a/233324780_693939.

精析：福奈特作为中国特许经营的标杆品牌，有完善的管理体系和极强的体系落地执行力。"帮加盟商赚到钱是特许总部最重要的事"点出了加盟商的心声，成为其成功的秘诀。

职场指南

导致加盟连锁失败的十大原因

众所周知，早在20世纪80年代中期，以特许经营方式风靡世界的"肯德基""麦当劳"相继在中国落户，他们在给中国带来"快餐"新概念的同时，也带来了"连锁经营"的新理念。加盟连锁作为商业经营发展的一个新趋势，其魅力正逐渐为国人所认识，但再优秀的连锁，也有失败的例子，本文列举的十种可能导致失败的原因，应引起相关人士的重视。

原因一：加盟动机偏颇

再优秀的连锁体系也不可能保证所有的加盟店都能百分之百地经营成功。以日本的摩斯汉堡为例，日本人相当自豪其95%的高成功率，但即使如此，也表示有5%的失败率。该公司从一年间的1 000位加盟应征者中严加挑选，最后缔结契约的仅是其中的5%，即50人。尽管这50人具备了强烈的创业意愿，和总公司具有同样的经营理念，最后的结果也不过是95%的成功率。

从国外众多失败的案例中可以看出，最重要的失败原因还是加盟动机偏颇，以为一旦加盟，就可以躺着什么也不干，一切由总部来管理。连锁总部是拥有若干在他处经营成功的实绩，但在他处由别人（总部加上加盟店主）经营成功的例子，并不表示在本地由你和总部经营就会成功。必须牢记，总部和加盟店是两个完全不同的事业体，总部提供（销售）给你的，只是一套加盟营运组合，你必须按照它的经验和指导，按部就班切实地去执行，才有可能获得成功。

原因二：加盟时资金调度失常

由于急于创业开店，有些加盟者为了筹措加盟金、权利金及开创费用等而到处张罗，甚至借高利贷也在所不惜。一旦开店，虽然生意也还算顺利，但是每天为了筹钱偿债，无心完全投入于事业的经营，本该在阵头领军的经营者，一旦因为资金的调度而离开第一线，店内其他员工马上会受到影响，于是服务品质逐渐低落。而顾客也是敏感的，慢慢地也会逐渐远离该店，当然业绩就不可能再往上提升，本来生意还不错的店面往往就因为高利贷而拖垮了整个事业。

原因三：加盟前未做详细调查

这种失败的例子不在少数。某些加盟者对于将加盟的连锁总部认识不清，总以为先加盟进去再说，以后有了问题，总部自然会出面协助解决。结果开店以后，总部什么经营指导也没有，有困难与总部联系也未见回音，这才发觉上当。具体说来，主要有以下几种类型：

1.缺乏加盟连锁的基本知识。由于没有这方面的知识，只是在相关的报纸杂志上看到广告，就打电话过去，在听了对方简单而又令人心动的说明之后，就匆匆加盟。根本没有想到，加盟需要如此多的资金，并且有这么多的束缚，从而大大降低了工作的热情。凡是这种情况均属于对连锁加盟缺乏认识所致。这种"因误会而结合"必然最终导致"因了解而分手"。

2.只知道这一行业不错，却没有调查同行业者。当初只是看到广告上吸引人的条件，看到漂亮的公司目录就匆匆加盟了，却不知进入该行业后，同行业中有更优秀的企业，有更优厚的加盟条件与支援指导，想要中途退出，却因会"违反契约"而无路可退。

3.只参观赚钱的店而不知失败的店更多。在加盟之前，虽然也遵照专家的意见，去了解了总公司究竟在做何种生意，也去看了加盟店究竟经营得如何，但是一般总部都只带你去看经营良好的店而隐瞒不赚钱的店。直到加盟后，才知道竟有那么多的店不赚钱，而在苦撑。另外，参观成功的店，听到的都是目前如何轻松地财源滚滚来，而对开店当初如何惨淡经营，如何痛苦地熬过来，却极少提及，让人以为成功是只要加盟就唾手可得的。

4.加盟之前没访问过总公司，也未见过总部负责人。当时提出希望到总公司参观的意愿，虽然对方没有拒绝，但是却以距离遥远，时间和金钱上都不经济作为挡箭牌。直到加盟后，听其他的加盟者提起，才知原来总公司因陋就简，早知如此就不会如此贸然加盟了。

5.与总公司的老板一次也没见过面、谈过话。虽曾提出要求，但被推托说，由于公司目前全国各地在招募加盟店，忙得老板全国到处奔波，反正以后迟早会碰面的。结果是，开业的那一天，老板终于出现了，匆匆露个脸就走，和他谈了一些，才发觉老板是个没有什么理想、抱负的人，实际上，最多只是一个投机者。

原因四：签约前未周密考虑

许多加盟者在签订契约之前，或因为契约条件较为有利，或因为害怕被人捷足先登，或认为早加盟可以节省加盟金，在对契约内容未完全搞清楚，或因为契约内容太繁杂而懒于了解的情况下，就贸然在契约上签字盖章。

原因五：自己不努力反而怪罪总部

虽然是加盟店的老板，却不愿亲自经营。花钱雇人当店长，给的薪水不高，却又希望这位店长能从早到晚为你卖命。另外，自己不想投入，营业成绩不佳却怪罪总部指导不力，没有什么实际的诀窍和办法，完全一副"我倒霉、遇人不淑"的模样。事实上，加盟店和总部是命运共同体，事业成功需双方都付出相当的努力。如果加盟者以为自己是出钱投资的老板，就跷起二郎腿，等着总部赚钱给你，就未免过于天真了。

原因六：对自己的经营能力过于自信

连锁总部提供给加盟店的"加盟营运组合"，并不像一般的专利那样会受到法律的保护，因此，很难和价值感联系在一起。也就是说，总部提供的店名、产品以及顾客的信赖感等，很难有个标准尺度来衡量。整个连锁体系的力量和诀窍，很难在第一线的店铺现场用肉眼看到。而支持事业成功背后的加盟营运组合，其功效也难以认定。很多加盟者都犯了这样的错误：虽然在开店之初得到了总部的许多帮助，但由于当时拼命工作而忽略了这一点，一旦业绩稳定，就总认为是自己努力的成果，对于总部所谓的秘诀和实际指导，早已抛到脑后，认为没有总部也可以，靠自己的力量就足够了。于是对总部的指导不愿接受，对总部的命令不愿执行，对总部的促销计划不予配合。由于过于自信，加盟店逐渐远离总部而招致失败。

原因七：加盟店主另有事业

加盟者开店之初，按照总部的指导拼命地工作，事业蒸蒸日上，最初投入的资金都得以收回，于是志得意满，开始找寻其他赚钱的机会。不幸的是新的事业由于未摸到窍门，以致赚来的钱统统赔了进去，原来的门店也由于无法两面兼顾而导致业绩下降，最终由于资金无法周转而失败。

原因八：过于喜欢摆老板架子

有些加盟者以前是上班族，"多年媳妇熬成婆"，总认为这下自己当老板了，就必须摆出老板的威风，对于每一位员工的工作，总要婆婆妈妈地予以干涉，而不懂得授权，致使员工情绪低落，影响经营业绩。

原因九：擅自变更作业规定

有些加盟者一旦熟悉了整个商店的运作，就会觉得总部的若干作业规定不尽合理，如果是基于善意而向总部提出，总部也会乐于接受，但如果是自作主张就会出现问题，特别是在销售的商品在自家店内加工制造的情况下，如果改变制造的方法，或是更改加工的时间，或是调换作业的顺序，以致总部的种种规定都不予在意或不予执行，那么加盟店实际上已失去了总部的支援，成为孤军奋战了。总部的种种作业规定，一定有其强势特色，擅自更改就丧失了它的特色，尤其品质方面更是如此。品质一旦不稳定，特色一旦丧失，顾客是很敏感的，慢慢地就会远离而去。

原因十：得不到家族的同心协力

加盟连锁事业最先一定得到家庭另一半的同意和支持，如果能获得包括父母、妻子、儿女的全体同意，那就更好了，因为一旦有事，这些人都是你的后援部队，都将发挥"内助"的作用。但是，有的加盟投资人在家人反对下，仍不顾一切，断然加盟，认为只要总部确实够强，一个人来做又何妨。可是由于一开始就遭家人反对，所以和家人的关系就搞不好，就会影响情绪，而这种情绪往往又会反映到店内，或人手不足时家人不愿帮忙，或自己偶尔有事想暂时离开，却找不到人来接替，变成"孤家寡人"。另外，由于老板一人实在忙不过来，因此忽略了很多细节，如清洁卫生等，以致影响了店铺的经营。

常言道，"家和万事兴""和气生财"，这确实相当重要。这也是许多全球便利店加盟都要求加盟者是一对而非一人的原因。"夫妻协力、共同经营"是店铺经营成功的法宝。

资料来源　佚名. 加盟连锁店失败的十大原因［EB/OL］.［2018-02-04］. https://www.globrand.com/2010/464046.shtml.

((( ))) 课后拓展

中国特许加盟展于1999年创办，目前已在北京、上海、广州、成都、武汉、福州、重庆等城市成功举办49场展会，累计参展品牌超过5 200个，吸引专业投资观众120万余人次。获取连锁经营及零售领域前沿资讯、政策法规、行业观点、数据资料，了解最新实务操作案例，请关注微信公众号"中国特许展"（微信号：ChinaFranchiseexpo）。

本章小结

本章介绍了特许经营权的购买、受许人的选择、受许人的监督和控制以及加盟店经营绩效管理。在购买特许经营权时，投资者需要了解特许经营的不同之处，包括固定的特许经营条款、发展日程表、知识产权、选择特许经营公司等。在进行受许人的选择时，特许人应了解受许人的财力、健康状况、经验、婚姻状况、独立性、可信任度、组织能力、和睦相处的能力，应慎重使用特殊待遇。在选择受许人的最后决策时，只有在对申请人做出全面评价以后，才能决定是否选择其作为受许人。对受许人进行监督时，要注意销售业绩、竞争与市场份额、顾客反馈等，还需要设计业绩指标。对受许人的控制包括运作控制、财务控制、质量控制和监督报告。特许人还需要对加盟店经营绩效进行评估，包括评核目的、评核对象、评核人员、评核实践、评核内容等。针对营运状况较差之店，还需要进行辅导。

主要概念

受许人的监督和控制　加盟店经营绩效管理

基础训练

一、选择题

1.成为名副其实的受许人，需要经过（　　　）。

A.特许经营权的购买　　　　　　　　B.特许经营产品、服务的销售

C.销售授权　　　　　　　　　　　　D.区域的发展

2.特许人应该设计一个业绩指标，以便不断衡量各个销售单位的工作业绩。这些业绩指标一般包括（　　　）。

A.销售/收入的等级　　B.利润额　　　　C.市场份额　　　D.顾客服务

3.特许人对受许人的控制方法对特许经营的运作有重要作用，这些控制方法包括（　　　）。

A.运作控制　　　　　B.财务控制　　　C.质量控制　　　D.监督报告

二、判断题

1.受许人只要找到一个好的特许人，它有非常好的业务项目，有一系列良好的运作程序，购买特许权就没有风险。　　　　　　　　　　　　　　　　　（　　　）

2.对特许人而言，衡量自己单位业绩的最好方法就是看自己的盈利。　（　　　）

3.加盟店的扩展比率较一般企业快速，但是其竞争没有一般企业剧烈，所以在经营绩效评估方面，与一般企业一样，要注重效率化及规格化的要求。　　　（　　　）

三、简答题

1.受许人在决定是否加入一个特许经营系统时，应该注意哪些方面？

2.如何对受许人进行监督？

3.一项有效的绩效基准必须符合哪些条件？

实践训练

【实训项目】

调查某连锁企业的特许经营绩效考评项目。

【实训情境设计】

根据当地实际情况，调查当地有代表性的连锁企业。

【实训任务】

以小组为单位，选取某个连锁加盟店进行调查，分析其特许经营绩效评估内容、方法、程序，并提交调查报告。

【实训提示】

不同的小组可以选取不同类型的连锁加盟店进行调查，总结各种类型企业特许经营绩效评估内容、方法、程序。

【实训效果评价标准表】

实训效果评价标准表见表7-7。

表7-7　　　　　　　　　　　　　调查报告评价表

项目	表现描述	得分
调查的对象和目的		
人员分工		
调查方法		
报告内容和形式		
合计		

得分说明：各小组的表现分为"优秀""良好""合格""不合格""较差"，对应得分分值为"25""20""15""10""5"，将每项得分记入得分栏，全部单项分值合计得出本实训项目总得分。得分90~100分为优秀，75~89分为良好，60~74分为合格，低于60分为不合格，必须重新训练。

第8章　特许经营体系的推广和维护

学习目标

通过本章学习，了解特许经营体系推广活动的准备，掌握特许经营体系推广活动的组织实施和特许经营体系的维护。

【引例】

2016年11月，澳门豆捞通过官网发布了启动2.0版加盟模式的消息。澳门豆捞官网资料显示，这是澳门豆捞自2005年开放加盟后，时隔11年再次推出的加盟邀请。从澳门豆捞对此次2.0版加盟模式的描述不难看出，澳门豆捞已经针对之前的大店模式进行了调整，店面设计更加小型化也更加时尚，同时加盟门槛也降低了不少。

记者注意到，澳门豆捞在此次公布的2.0版加盟模式中强调，加盟商门店的面积要求为350平方米起，五年加盟费为58万元起，总投资（包括五年加盟费、装修、设施设备等）为150万元起。此外，澳门豆捞方面还将为加盟商提供统一经营、统一管理、统一配送等服务。相比之前澳门豆捞酒楼式的大店模式，此次的加盟条件显得更加宽松，加盟商的投资成本也有所降低。澳门豆捞方面表示，2.0版加盟模式更加支持年轻人创业。

澳门豆捞在企业介绍中强调了澳门豆捞目前的自有食品工厂优势，最近更是通过开设网络旗舰店对澳门豆捞食品的产品进行营销推广。在澳门豆捞京东旗舰店内，在售的产品主要包括丸类、鲜滑以及调味料等。目前在售的产品种类和数量并不多，但产品本身多为豆捞火锅的相关产品。此外，澳门豆捞还与广西东兴签订投资合作协议，宣布投资3亿元在广西东兴建设年产量1 250吨的食品加工厂，主要生产肉类、海产类、坚果类、调理类等产品。因此，有业内人士认为，澳门豆捞希望通过拓展更多的终端加盟店，并通过为其提供食材、调料等产品，逐渐由门店经营及扩张转向供应链端掘金。

资料来源　佚名.澳门豆捞推"年轻版"加盟"大店模式"受挫［EB/OL］.［2018-11-16］. http：//www.linkshop.com.cn/web/archives/2016/363715.shtml? sf=wd_search.

8.1 特许经营体系推广概述

8.1.1 特许经营体系推广的概念

在完成了特许经营体系的构建之后，如何进行体系的推广就提到工作日程上来了。特许经营体系的推广是特许经营总部为实现总体战略发展目标（该战略目标已经在总体规划中制定），依据总部年度经营计划，在特定的市场区域内和特定的时间段内开设一定数量的加盟店而组织和开展的一系列活动。

8.1.2　特许经营体系推广活动的一般步骤

特许经营体系推广活动一般分为如下两个阶段九个步骤。准备阶段包括建立推广活动组织、建立样板店、设定加盟条件和准备加盟商招募文件；实施阶段包括招募信息发布及咨询、遴选加盟商、签订特许经营合同、培训加盟商以及加盟店开业，如图8-1所示。

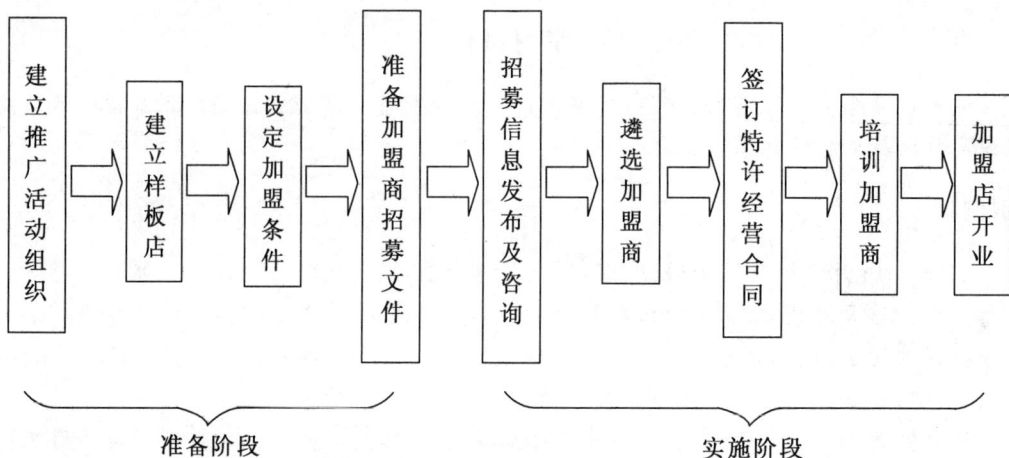

图8-1　特许经营体系推广活动的一般步骤

8.2　特许经营体系推广活动的准备

8.2.1　推广活动组织的建立

特许经营总部通常会成立一个部门来专门负责特许经营体系的推广工作。该部门可能是总部中的一个常设部门（授权中心），也可能只是一个项目小组。该部门主要负责承担两部分关联性极强的工作，即加盟商招募与授权及加盟店选址与营建，如图8-2所示。

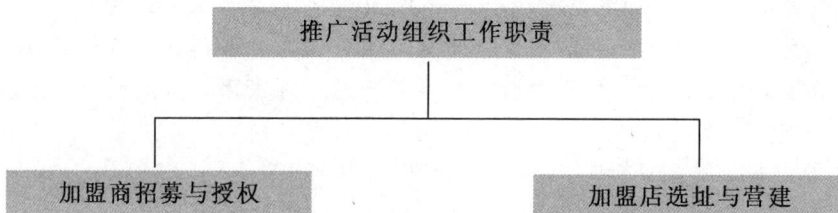

图8-2　特许经营体系推广活动组织的工作职责

1）加盟商招募与授权

- 拟订年度招募计划。
- 设定加盟条件。
- 准备招募和授权文件。
- 组织实施招募信息的发布和广告宣传。
- 组织实施对加盟申请人的咨询。

- 遴选加盟商及签订加盟意向书。
- 与加盟商谈判并签订加盟合同。

2）加盟店选址与营建

- 样板店的选址与营建。
- 指导和协助加盟商进行单店的选址。
- 指导和协助加盟商进行人员的招募与培训。
- 指导和协助加盟商进行单店的装修。
- 指导和协助加盟商进行单店开业的准备。

对推广活动人员的职业素质基本要求如下：

- 熟悉国家有关特许经营的法律法规。
- 认同本组织的经营理念与企业文化。
- 熟练掌握特许经营的有关理念和知识。
- 熟练掌握单店的基本业务。
- 具有良好的语言和书面沟通能力。
- 具有良好的组织协调能力。

8.2.2　建立样板店

样板店是特许经营总部为推广特许经营体系而建立的特许经营单店。

1）样板店在特许经营体系推广活动中扮演的重要角色

- 单店营运管理的示范。
- 培训加盟商的场所。

2）样板店建设的三种途径

- 由特许经营总部直接投资建设，将某个直营店改造成样板店。
- 在总部协助下，由加盟商投资建设，将某个加盟店改造成样板店。
- 特许经营总部与加盟商联合投资建设新的样板店。

3）样板店建设的基本原则

- 无论选择以上何种方式来建设样板店，都要保证总部对样板店的绝对控制。
- 样板店的建设必须考虑其区域的覆盖，以节省加盟商的学习成本。

8.2.3　设定加盟条件

所谓设定加盟条件就是结合单店经营模式的特点，对未来加盟商提出若干必须具备的基本资质要求，作为遴选加盟商的标准（recruitment standard）。

1）加盟条件主要参数和优先顺序

- 加盟动机（如借助特许经营创立一番事业，投资于回报高于银行利息的生意，退休后希望能有所寄托等）。
- 对本特许经营体系的认可度。
- 信誉（个人品德、商誉等）。
- 心理素质（承受压力、自我约束、进取精神等方面）。
- 身体健康状况。
- 家庭关系状况（配偶、子女等）。
- 社会关系状况（人脉资源）。

- 管理能力和资历。
- 文化素质（高中以上、大专以上、本科以上）。
- 资金实力。
- 行业经验。
- 其他。

2）设定加盟条件的一般方法

设定加盟条件可以采用加盟商模型绘制法。加盟商模型绘制步骤见表8-1。

表8-1　　　　　　　　　　　　　加盟商评估参数设定一览表

	加盟商标准	分数等级标准					对某加盟申请人的评估
		1	2	3	4	5	
信誉	4	很低	低	中	高	很高	3
资金实力	2	无开店资金，无融资渠道	无开店资金，有融资渠道	有部分开店资金，需部分融资	有全部开店资金	有足够的开店资金	3
行业经验	2	对本行业无任何了解	了解本行业（未从事过本行业或只有过两年以下的工作经验）	两年以上本行业工作经验	5年以上本行业执业经验，或10年以上本行业工作经验	10年以上本行业执业经验，或10年以上本行业工作经验	1
加盟动机	3	养家糊口	获得一项长久的生意	获得行业的认同	获得社会的普遍尊重	实现自我价值	3
文化素质	3	小学	初中	高中	大学	硕士以上	4
家庭关系	4	不稳定	稳定	和睦	支持	全力支持	3
身体健康状况	4	差	较差	一般	良好	健康	5
心理素质	4	差	较差	一般	良好	健康	3
社会关系	3	极少	少	一般	多	丰富且质量高	4
理念认同程度	3	很低	低	中	高	很高	2

第一步，对以上各项参数分别根据一定的假设，确定5个等级和对应的等级标准，如学历这一项可以设定小学、初中、高中、大学、硕士以上等。

第二步，确定每一项对加盟商所做要求的等级（分值）（见表8-1中第二列"加盟商标准"）。

第三步，根据以上分值制作一个雷达图，即加盟商模型，如图 8-3 所示。

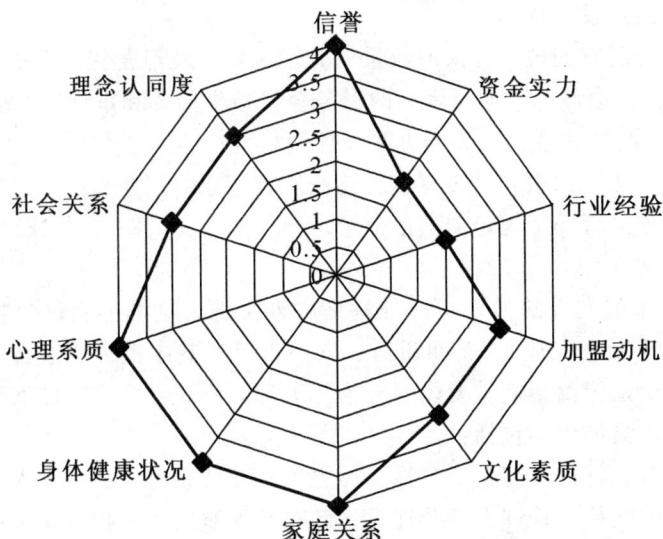

图 8-3　加盟商模型

8.2.4　准备加盟商招募文件

加盟商招募文件包括两大类：招募信息发布类文件和特许经营授权类文件（如图 8-4 所示）。

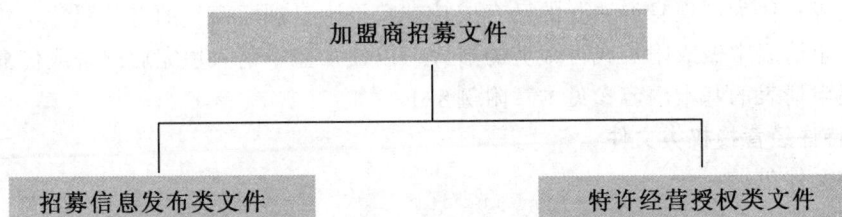

图 8-4　加盟商招募文件的两大类别

1）招募信息发布类文件

（1）特许人基本信息披露文件

《商业特许经营管理条例》第三章专门规定了信息披露制度，其中第二十一条规定：特许人应当在订立特许经营合同之日前至少 30 日，以书面形式向被特许人提供本条例第二十二条规定的信息，并提供特许经营合同文本。第二十二条规定：特许人应当向被特许人提供以下信息：

①特许人的名称、住所、法定代表人、注册资本额、经营范围以及从事特许经营活动的基本情况；

②特许人的注册商标、企业标志、专利、专有技术和经营模式的基本情况；

③特许经营费用的种类、金额和支付方式（包括是否收取保证金以及保证金的返还条件和返还方式）；

④向被特许人提供产品、服务、设备的价格和条件；

⑤为被特许人持续提供经营指导、技术支持、业务培训等服务的具体内容、提供方式和实施计划；

⑥对被特许人的经营活动进行指导、监督的具体办法；

⑦特许经营网点投资预算；

⑧在中国境内现有的被特许人的数量、分布地域以及经营状况评估；

⑨最近2年的经会计师事务所审计的财务会计报告摘要和审计报告摘要；

⑩最近5年内与特许经营相关的诉讼和仲裁情况；

⑪特许人及其法定代表人是否有重大违法经营记录；

⑫国务院商务主管部门规定的其他信息。

（2）广告类文件

招募信息发布类文件的另外一部分就是广告文件，这部分文件包括广告文案及设计、宣传册（用于展会发放）、新闻通稿、软广告等。其中宣传册通常被包装成彩色印刷的加盟商指南。加盟商指南主要内容分为三大部分：正文文字、图案和通常被作为附件的加盟申请表。具体内容包括：

正文文字部分：特许人简介（名称、历史等）及联系方式；特许人特许经营体系的优势及其所提供的支持；特许人经营理念；已有的加盟店及本招募文件所要招募的被特许人数量、地区；对合格被特许人的要求（加盟条件）；常见问题回答，即Q&A；特许经营相关费用的介绍；标准单店损益分析及投资获利分析；加盟流程。

图案部分：特许人的商标、LOGO等；特许人的单店的不同角度视图或照片；单店营业现场；特色的产品、设备或服务等；本特许经营体系或某些加盟店获得的荣誉证书、牌匾等；作为"现身说法"的已有成功被特许人（加盟商）的有关照片。

加盟申请表常做成附页或可裁剪的形式，以便加盟申请人填完后邮寄或传真给特许人。加盟申请表的基本内容参见本章附例8-1。

2）特许经营授权类文件

此类文件包括：

- 特许经营合同。
- 单店手册。
- 供货合同。
- 设备/设施租赁合同。
- 其他特许经营合同附件。
- 特许经营授权书（参见本章附例8-2）。

8.3 特许经营体系推广活动的组织实施

8.3.1 招募信息发布及咨询

1）招募信息发布

总部应利用一切机会和渠道来进行招募信息的发布，以吸引尽可能多的加盟申请人。以下媒体均可以用来发布招募信息：

- 全球性、全国性或地区性特许经营展览会。
- 本组织的网站、微博、微信公众号、APP等。

- 相关行业平面媒体。
- 特定地区的广播电视媒体。
- 特定地区加盟商招募新闻发布会。
- 中介机构及中介机构的网站，包括行业协会、商会、特许经营顾问咨询机构等及其网站。
- 现有的直营店和加盟店。

2）加盟商招募咨询

①加盟招募咨询是相当基础性的工作，主要包括：

- 与加盟申请人首次接洽（面谈、电话、E-mail、传真）。
- 向加盟申请人发放加盟指南、加盟申请表。
- 指导加盟申请人填写加盟申请表。
- 邀请和安排加盟申请人参观样板店。

②加盟招募咨询工作是与加盟申请人进行大量沟通的阶段，也是宣传和推广本特许经营体系的最好机会，因此应当注意以下事项：

- 设立加盟招募热线电话，由经过培训的专门人员负责接听，并认真做记录。
- 所有信件、传真、电子邮件由经过培训的专门人员负责接收和归档。
- 安排经过培训的专门人员引领加盟申请人参观样板店并进行详细讲解。

8.3.2 加盟商遴选

加盟商遴选是整个推广活动的关键一环，是总部的一项重大决策，直接关系到整个特许经营体系的成败，因此应当严格遵循其工作流程（特许加盟意向书示例见本章附例8-3）。加盟商遴选工作流程如图8-5所示。

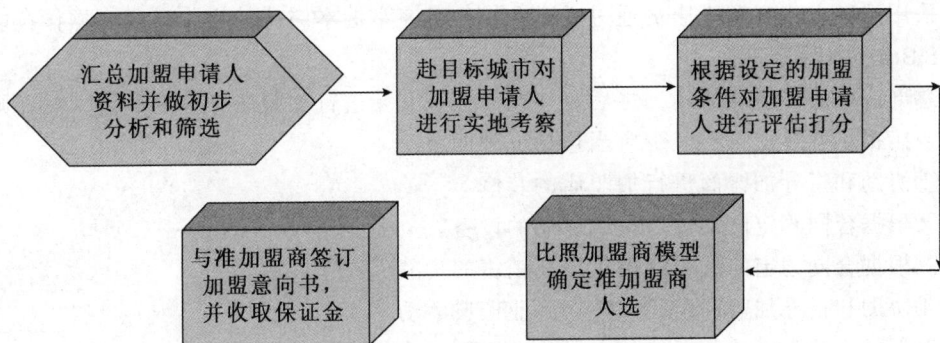

图8-5 加盟商遴选工作流程

8.3.3 签订特许经营合同

在确定了准加盟商并与之签订加盟意向书之后，就可以开始做签订正式特许经营合同的准备，且这种准备工作通常不应超过一个月，工作内容包括：

①协助和指导准加盟商进行加盟店选址。

②协助和指导准加盟商进行加盟店的租赁。

③协助和指导准加盟商进行加盟店工商营业登记。

在完成上述一切准备工作之后，即应与准加盟商签订特许经营合同，同时授予加盟商相应的身份证书和标识。

8.3.4 培训加盟商

在与加盟商签定正式特许经营合同之后，总部需要代表特许人履行对加盟商的第一项义务就是向加盟商提供加盟店开业前的培训。

1）培训对象

- 加盟商本人。
- 加盟店的店长。
- 加盟店的店员。

2）培训主要内容和教材选用

针对不同的对象培训的内容和教材的选用应当有所不同。

- 针对加盟商和店长的培训。培训的重点内容应当是单店的运营管理，同时应当添加关于特许人及本特许经营体系发展的介绍以及本行业发展和竞争情况的介绍。因此针对加盟商和店长的培训教材的选用应当包括单店手册中除店员手册以外的全部分册。
- 针对店员的培训。此培训应当侧重于岗位职责规范和操作技能，同时添加关于商品知识介绍以及相关设备/软件的使用与维护的知识介绍。因此针对店员的培训教材应当以店员手册为主。

3）培训采用的主要方式

针对不同的培训对象采取的培训方式应当有所不同。

- 针对加盟商和店长的培训。通常采用邀请加盟商和店长到总部的培训中心参加一周左右的培训课程的方式。采用这种方式有利于加盟商和店长集中精力全面理解和接受特许人的经营理念和单店运营管理的系统、标准、方式和方法。
- 针对店员的培训。此培训通常采用总部派遣督导员到加盟店现场示范和指导的方式。采用这种方式有利于店员通过观摩和模仿迅速掌握本岗位的操作流程和操作技能。

8.3.5 加盟店开业

总部完成对加盟商的培训之后，加盟商应该开始进行加盟店开业的准备，总部则应向加盟店提供开业支持，至少应当包括下列四项：

①协助和指导加盟商进行加盟店的装修。

②根据合同约定向加盟店提供所需的设备。

③根据合同约定向加盟店提供首期销售的货品。

④协助和指导加盟商组织加盟店开业庆典活动。

以上任务通常由总部派遣的督导员来协调或执行。

8.4 特许经营体系的维护

特许加盟合同一般从合同签订之日起生效。特殊情况下签约双方可约定生效日期，到期自动生效。特许加盟合同一旦生效，特许经营体系的盟主和加盟商之间就正式建立了特许经营关系。在此后长达数年的合同期内，维护特许经营关系，保持与特许人的有效沟通和良好合作关系将是被特许人的一项重要工作。同时这项工作也是特许经营所特有的，从其他任何商业模式中均无经验可资借鉴，因此有必要在此提出来予以探讨。

8.4.1 被特许人如何与特许人相处

特许人和被特许人的关系是一种长期合作与共存的关系，能否建立一种和睦友好的关系在某种意义上说关系到特许经营的成败。这种关系的实质内容包括三个方面：

1）特许人向被特许人提供服务

特许人提供的服务包含两种类型：

• 选样、培训以及帮助被特许人建立业务，此部分可称初始服务。初始服务能帮助没有经验的被特许人独立经营特许业务。

• 在合同持续期间，特许人向被特许人提供的后续服务。后续服务能帮助被特许人成功经营业务，并从经营技术、诀窍的更新、市场营销、促销、广告、研究与开发以及特许网络的扩大中受益。

2）被特许人和特许人应彼此明确双方的责任和义务

对特许人来说，他对被特许人有下列责任和义务：

• 进行适当的试点经营，并证明此业务是有利可图的。

• 诚实地向被特许人提供各方面的实际情况，以便被特许人做出合理决策。

• 提供有效的初始服务，帮助被特许人建立起业务。

• 提供后续支持服务，包括：更新操作手册；营销和促销支持；用被特许人贡献的基金在全国或地区范围内进行广告宣传；对标准和执行状况的监控；研究和开发工作；发挥整个体系大批量购买的优势。

• 特许人还有仔细遴选被特许人的责任。他不能随便接收有足够资金并提出申请的人成为被特许人。特许人应该选择和接收那些经过慎重调查，拥有基本技能，受过适当的教育，个人素质合适并有足够资金的人作为被特许人。

对于被特许人来说，有下列责任和义务：

• 诚实对待特许人。

• 自己是否有能力当老板？自己的家庭是否准备好了以这种方式生活？对自身进行全方位的核查在此阶段非常必要。

• 对特许项目进行全面评估，做好充分准备。

• 被特许人在与特许人打交道时应完全诚实，这有助于特许人对其进行全面评价，得出恰当的结论。

• 被特许人有责任和义务接受特许人的管理指导，严格按合同和营运手册的内容操作。

3）被特许人和特许人之间应开展实际而有效的沟通

沟通在特许经营双方关系中具有非常重要的作用。沟通使双方更加明确各自的责任，随时解决工作中的问题，保证了特许经营体系的健康发展。沟通的重要方式有：

①人员接触：人员接触是双方关系的重要特征，不应被忽视。

②书面沟通：很多情况下，特许人的书面沟通很可能比人员接触更频繁。由于书面的沟通有更多非个人化特征，它对于以清晰的方式向被特许人提供正确的信息很重要。

③特许会议：地区和全国性会议是与被特许人保持联系，了解他们的感觉、疑

问、担心、建议和抱怨的有效手段。在会议上，特许人可向被特许人教授改进经营的方法，介绍新观念、正在进行的研究和开发工作，建议采取的促销和营销活动。良好的会议气氛有助于被特许人提出大量建设性的意见，为特许经营体系的发展做出积极贡献。

特许人和被特许人之间出现矛盾的一个重要原因，是对对方存有不切实际的期望，这可能是由于某一方的做法的确有改进的必要，或是由于在说话的时候言过其实所造成的，也可能是双方沟通不够清楚的结果。

在扩展特许经营业务的过程中，能引起误会的问题有很多。最常见的主要有：特许人所估计的收入水平过高，根本无法实现；特许地区规定不明确；培训不完整；总部给予的协助不够；总部广告促销的策略不利等。所以，明确各自的权利和义务，加强沟通是非常重要的。

8.4.2　特许经营中支持的理念、内容和方法

1）关于支持的理念

特许人与被特许人是唇齿相依的合作伙伴，建立实施有效的支持系统是特许人与被特许人实现双赢的保证；被特许人加入特许经营体系的一个主要原因，就是特许人能提供长期支持与咨询服务；支持是特许经营体系健康发展的基础。

2）支持的内容和方法

特许人对被特许人的支持包括从加盟店的筹建到正常运营过程中特许人所给予的一切持续性咨询、监督指导、培训和服务等。具体内容包括：将业务经验和知识以书面手册形式传授给被特许人；帮助选址开店，规划加盟事业；建立、控制、完善和发展特许经营体系的运作系统；提供初期和长期人员培训；不断进行研究开发与创新，确保体系的竞争优势；提供物流配送支持，确保整个体系能获取最大限度的经济效益；提供广告促销、经营管理、技术方法、信息和财务金融的支持；与被特许人之间建立开放式的交流渠道；维护特许经营体系的企业形象、威望和声誉。

8.4.3　特许经营中控制的理念、内容和方法

1）关于控制的理念

特许人对被特许人的控制是通过拟订合同、运作手册和有效的沟通督导制度来实现的。没有控制，加盟店就无法按统一标准复制，或者说会在扩张过程中走样变形，同时连锁经营的效益将无法发挥。一个特许经营体系在总部及被特许人都处于失控状态时，将无法形成强大的连锁集团，无法发挥特许经营的规模效益。总之，没有控制，就没有特许经营。

2）控制的内容

控制贯穿于特许经营体系的所有环节。具体内容有：

- 对克隆的标准——样板店标准的控制。
- 对品牌及知识产权的控制。
- 对被特许人的控制。
- 对整个特许经营体系发展速度的控制。
- 对整个特许经营体系运作流程的控制。
- 对特许经营体系内各项组织功能及活动的控制。

- 对顾客服务标准的控制。
- 对信息收集、处理、反馈及加工使用的控制。
- 对创新能力的控制。
- 对价格的控制。

3）控制的程序

控制的出发点是使程序尽可能简化和系统化，能有效地指导每一位被特许人统一运作，使体系内的管理人员能随时参阅，有效执行，并能使任何新的指示能立刻、有效传达。程序和系统建立的最高标准是能为顾客提供最好的服务，所以程序和系统有效与否、运作程序明确与否最终应以顾客的利益为衡量标准并及时予以修订。控制的程序按以下步骤进行：

建立控制标准和样板店标准→根据已建立的标准衡量绩效→找出差异和问题，提出分析处理意见→通过信息系统将信息传送到相关职能部门以提供控制决策信息。

4）控制的实施方法

特许经营的控制方法有经济手段控制、法律手段控制和行政手段控制。

（1）运用经济手段维护特许经营体系

要能有效管理特许经营体系，参与者的投资与努力必须得到应有的回报。首先，必须确定特许经营构思的盈利潜能；然后，还得说服网络内成员从事该业务能得到公平的回报。对被特许人最好的控制就是采取有效措施保证其经济利益。其内容有：

①被特许人的投资与努力必须得到应有的回报。须告知被特许人投资概算及收益估算情况。

②保持长远盈利。商业环境日新月异，特许经营体系应随商业环境的变化及时调整，以保持竞争地位和长远盈利能力。特许人应该不断配合市场所需，调整特许经营体系，保持竞争地位。

③恰当收费。收费是特许经营经济控制的重要环节。被特许人收入的一部分通过收费机制转移给特许人，使特许人有一定的资源为整个特许经营体系提供中央支持，因此，收费问题不能孤立来看。恰当的收费是为了实现共同的目标，它不仅让特许经营体系内成员觉得公平，还能与利益分配系统挂钩，激励体系内的所有成员全力以赴，为共同的目标努力。

④价值链。为了能有效发挥特许经营体系成员的力量结合，让特许人与被特许人分别实现各自的规模经济，特许人须不断研究整体工作流程，从各个层面发掘改进工作的机会，把任务分派给最适当的成员，力争使特许人和被特许人有效发挥各自优势，从而分别实现各自的规模经济。例如，全国性的广告和促销由特许人负责，地方性的广告和促销由被特许人负责，被特许人将精力集中在当地的销售工作上等。

⑤一致性与优质管理。特许经营体系中任何一家分店的表现不佳，都可能破坏特许经营体系的整体形象，因此体系内各成员水平的一致性非常重要。而且，特许经营体系内产品与服务的一致性也关系到整个体系的形象和市场竞争力。基于此，被特许人要清楚了解产品与服务的标准并严格按标准运作；特许人须将有关要求和信息及时传达被特许人并给予指导监督；特许人在必要时为被特许人提供培训课程，将必备的技巧与知识传授给被特许人。

⑥商圈与合同年限。被特许人需要时间与空间收回投资，这意味着合同期限必须合理，同时被特许人的专有商圈必须足够大，以免在同一地区有相同的被特许人，影响被特许人的利润潜能。

（2）运用法律手段维护特许经营体系

特许加盟合同是特许人与被特许人之间的契约，也是特许人给予被特许人的书面承诺，是被特许人了解经营业务必须遵守哪些条件的沟通工具。有关的经济控制和行政控制规定，如收费、商圈和被特许人必须呈交的周期性报告等在特许加盟合同中都详细列明。这表明特许加盟合同是非常重要的管理工具，必须拨出充裕的时间与精力进行拟订。

操作手册是特许加盟合同的附件，是特许加盟合同的一部分，因此遵守手册中规定的标准运作程序即成为法律义务的一部分。

（3）运用行政控制手段维护特许经营体系

行政控制应与经济控制和法律控制相配合。行政控制能协助公司进行监管工作，在必要时加以指导，确保被特许人能按照标准办事，以保证整个特许经营体系的一致性。此外，特许人必须建立、设计有效的管理文件并要求被特许人填报，被特许人必须了解其所填报的每一份文件的目的和意义，正确填写、及时报送。行政控制包括以下内容：

①知识产权的保护。特许经营体系的知识产权基本上包括商标权、经营诀窍和版权。特许人除了通过注册或其他法律途径将其知识产权加以保护以外，还须采取措施避免加盟体系内成员或外人侵犯有关权益。

②操作手册的执行。操作手册说明经营特许经营业务的细节，在运作过程中要配合新的需求不断予以更新、有效执行并加以控制。其篇幅不一，从数十页到数千页都有。内容也因业务而异，应根据情况突出其核心运作程序。

③周期性的报告。被特许人要定期（每天、每周）向特许人报告最近的业务情况，以帮助特许人针对最新问题提供特许经营支持或派遣管理人员及时了解情况解决问题。一般来说，这些报告都与财务有关。但是，非财务信息，例如顾客的投诉、市场新趋势等，也不应被忽略。

④长期沟通。为实现特许经营系统的协调，加强系统内成员之间的交流，特许人与被特许人之间，以及被特许人与被特许人之间的交流、沟通渠道必须畅通无阻。具体做法有：督导员的定期反馈；有关负责人对被特许人进行专访；定期召开被特许人研讨会；出版内部刊物。

⑤组织健全，人员到位。设立与行政控制相对应的组织管理部门，设专人负责行政控制工作。在把特许经营体系的协调机制建立起来后，公司还必须分配充裕的人力与财力将体系运行起来。值得注意的是，特许经营新业务在建立体系之初，公司虽然往往会安排一位经理人员专门负责网络的建立工作，有关部门（例如运作与培训部门等）却不能袖手旁观，应该在必要的时候给予有关负责人支持与协助。初期工作一完成，完整的特许经营管理单位就应该很快地建立起来。

⑥例外情况处理。对于控制内容以外的特殊情况，应本着顾客为本的原则及时处理并报告特许人。

8.4.4 特许经营中沟通的理念及相关要素

1）沟通的理念

尽管特许加盟合同的条款是控制特许经营双边关系的主要工具，但从实际角度看，真正控制特许经营合作关系的并非合同，而是双方的沟通和交流。沟通是一个双向的过程。在特许经营管理中，特许人要以文字形式明确表述自己的主张和要求，被特许人要向特许人按时报送应填报的资料并向特许人公开自己的想法。

2）沟通的对象

特许经营管理沟通的对象涉及特许经营体系的所有因素。其主要划分为：

- 沟通主体，包括特许人、被特许人、供应商、顾客、员工等。
- 信息涉及内容，包括计划、组织、财务、人力资源、生产、配送、营销、培训、法律等。
- 信息渠道或媒体，包括特许人、被特许人、供应商、顾客、员工、竞争企业、金融机构、股东、政府、社区、新闻媒体等。
- 沟通信息系统。

3）沟通的目的

沟通的目的是促成特许人和被特许人的团结和相互理解，各自扮演完整的角色，使特许经营关系更加协调和密切。

4）沟通的流程

在调查与分析的基础上，确定沟通的目标和原则→制订策略和行动计划→实施沟通计划→评估沟通效果，改进行动计划。

5）沟通的方式

（1）人员接触

人员接触是特许人和被特许人双方沟通关系的重要特征，被特许人与特许人的经常对话能使其保持和增强从属于特许经营体系的高度意识。人员接触包括打电话、写信、相互访问等。

（2）督导员（区域业务专员）定期访问

督导员应是特许经营体系的宣传者和体系的支持、控制与沟通的执行者和重要节点。督导员须定期提供"与被特许人沟通记录表""访谈备忘录"等书面报告。

（3）书面沟通

书面沟通通常表现为如下形式：

- 业务通讯。
- 更新过的操作手册。
- 现场访问报告。

（4）会议沟通

特许人每年举行定期（给出日期）或不定期被特许人会议，了解被特许人的感觉、疑问、担心、想法和抱怨等，并提出改进经营的方法，介绍新观念、正在进行的研究和开发工作，建议采取促销和营销活动。

（5）与员工、顾客和供应商沟通

建立员工、顾客、供应商定期或不定期的沟通系统。

🔍 案例精析

百果园持续盈利的秘诀

2018年5月10日，中国连锁经营协会发布了2017年中国特许连锁百强名单。深圳百果园实业发展有限公司以67.8亿元销售额位居中国特许连锁百强第25位，成为唯一在榜的水果连锁业品牌。截至2017年年底，百果园在全国拥有2 800家门店，遍布全国40多个城市。

百果园以数量庞大的门店为据点，构建了生鲜自提网络，同时解决了困扰生鲜电商行业许久的生鲜配送的"最后一公里"问题。除了到家和到店，百果园还通过全渠道不断满足顾客多样化的消费场景。在生鲜电商难以把控的供应链层面，百果园还通过产业化、体系化来解决生鲜上游的标准化、品质化、品牌化问题，并结合信息科技驱动加大数据运营，制定针对性的营销策略，并将数据反馈到生产环节，从而形成产业多点的快速连接。早在2014年，百果园内部就提出了"线上线下一体化"。伴随着2017年7月的线上销售额破亿元，百果园线下线上实现了成功融合。目前，基于2 800多万优质会员，百果园正加速升级会员体系，通过线上和线下的无缝链接，打造全渠道升级服务体验，做强场景化和精细化运营，从而提高单店的盈利能力。

据了解，2018年1月11日，百果园宣布获15亿元人民币B轮融资，此轮融资将用于果品研发与品类品牌建设，打造先进果业供应链与生态体系，以及持续加强产业互联网的投入。另一个令人关注的消息是，通过全面输出标准与系统，百果园此次开放了业内期待已久的特许加盟业务。经过多年积累，百果园在产品标准化、商品管理、会员营销及营运支持方面积累了丰富经验，此次除品牌层面支持外，百果园还将为加盟商提供系统的各岗位人员培训体系、全方位的经营管理支持等，此举吸引了众多加盟商的关注，截至7月，已有12 000多个意向加盟商向百果园提交加盟申请。

对于开放加盟，百果园常务副总裁袁峰认为，此前，从品牌自身到经营管理、标准化管理都不太成熟，水果连锁在百果园之前没有先例。当时，不少投资者对加盟欠缺经营管理意识，对连锁加盟这一商业模式也比较陌生。如今，百果园在产品标准化、商品管理、会员营销及营运支持方面积累了足够丰富的经验，现在开放加盟是水到渠成。百果园希望通过优势平台能力的输出，不仅仅只是提升加盟商的经营管理水平，也意在推动整个水果行业的进步。除了让加盟商通过百果园这个"大家的果园"获得收益，百果园还要求每一个加盟商严格按照公司理念进行经营，如为每一位顾客提供"不好吃三无退货"的服务承诺。

作为连续2年唯一一家从事水果零售上榜"中国连锁百强"的企业，百果园的特许加盟体系如今已非常成熟和完善，与麦当劳、肯德基、如家等品牌一同获得"商业特许经营体系评定4A级企业"称号。除了在上游深耕，百果园还在努力提升整个零售行业的服务水准，此次开放特许加盟业务，也是将更多优质好吃水果带给更多消费者。

资料来源　百果园.开放全产业链与加盟合作 百果园和水果行业共发展［EB/OL］.［2018-11-25］.http://www.pagoda.com.cn/blog/_269118_93067.html.

精析：百果园是水果连锁经营业态的开创者，早在2001年就开出中国第一家水果特许连锁专卖店。从2002年到2009年，百果园在最开始的时候是做直营，不久后就开始做加盟。但是做了加盟以后，发现加盟容易让品牌的美誉度脱离掌控，所以后来又改回全面直营。如今，百果园在产品标准化、商品管理、会员营销及营运支持方面积累了足够丰富的经验，开放加盟是水到渠成。现在，百果园致力于夯实生鲜供应链的纵深和配套，从水果的基地种植或是全球采购的最前端，到物流配合，乃至之后的门店销售，都是由百果园直接全程把关，还有专项团队为加盟商提供全方位的经营管理支持，让终端加盟商安心做好经营。

职场指南

加盟招商的三策论

特许经营企业的招商部门在与潜在加盟商探讨加盟相关事项的时候，特许人企业的招商人员进行沟通或谈判的手段是多种多样的，但基本可以分为三个最常见的大类：文字沟通（包括QQ、E-mail、传统信件、传真等）、电话沟通、面谈（又具体分为总部人员去咨询者所在地拜访面谈和邀约咨询者来总部面谈）。这三类沟通手段在沟通特性上不同，具体可见表8-2。

表8-2　　　　　　　　　　三类沟通手段在沟通特性上的比较

	文字沟通	电话沟通	面谈	
			拜访	邀约
沟通速度	慢	较快	快	
沟通内容	难以丰富	较丰富	很丰富	
沟通成本	低	可能会较高	可能会很高	一般
沟通难度	大	一般	小	
沟通误解	大	小	很小	
沟通顺序	最早	次之	最后	
沟通频率	较高	高	较低	最低
成功概率	低	一般	较高	最高

由表8-2的最后一行可以清晰地看出，三种招商沟通手段的成功率是逐级增加的，所以，可以把这三种招商手段按照成功率的大小依次称为上策（面谈）、中策（电话沟通）和下策（文字沟通）。而上策中的"邀约"咨询者到总部来考察在"面谈"这个上策中的成功率又比主动上门"拜访"咨询者高，所以，"邀约"这种沟通手段又称为上上策。

显然，为了提高招商咨询的最终签单率，理想的招商谈判应该是采取上上策的沟通手段。然而在实际的工作中，潜在加盟商咨询时采取手段更多的，或者说最初的沟通手段通常都会是文字沟通或者电话沟通，即最开始的绝大多数沟通手段都只是下策，最好的状况也不过是中策，采取上策或上上策的沟通手段的几乎没有。

所以，为了提高招商签单的成功率，在潜在加盟商咨询的时候，招商人员如果能迅速地把沟通手段升级，那么招商签单的概率就会随之升级或增大。也就是说，当潜在加盟商咨询时，招商人员应在最短的时间内把双方的沟通手段由下策变为中策，然后再迅速地变为上策或上上策。当然，直接由下策变为上策或上上策是最理想的状况。用图8-6示意如下：

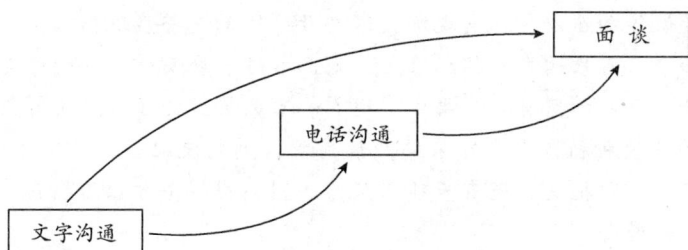

图8-6　招商三策示意图

　　比如潜在加盟商刚开始用QQ咨询时，招商人员应在简单地用文字聊了几个回合之后，迅速地找准时机，在最短的时间内索要咨询者的电话（即便特许人总部有免费拨打的比如400、800之类的电话，招商人员也尽量不要邀请咨询者拨打，因为咨询者通常不愿意拨打，而继续采用成本更低的文字沟通方式，所以招商人员应主动打给咨询者；同时，这样做的另外一个好处就是招商人员可以留下咨询者的联系方式，为后续的跟踪营销创造必备的条件）。如果咨询者不愿意提供其电话，根据经验，这样的咨询者多半是非成熟的潜在加盟商或者根本无意加盟者，所以，招商人员可以不必把时间浪费在成功率低、沟通速度慢、沟通内容不丰富且容易产生误解的"陪聊"上，而应果断地将其搁置一边或暂时放弃，或者交给专门的负责文字沟通的人员，转而集中精力于那些提供电话的、加盟成功率更高些的咨询者身上。

　　记住，作为一名招商人员，如果你能把文字沟通成功地变为电话沟通，从下策变为中策，那么你的签单成功率就会大大增加。

　　一旦接通了咨询者的电话，招商人员应在尽可能短的时间内，尽快地把电话沟通变为双方的面谈。具体的做法是这样，在刚开始时，招商人员可以首先邀请咨询者来总部考察，如果咨询者同意，当然再好不过。如果咨询者拒绝，则招商人员应迅速表达去咨询者所在地拜访、面谈的意愿。

　　所以，在大多数企业里最常见不过的招商困境就可以用这种下策变中策、中策变上策的方法实现突破。具体地讲就是，特许人企业里的每个招商人员每天都在非常辛苦地和其所负责的一大批咨询者一直在无休无止地谈，有些甚至谈了数年，却迟迟没有达成签单的最终结果。那么在这个时候，招商人员应明白，你的招商沟通手段需要升级了，你不能再这样继续下去了，也就是说，你应该趁热打铁地努力促成和这些咨询者的见面。

　　根据粗略估计，文字沟通的最终签单成功率平均只有不到三成，电话沟通的最终签单成功率可以达到五成，但只要咨询者同意到总部考察或希望在自己所在地与招商人员面谈，那么，最终签单成功率基本都会在八成以上。

　　综上所述，招商的沟通手段有上、中、下三策，招商人员要想提高签单成功率，应努力让自己的招商沟通手段逐步地由下策升为中策，再由中策升为上策或上上策。

　　资料来源　李维华.加盟招商的三策论［J］.名人传记（财富人物），2012（3）.

课后拓展

新店商研习社是赢商网旗下关注实体商业品牌创新报道的新媒体。聚焦和挖掘优异的特色品牌，总结和分享创新的商业模式，分析和探讨新零售的多元化可能。请关注微信公众号"新店商研习社"（微信号：new_shop_）。

本章小结

本章介绍了特许经营总部开展特许经营体系推广活动的步骤和方法以及特许经营体系的维护。特许经营体系推广活动的准备工作包括建立推广活动的组织、建立样板房、设定加盟条件和准备加盟商招募文件。推广活动的实施步骤包括招募信息发布及咨询、加盟商遴选、签订特许经营合同、培训加盟商及加盟店开业。特许经营体系维护的内容包括被特许人如何与特许人相处，特许经营中的三个理念：支持、控制和沟通。

主要概念

特许经营体系的推广　样板店　设定加盟条件

基础训练

一、选择题

1.向加盟商提供加盟店开业前的培训时，其培训的对象包括（　　）。

A.加盟商本人　　　　　　　　　　B.加盟店的店长

C.加盟店的督导员　　　　　　　　D.加盟店的店员

2.被特许人和特许人之间的沟通方式是（　　）。

A.人员接触　　　　B.书面沟通　　　　C.电话沟通　　　　D.特许会议

3.特许经营的控制方法有（　　）。

A.感情手段控制　　　B.经济手段控制　　C.法律手段控制　　D.行政手段控制

二、判断题

1.将某个直营店改造成样板店时，并不需要保证总部对样板店的绝对控制。（　　）

2.签订正式特许经营合同要慎重，因此其准备工作通常应超过一个月。（　　）

3.对被特许人最好的控制就是采取有效措施保证其经济利益。（　　）

三、简答题

1.特许经营体系推广活动要经过几个阶段？每个阶段都有哪几个步骤？

2.特许人必须向加盟申请人披露的基本信息包括哪些内容？

3.特许经营体系的控制方法有哪些？

实践训练

【实训项目】

调查某连锁企业的特许经营体系推广活动及维护方法。

【实训情境设计】

根据当地实际情况，调查当地有代表性的连锁企业。

【实训任务】

以小组为单位，选取某个连锁加盟总部进行调查，分析其特许经营体系的推广活动及维护方法，并提交调查报告。

【实训提示】

不同的小组可以选取不同类型的连锁加盟店进行调查，总结各类企业特许经营体系的推广活动及维护方法。

【实训效果评价标准表】

实训效果评价标准表见表8-3。

表8-3　　　　　　　　　　　　　**调查报告评价表**

项目	表现描述	得分
调查的对象和目的		
人员分工		
调查方法		
报告内容和形式		
合计		

得分说明：各小组的调查表现分为"优秀""良好""合格""不合格""较差"，对应得分分值为"25""20""15""10""5"，将每项得分记入得分栏，全部单项分值合计得出本实训项目总得分。得分90~100分为优秀，75~89分为良好，60~74分为合格，低于60分为不合格，必须重新训练。

附例8-1：

加盟申请表示例

供个人申请人使用	
编号	
收到日期	

本人申请加盟×××特许经营体系，在×××特许经营总部统一管理下，从事在×××加盟店的特许经营业务。

个人资料

姓名：

通信地址：

住址：

性别：　　　　　　年龄：　　　　　　　　　电话（办公室）：

婚姻状况：　　出生日期：　　（住宅）：

身份证号码：

住房拥有权：　　　自购□　　　　租赁□　　　　其他□（请注明）

健康状况：（如果在良好以下，请注明身体残障情况和局限）

伴侣资料

姓名：

年龄：　　　　出生日期：

身份证号码：

教育程度

始月/年	至月/年	院校名称	科/系	证书/文凭	毕业年度

语言能力

通晓语言	书写		阅读		交谈	
	流利	一般	流利	一般	流利	一般

工作经验（请按顺序先后列出最近的工作）

始（月/年）	至（月/年）	雇主（公司名称及地址）	职位（主要职务及责任）

你是否曾经拥有自己的特许权或其他业务？如有，请提供以下详情：

公司名称：　　　　　　　　营业开始时间：

地址：　　　　员工人数：

业务性质：

主要业务：

年营业额：　　　　净收益：

如果业务已经结束，请列出原因：

在这之前你是否有××行业的工作经验？如果有，请列出详情

☐

☐

☐

财务概况（注：随后可能会索取更多相关财务概况）

□

□

能够动用在设立特许权经营的金额及资金来源

来源：　　　　　　　　　　　金额：

若所须金额不足时将如何筹备余款？

你是否曾经被宣判破产？　是□　　　否□

如有，请列出详情：

业务目标

你是如何对这项特许业务产生兴趣的？

你计划何时开始你的特许经营？

你计划开设几间加盟店？

每间加盟店的估计营业额（金额/月）：

你实际的个人和职业目标是什么？（从现在起至3、5及10年止）

请列出你深信你能够成功经营我们其中一家加盟店的原因。

证明材料

银行证明（请提供相关财务证件证明）

银行名称及地址：

电话：　　　　　　　　　　与有关银行往来年数：

就业证明　　　　　个人证明

姓名：　　　　　　　　姓名：

职位：　　　　　　　　职位：

公司名称及地址：　　　　　　　　　地址（住家/办公室）：

电话：　　　　　　　电话：

相识年数：

申请人宣言

本人声明上述所有填报的资料均翔实无误。所提供的个人背景资料和有关国家相关资料的准确性将通过鉴定人审查。所提供的资料若出现遗漏或受到歪曲将会影响有关申请并最终可能使申请无效和作废。

申请人签名：　　　　　日期：

附例8-2：

特许经营授权书示例

为了美观和表示郑重，特许人通常将特许经营授权书制成摆件或挂件提交给被特许人使用。其大致内容和格式为：

特许经营授权书

编号：

_____（特许人全称）兹授权_____（被特许人全称）获得

（特许人全称）_____（被特许人加盟地区准确全称）特许经营权。

授权内容：

授权期限：

经营地点：

备注：

×××（特许人全称）

年 月 日

附例8-3：

特许加盟意向书示例

甲方：×××（特许人全称）

地址：

法定代表人：

乙方：×××（被特许人全称）

地址：

法定代表人：

甲乙双方在平等自愿、协商一致的基础上，达成如下意向：

1.甲方经考查，认为乙方初步具备在　　　　　　　　（城市/区域）开设并经营×××加盟店的条件，同意接受其加盟申请。

2.乙方承诺自本意向书签订之日起，积极准备×××加盟店的开业，于1个月内完成全部准备工作；甲方承诺为×××加盟店的开业提供一切必要的支持和协助，包括但不限于以下事项：

（1）协助和指导乙方进行×××加盟店选址。

（2）协助和指导乙方进行×××加盟店的租赁。

（3）协助和指导乙方进行×××加盟店工商营业登记。

3.双方同意：

（1）自本意向书签订之日起1个月内，甲方在_____（城市/区域）冻结招募加盟商的所有活动，作为交换条件，乙方在本意向书签订之日后3日内向甲方支付 万元加盟保证金。

（2）甲方将于与乙方签订特许加盟合同后将加盟保证金抵扣为乙方支付甲方的加盟金。

（3）若乙方在1个月内未能按时完成×××加盟店的开业准备工作，甲方将取消乙方的加盟资格，且加盟保证金不予返还，作为甲方提供给乙方的协助和指导工作费用的补偿。

4.乙方在与甲方谈判中所获取的有关甲方的商业经营资料、信息，以及×××（特许人全称）系统的资料、信息均属于甲方的商业秘密，乙方应采取相应的保密措施，保证其自身及工作人员不私自使用或向任何第三方泄露，否则乙方承担由此给甲方造成的一切损失。

5.甲方在与乙方谈判中所获取的有关乙方的商业经营资料、信息，均属于乙方的商业秘密，甲方应采取相应的保密措施，保证其自身及工作人员不私自使用或向任何第三方泄露，否则甲方承担由此给乙方造成的一切损失。

6.甲乙双方保证将尽力促成合同的谈判及特许经营合同的签订，任何一方均不得违反合同法规定，否则承担违约责任。

7.本意向书于_____年_____月_____日签订，自签订之日起生效。甲乙双方共同遵守，并据此谈判签订特许经营合同。

8.因本意向书产生或与本意向书相关的一切纠纷，应提交×××（一般为特许人所在地）仲裁委员会裁决，该裁决对甲乙双方均具有法律效力。

甲方：　　　　　　　　　　　　乙方：

法定代表人：　　　　　　　　　法定代表人：

签约日期：　　　　　　　　　　签约日期：

第 9 章

特许经营系统的选择

学习目标

通过本章学习，了解特许经营信息的获得途径及对特许总部考察的内容，能够对特许总部进行评估，理解申请加盟的程序，并了解加入特许经营体系应注意的问题。

【引例】

小陈刚刚大学毕业，他想自己创业。最近几年，麻辣烫加盟成为创业者们的热门选择，小陈打听到杨国福麻辣烫和张亮麻辣烫这两个品牌比较火爆，就去调查了一下：杨国福麻辣烫成立于2007年，凭借着独一无二的口味和标准化的管理，使得国内店面数量飞速增长，目前杨国福麻辣烫在海外有两家店，澳大利亚和加拿大各一家；张亮麻辣烫起步较晚，成立于2008年，但直到2012年，张亮麻辣烫才真正火起来，而且发展迅速，如今甚至有赶超杨国福麻辣烫的趋势。从店面来看，杨国福麻辣烫主打红色，张亮麻辣烫主打黑色，都是比较醒目的颜色；从店内装修来看，杨国福麻辣烫简单大方，张亮麻辣烫则鲜艳明亮。杨国福麻辣烫主张"健康饮食，快乐生活"，张亮麻辣烫则喊出了"我们不一样"的口号，真是好一场较量！杨国福麻辣烫的人均消费在23元左右，张亮麻辣烫是22元左右，两家针对的也是同一水平的消费群体。从口味上来看，两家各有千秋，都有各自的粉丝群体，杨国福麻辣烫味道浓郁，张亮麻辣烫鲜香可口，而且两家都提供了自己调配口味的人性化服务。杨国福麻辣烫北京地区加盟店要求店面面积不得小于100平方米，每年需交纳38 800元的加盟费，还需交20 000元的保证金。"店面地址自己选，公司帮忙参考。麻辣烫汤料由公司统一提供，面类、粉条、豆皮等也要从公司进货，其他菜品根据各自需求购买，菜品种类、销售价格不受公司限制。"相对而言，张亮麻辣烫的加盟费就低了很多。北京地区加盟要求店面面积为六七十平方米以上的一楼门市房，加盟费每年5 000元，另需交纳2 000元保证金。

到底选哪一家加盟呢，小陈犹豫不决。

9.1 特许经营信息的获取

特许经营是有风险的。对于被特许人来说，投入的不仅仅是金钱，还有时间、精力、努力和心血。一些特许经营体系的风险相对来说较小，但它们的特许费和创业成本却是相当的高。新成立的特许经营体系由于未经受广泛验证，往往费用较低但风险却很大。

加入可靠的特许经营体系可以避免靠主观臆测来经营企业，还可以避免犯大多数自主创业者创立企业时所犯的错误。被特许人买入一个成熟特许经营体系，那么他可以在创业阶段大胆冒险而将所犯的错误降到最小，并可以同时拥有一套协调的运营体系，这个企业运营规范是成熟的，因为特许人已经对新办企业过程中所遇到的诸多难题进行过研究。新被特许人要做的就是听从指挥，执行特许人的规范和操作方法。

加入某个特许经营体系前，潜在被特许人应该对现有特许经营体系蕴含的机会进行研究，而进行研究的首要前提就是收集各个特许经营体系的资料。可以先从内部定期刊物找起，记录下与你谈话的人的姓名、每条特许信息的资料来源，以及你对各个现有特许经营体系的感觉或是观察后的意见。内部定期刊物可以帮你记录各个特许经营体系的详细资料，帮你回忆哪个项目是本地区最好的、哪个项目的培训计划涵盖面最广、哪个项目的特许经营合同最简单以及哪个项目的营运手册最长。

收集特许经营公司资料的途径有很多。有很多资料可以复印而且很容易获得，还有很多资料可以从特许经营展会上得到，而最新的资料则可以从互联网上获得。你可以应用各种渠道来获得那些最有用、最准确的资料，这样有助于你全面了解各个现有特许经营体系。

1) 商业出版物

一些杂志和少数报纸定期刊登有关特许经营的信息，如专业建议、实例、真实的行业统计数据，甚至有的栏目还刊登特许经营的文章和广告。以美国为例，一些容易获得资料的渠道如下：

- 《华尔街日报》(The Wall Street Journal)
- 《特许经营世界》(Franchising World)
- 《今日美国》(USA Today)
- 《企业家》(Entrepreneur)
- 《纽约时报》(The New York Times)
- 《特许更新》(Franchise Update)
- 《特许时报》(Franchise Times)

2) 互联网

互联网已成为研究特许经营公司的"必去"之处。许多特许经营体系都有自己的网站，并将网址印在各种广告和小册子上。许多成熟的特许经营体系还链接到了国内、国际特许协会的网站上。网站一般介绍的是公司历史、地理分布、向市场提供的产品或服务、管理理念、被特许公司的数目及地址、特许经营理念描述以及怎样获得更多的资料。此外还可以通过网站与特许经营公司的销售部门直接取得联系。一些公司甚至还允许在线申请，这样人们就能以更快的速度取得目标特许经营体系的更多相关资料。

3) 特许经营展览会

特许经营展览会一般都在全国主要城市举办，其中一些大城市至少每年一至两次。如上海2018年举办了3次大型的特许经营展览会：6月9—10日，在上海世博展览馆举办了CAE2018上海特许加盟展览会；8月30日至9月1日，在上海新国际博览中心举办了国际特许加盟（上海）展览会；11月13—15日，在上海新国际博览中心举办了2018SFE上海特许连锁加盟展览会。特许经营展览会给众多加盟创业者提供一次能同时与多家特许经营体系代表会面的机会。

4）名录

有些公开的特许名录不仅列出了经营中的国内特许经营体系，还列出了很多世界特许经营体系。一般来说，名录上的所有信息并不能保证都是由特许经营体系提供的，你要对所有信息进行核实。如果还不能确定想从特许经营中获得什么的话，那么最好是从特许名录着手，因为名录提供了成千上万家特许经营公司的资料。获得基本资料以后，可以通过后续的合同或其他渠道对这些资料进行修正，这样就能在投资前准确地把握现有的各个特许经营体系。以美国为例，著名的特许名录有：《特许经营年鉴》（The Franchise Annual）、《特许手册》（The Franchise Handbook）、《经理人特许机会指南》（The Executive Guide to Franchise Opportunities），以及《特许机会指南》（The Franchise Opportunities Guide）。

9.2 特许总部的考察

投资者在加盟特许经营之前，要考虑和研究的问题很多，所谓"知己知彼，百战不殆"。要考虑是否有必要这样做，不应为特许而去特许，许多新兴的事业与其依赖别人，不如自己开创。当投资者确定自己适合加盟特许经营后，要考虑的一个重要问题就是选择合适的特许总部。尽管有人把特许经营看成是投资者走向成功的一条"绿色通道"，但这并不意味着这条通道完全平坦无虑。投资者不能以为加盟特许经营就可以高枕无忧，其风险依然存在。要将风险减到最低程度，其中一个重要的举措就是选择合适的特许总部。对于特许总部的考察，可以从下面几个方面着手。

9.2.1 对特许人进行考察

对特许人进行考察应主要回答下列问题：特许人的资格是什么？背景怎样？体系模式特点是什么？能够承担义务和兑现诺言吗？

为了回答这些问题，被特许人可要求特许人提供以下信息和资料：

- 特许组织的背景和经验；企业负责人和主要股东的背景和经历。
- 特许组织发展的详细历史。
- 特许人为特许经营所做的准备工作。
- 特许人具备的相关特许经营的经验或知识。
- 在开始出售特许权之前，所进行试点经营的情况。
- 在把该企业建成特许组织的过程中投入的资金规模。
- 如何使被特许人相信，特许人已进行了正确的市场调查，获得了充分的信息？特许人有处理和解决日常问题的经验吗？
- 为什么决定开展特许经营，而不采取扩张直接经营的方式发展此项业务？
- 今后5年的预计增长率是多少？
- 特许人如何应付特许组织网络的增加？计划如何扩张网络和发展基础结构？
- 影响和策划特许网络的发展和扩大，并与被特许人打交道的高级经理人员是哪些？
- 能否证实高级经理人员中没有一人有如下经历：曾作为某一破产公司的主要负责

人；曾参与了一个失败的特许经营计划；曾作为一名被特许人而经营未获成功？

　　●提供以下详细情况：现在有多少被特许人？他们的姓名与地址？一年前有多少被特许人？在过去的两年之内，有多少被特许人被中止合同或主动中止合同？

　　●挑选被特许人的原则和方法是什么？

　　●最近的审计账目的副本。

　　●能否证实已经为下一年的经营活动做好了财务安排？

　　●特许人的开户银行是哪个？被特许人能否从该银行取得调查所需的资料？

　　现有被特许人对他们的特许人的看法和经验是非常重要的。尤其是那些早期的被特许人，他们对特许人的了解更深，有必要去征求他们的意见。

9.2.2　对特许经营的产品与服务进行考察

　　被特许人对特许经营产品的考察内容如下：

　　●产品是否新颖？是否比竞争者具有独特优点？

　　●该特许业务是否经过检验是成功的？

　　●该业务是否只是打着特许经营旗号的产品指定分销商或代理商？

　　●该特许组织是否有持久的实力？

　　●该产品的市场状况如何，是衰退中的市场还是增长中的市场？

　　●这个市场的增长是否只是一种流行的、短暂的趋势？

　　●这种产品的市场竞争性如何？

　　●这种产品的价格竞争性如何？

　　●这种竞争性能否保持下去？

　　●产品的供应来源如何？

　　●将来产品能否保证供应？有多大程度的可靠性？

　　●是否有不同质量或价格的产品可供选择？

　　●这种产品是否建立在商标的基础上？

　　●这种产品是否根据专利发明而生产？

　　●特许人是否拥有组织良好的供应线？

　　●在服务设施方面是否有足够的支持？

　　●制造商或供货商是否能绕过此特许组织，建立他自己的竞争性的特许经营体系？

　　●产品的商誉如何？

　　●供货商的商誉如何？

　　●假如这是一个在国外成功的刚从国外进入的特许组织，它在本国市场是否有同样的感召力？它是否在本国市场以试验经营的方式进行了市场检验？

　　被特许人对特许经营服务的考察内容如下：

　　●所提供的是否是一种新服务？

　　●该特许业务是否经过实践检验是成功的？

　　●该服务是否具有新颖的因素，使之与其他类似的竞争企业完全不同？

　　●该企业是否具有持久的实力？

　　●该业务的市场状况如何？市场是在衰退中还是在增长中？

　　●这个市场的增长是否只是一种流行的、短暂的趋势？

- 这种服务的市场竞争性如何？
- 这种服务的价格竞争性如何？
- 这种竞争能否保持下去？
- 这种服务是否有与众不同的服务标记？
- 该服务是否建立在独特过程的基础上？
- 该服务的商誉如何？
- 假如这是一个在国外成功的刚从国外引进的特许组织，它在本国市场是否具有同样的感召力？
- 它是否在本国市场以试验经营的方式经过了市场检验？

9.2.3 对特许人业务计划的考察

对特许人业务计划考察的范围为：

- 该业务是如何组织的？
- 特许人将如何帮助被特许人加入此业务？
- 有哪些应考虑的操作因素？
- 加入特许经营体系的详细步骤有哪些？
- 有哪些经营中的服务项目？

在大多数情况下，特许人将向被特许人提供一系列服务，以部署被特许人获得营业场所并做好开张前的一切准备。也有一些特许人将开张前的所有准备工作一手包揽下来。他们选择好地点，进行装修、陈列等工作，等一切就绪后才将钥匙交给被特许人，并收取所有的费用。在这种情况下，被特许人可在商店筹备期间接受培训，而不必参与任何筹建和安置工作，特许人会在筹建期间与它保持密切联系，及时通报筹建工作的进程，征求它的意见。被特许人则要承担筹建工作的费用。被特许人应向特许人了解的问题包括：

- 在该特许组织体系下建立一个单店的总费用有多少？
- 这些费用包括哪些项目？
- 除了筹集企业的费用还有哪些其他费用？
- 是否需付定金？是什么项目的定金？假如不能履行合同，是否将失去定金？
- 首期特许费是多少？
- 需要多少流动资金？计算的标准是什么？
- 从筹建到实际开张需要多少时间？
- 特许人提供什么样的初始服务？
- 培训地点、培训设施和培训时间、期限和内容。
- 由谁支付培训费？谁支付培训人员的路费和住宿费？
- 特许人是否为被特许人的员工提供培训设施？有什么条件？如果不提供，那么谁来培训他们？如果要被特许人来培训，能从特许人那里得到什么帮助？
- 被特许人可预期的毛利水平是多少？请详细列出被特许人的预期费用。为了达到收支平衡，被特许人需要获得多少总收入？需要多长时间才能达到那个水平？
- 被特许人能否查阅特许人的项目实际账目表？该表是否可靠？
- 可以得到什么样的财务方面的特别安排？有何回报条件？利率是多少？

●是否有一项由某家银行实施的特许经营财务方案？如果没有，是否曾向某家银行申请过而遭拒绝？

●特许业务是季节性的吗？假如一个特许业务是季节性的，同时该特许组织又是新成立的，那就应该特别注意该业务的试点经营在时间上是否充分，有没有把季节的因素考虑进去。

●特许人能提供什么样的开业帮助？

●特许人能否提供企业的开张仪式？如果有，是由哪些部分组成的？

●特许人是如何赚钱的？

●特许人是否索要运营中的特许费？如何计算？

●特许人出售给被特许人的产品是否加价？

●如果加价，加多少？怎样保证价格公平合理？

●特许人是否从向被特许人提供产品或材料的供货商那里收取佣金？

●特许人是否从与被特许人的交易中获取其他收入或佣金？请提供详情。

●被特许人是否必须支付最低限额的后续特许费，或购买最低限额的商品？假如不能完成会产生什么后果？特许人如何计算这些最低限额？

●特许人提供什么广告和促销支持？

●被特许人是否必须资助广告和促销费用？数额是多少？特许人能否提供一份证明材料，证明收到的广告和促销费没有挪作他用？

●特许人提供什么样的 POS 系统和促销材料，需支付多少费用？

●在本地的广告和促销方面，被特许人将得到什么帮助？应付多少费用？

●被特许人能否招聘到足够数量的可胜任的员工？这些员工是否需要专门技能？

●企业开张以后，特许人将提供下列服务项目中的哪几项：研究与开发；市场测试；为被特许人的利益出面进行批量购买谈判；实地帮助；执行监控；整体业务咨询；广告、营销和促销。

●特许人是否还提供其他后续服务？请详细介绍。

●在开张以后，特许人将派什么样的现场帮助人员来沟通双方之间的联系？

●特许人的员工已经工作了多长时间，有没有签订服务合同？

●请解释一下特许人将采用什么方法和程序来帮助被特许人建立业务。

●特许人帮助选址，还是被特许人自己选址？

●特许人和被特许人、被特许人和被特许人之间保持联系的机制是什么？

●在特许组织里，有没有被特许人协会？

●在被特许人能出售的产品方面有没有什么限制？

●被特许人在经营中遇到不能解决的问题时会发生什么情况？能得到什么帮助？

●被特许人如何能确认特许人将会按其允诺的去做？

9.3　判断特许总部的标准

要判断最佳的潜在特许经营体系就要分析研究特许经营体系的 4P，即产品

(product)、盈利能力（profitability）、方法（process）、人（people）。下面详细分析每一个方面：

1）产品

潜在被特许人选择特许权时，首先要分析他要经营的产品或服务。产品质量、价值以及产品的需求情况十分重要。必须确保货源充足，这一点很关键。尽管新成立的特许经营体系知名度或认可度不高（这可能会严重阻碍被特许公司取得成功），但产品消费者认知度应该是很高的。潜在被特许人还应该了解养护要求、产品的维修和使用方法。一些不懂技术的被特许人是无法经营技术产品的。表9-1是产品评价表。

表9-1　　　　　　　　　　　　　　　　**产品评价表**

项目 ＼ 等级	5	4	3	2	1
产品或服务					
口碑好					
客户需求					
市场持续增长					
安全性					
获得专利权/有担保					
符合自身利益					
符合自身个性					
未来需求					
十分理想					

等级：5=优秀，4=高，3=一般，2=低，1=差。

2）盈利能力

潜在被特许人应评估各个特许机会的盈利能力。有些特许人提供企业盈利提成或利润提成报告。美国联邦贸易委员会规定，这些提成报告必须说明达到特许经营体系销售额（或收入）以及超过或没达到销售额（或收入）的被特许公司所占的比例。通常从这些基本信息披露文件中可以看出潜在收入情况以及运营资金要求。此外，潜在被特许人还能通过信息披露文件中公司综合财务报表中的被特许公司收入总额粗略估算出收入水平，由此推出特许经营体系中各被特许公司的平均收入水平。从特许专利使用费就能估算出某个行业的销售收入总额。例如，如果特许专利使用费是年总销售额的5%，被特许公司的特许专利使用费平均为17 500美元，那么各公司的年销售额平均为350 000美元，如果各公司的平均收入为40 000美元，则用40 000美元除以5%就得出各公司的平均销售额为800 000美元。确定销售利润率和营业成本的途径也可以是拜访现有被特许人，向他们了解情况并征求建议。不管通过什么途径获得资料，你都必须分析特许人的当前财务状况。表9-2是盈利能力评价表。

表9-2 盈利能力评价表

项目＼等级	5	4	3	2	1
盈利能力					
利润					
销售成本					
人工成本					
费用					
投资收益					
盈利提成					
预期收入					
创立成本					
特许费					
特许专利使用费					
广告费					
其他费用					

等级：5=优秀，4=高，3=一般，2=低，1=差。

3）方法

潜在被特许人在选定特许经营体系前有必要了解获取成功所应采取的经营方式和商业模式。潜在被特许人除了要了解销售方式、服务和维修方法外，还要了解特许经营公司的会计、财务、营销以及管理制度、产品分销渠道，特别是推销方法。此外，被特许人还要弄清特许人提供的培训和长期支持情况。有的特许人提供的长期性服务范围很广，而有的则是被特许公司一经启动就很少再进行支持。潜在被特许人还应该清楚被特许公司和公司直营店铺的数量以及特许人的从业时间。潜在被特许人还应该明确该特许经营公司是否是国际特许协会会员（其会员要达到很高的标准并遵守严格的营业守则）。表9-3是方法评价表。

表9-3 方法评价表

项目＼等级	5	4	3	2	1
经营模式流程					
营销					
促销					
品牌认知					
管理					
培训					
会计					
选址					
公司总部地址					
服务/维护					
经济资助					
被特许公司数量					
广告					

等级：5=优秀，4=高，3=一般，2=低，1=差。

4）人

　　潜在被特许人选择特许经营体系时，最重要的就是要了解将一起共事的同事。潜在被特许人应拜访各特许经营体系经理并与之探讨特许经营体系的流程。特许经营像婚姻一样具有契约性，需要双方即特许人和被特许人相辅相成、紧密合作。特许经营中人的因素是特许经营体系实力的体现，也是最重要的资源。潜在被特许人要对公司的所有相关人员进行调查，包括特许经营公司、职员及主管人员，他们还要弄清特许人是否有不好的名声，比如为了迅速取得特许费和佣金草率出卖特许权。表9-4是人员评价表。

表9-4　　　　　　　　　　　　　　　人员评价表

项目　　　　　　　等级	5	4	3	2	1
特许人主席					
特许人总裁					
特许人运营经理					
特许销售经理					
其他主要负责人或主管					
服务部门					
广告与促销					
融资与会计					
选址人员					
人事和培训					
制造与运营					
区域支持					

　　等级：5=优秀，4=高，3=一般，2=低，1=差。

　　潜在被特许人应该向特许人正式咨询该公司的相关情况，这种沟通十分重要。特许人一般会回复一份"组合文件"，包括面向所有潜在被特许人的宣传资料。这个"组合文件"还会包括特许人的信息披露文件、机密资格表及机密财务报表。如果潜在被特许人要与特许人进一步磋商，则他们就应填一张个人申请和财务状况表，寄给特许人。特许人或销售代表收到这些秘密报告后，通常会与感兴趣的潜在被特许人进行一次私人会晤。此外，被特许人还应积极通过各种渠道收集特许公司的其他相关资料，如可以到图书馆查询或联系商会及当地的企业联合会，这些渠道通常会提供特许公司的相关有用信息。

9.4 特许总部的评估

　　被特许人在对特许人进行考察的基础上，可进行综合的评估。评估的方法可以采用加权评分的方法。一般来说，被特许人总是在几个相对较好的特许总部之间进行选择，因此，可采用下面的表9-5来综合评分。

表9-5　　　　　　　　　　特许总部的综合评价表

项目　　　　　　　公司	A公司	B公司	C公司	D公司
1.资本金				
2.在证券市场公开上市				
3.年营业额 直营店 加盟店 合计				
4.总公司设立时间				
5.连锁企业开始的时间				
6.第一家店开张时间				
7.目前店数 直营店 加盟店 合计				
8.店铺未来开张计划				
9.业界地位				
10.经营理念 顾客 加盟店主 往来厂商 员工（总公司） 加盟店员工 经营理念共同体				
11.长期目标				
12.比其他公司优越之处				
13.公司员工人数 总人数 一级主管 总公司（以下除外） 开发部门 督导 直营店 其他				
14.加盟店选择的标准				

续表

项目 \ 公司	A公司	B公司	C公司	D公司
15.有无教育培训制度				
16.有无教育培训中心				
17.签约前，是否提供书面资料介绍及合同主要内容				
18.总公司有否行动催促订约				
19.开店地点做过调查				
20.开店投资金额				
加盟金				
保证金				
教育培训费				
店面租金				
店面装潢及设备费用				
零配件费用				
开张宣传及开办杂费				
商品、原料、包装费用				
周转金				
其他				
21.开店后费用支出				
每月权利金				
促销				
店铺指导费				
22.总公司对加盟店提供的服务				
立地条件				
代租店铺				
经营计划书				
店面装潢				
从业人员招募				
开业广告				
开业时各种指导				
业务营运指导				
23.开店后建立督导制度				
24.督导来访频率				
25.对总公司人员印象				
礼貌				
态度				
接待、应对				
对公司充满信心				
整体印象				

由于以上各项指标的重要程度不同，被特许人可对其给予不同的权重，通过对各项内容的评分，可以得出某公司的总分。通常可以选取得分最高的公司作为特许总部。

需要注意的是，许多被特许人在分析表格时，大多会加入自己的主观因素，从而使以上内容缺乏了准确性。实际上，被特许人选择加盟行业，不应只凭个人的兴趣、爱好，以及某些书面资料，而应当具有一定的长远眼光，选择那些具有发展前途的行业。

9.5 申请加盟的程序

9.5.1 被特许人购买特许经营权的基本步骤

①收集特许组织的资料。主要的资料来源有：特许公司的有关部门资料、公开出版物、亲戚朋友处等。

②研究征召广告和宣传资料。不能轻易相信各种广告和宣传，可参考有关咨询公司的意见或专业杂志的观点。

③参观访问感兴趣的特许组织。了解各种第一手资料，如公开文件、特许权组合、可行性报告等。

④自我评估。自我评估必须严格和实事求是。

⑤详细了解特许经营的本质和优缺点。清醒地认识到自己的机会和面临的问题。

⑥再次研究特许公司，确认：所提供的商标和专利是否已注册；公开文件内容的真实性；了解现有特许分店的情况；了解特许公司的历史和现状、公司理念和政策。

⑦收集同行业其他公司的信息。具体包括初级资料和详细资料。

⑧访问特许分店的店主。了解特许人是否兑现其承诺分店的基本经营状况，可能出现的问题，从而能事先对自己所从事的经营活动有大致了解。

⑨评估经营可行性报告。评估特许人提供的经营预测报告，尤其是关于地点选择、营业额预测、各种费用预算等项内容。

⑩逐条研究特许经营合同的内容。特许经营合同是双方特许关系的基础，非常重要，一定要慎重、仔细地研究，不能贸然签字，尤其是在购买国外的特许权时更应如此。

⑪确认自己的经营决心。此时需确认以下几点：该特许业务是否为自己提供了很大机会；与特许人或其他被特许人的沟通有没有问题；对经营中的困难和辛苦是否做好了心理准备；有没有"一切依赖特许公司的心理"；自己的目标明确与否。

⑫签订合同。签署合同前最好征询有关专家和律师的意见，一定要对合同的各条内容有相当明确的了解。

9.5.2 购买国外特许经营权的方式

购买国外特许经营权的方式通常有三种：

①通过特许经营体系在国内开设的其他连锁店了解国外特许人的基本情况，判断此项业务是否适合自己投资。

②了解特许人有无在本地开展特许经营的意向，索取特许人的公开材料，进行咨询和洽谈。一般来说，国外特许人欲在该地建立加盟店，事先会成立办事处，所以只要与其办事处联系洽谈即可。达成合作意向后即可购买国外特许人的特许经营权，按特许人的要求及模式建立加盟店。

③可从代理国外某特许人的特许代理人处购买，虽然买的是国外的特许经营权，但操作方式类似于国内公司的操作。

需要注意的是，无论用哪种方式购买，成功的关键取决于所购买的特许经营权是否是一个有潜力、适合中国市场的经营业务，而且要通过科学的评估程序及方法对此项业务进行评估，才能做出正确选择。

9.6 加入特许经营体系前应注意的问题

9.6.1 仔细阅读特许经营相关文件

对于投资者来说，投资特许经营项目是一件十分重要的事情。有些没有投资经验的被特许人往往容易过于乐观地评价经营前景，对投资经营的困难估计不足，因此会出现签约后觉得决策过于草率的情况。以总部提供商品为例，饮食业大多由总部提供产品的原材料，在原材料上总部征收适当金额为利润，而便利商店总部大多以厂价提供商品给加盟店，不再从商品中获利。而系统费的收取一般在特许经营合同中有所体现。许多人在最初加盟连锁店之时，往往认为只要支付总部加盟金、保证金、特许权使用费的话，总部就会定期提供商品，并指导有关经营的技术。然而在开业后常听见被特许人说"没听说要缴那种钱""双重收费""和其他的加盟者不同"等抱怨。虽然这种情况总部要负大部分责任，因它没有对特许经营合同详加说明，但是被特许人本身也有问题。在无法掌握合同内容的情况下就付钱，当然加盟后会对特许人产生不信任感。

原则上，连锁店特许计划的内容和费用皆应详细记载于合同上。可是有关具体的规定、变动规则，有时也提示于所附的营运手册中，所以对合同和所有的附属文件皆应详细查看。对于内容、权利义务、金额负担等部分，要充分理解。了解合同内容后才能和总部保持良好关系，才可以在事前就分辨出特许人的优劣。

9.6.2 了解主要特许内容和费用

合同签订时的准备金：

①加盟金。一般加盟金在合同书中通常是指允许营业的支付金。对于总部所开发的软硬件设备、商标、服务记号、目录都会记载在合同、营运规程、手册中，加盟者依照所示的规则去使用，而允许其营业。根据总部的不同，有时加盟金中已包含区域设定费、开业前的培训费、开业时总部指导人员的派遣费、立地调查费等。对于加盟金设定的基准，并无特殊的计算根据，是由市场行情和总部的情况所决定，难免过于独断。对于加盟金的特性、到底包含哪些事项、必须支付哪些金额，一定要详加判断、了解。

②保证金。保证金就是商品交易货款或是合同上的信用保证而向总部缴纳的预付金。

③市场调查费、事业计划制作费。市场调查费和事业计划制作费是难以预测准确的经费之一，不要听信所提示的资料就付钱，最好亲自看几家加盟店，自己实际现场调查，来判断提出资料的可信度。此外，有时会以申请金的名义于事前征收，但大部分都是在成约之时缴纳，视为加盟金的一部分而征收。

④建筑设计、监理费。基于总部技术诀窍而规划的店铺，部分总部会以某种名义来征收建筑设计费。然而，大多数总部是将该项费用包含在加盟金中的。

⑤设备、物品供给费。通常都是采取直接买断或租借的方式。

⑥初期商品货款（原料、促销工具等）。提前结清还是事后结清一定要搞清楚。

⑦开业时的辅导费。一般可分为开业前培训费用和店时派遣总部指导员的费用两种方式，因内容、期间的不同，费用也会有所差异，所以一定要仔细确认内容，大多数情况会包括在加盟金内，但也有另外征收的情况。

⑧其他开业援助。由总部针对具体情况而有所区别，不同总部所提供的开业援助各不相同，有的总部甚至保证可向银行贷款。

合同期间的持续支付金包括：

①加盟指导费。和加盟金一样没有明确的计算根据，全由总部方针决定。有的以销售额或利润的百分率为基准，关键问题不在于贵或便宜，而是支付这些金额后，总部能提供何种援助。除了可使用商标外，还要提供经营技术诀窍、指导、培训等的经营实务支援。

②广告宣传费。根据总部的不同，广告宣传费的征收方式亦不相同。大致可分为媒体广告、使用宣传品等促销物的宣传活动或持续性促销活动。也有将两种方式一同利用的情况。负担方式有以一定的销售额比率来支付、总部和加盟店各负担一半、全部由总部负担（包含在加盟指导费中）等。

③商品供给货款。它包括原料、促销工具等项目，要留意供给频率、期间、内容、独创性等，并判断是否适用。

④持续的教育辅导费。一般来说，定期指导或信息杂志的发行都包含在加盟指导费中，而其他的辅导费用另外征收。由频率、期间、内容来掌握费用的支出用途。

⑤其他。店内装潢、设备机器的维修、会计代理、清洁、盘点等费用，有些总部要另外征收。

9.7 个人参与特许的注意要点

9.7.1　事前检查

当打算加盟时，首先关注的一般是加盟者募集广告。现在，行业报纸、各种专门杂志等，特许广告非常多，所以想获得资料并不难。在经济情况不佳的情况下，只有销售额上升的良好特许总部，其广告量会很多，但是仍应留意以下几个事项：

1）漂亮、夸张的广告有嫌疑

有知名商标的特许广告大多是少修饰的简洁广告，具有年龄限制等其他严格的条件，可以反映本身的特质且可信度高。相反，对于漂亮、诚信度低、期限或地域限制松的广告，就要特别警惕。

2）不要被募集媒体的商标所迷惑

一般说来，即使是报纸杂志等值得信赖的媒体，加盟店的募集广告仍是难免会鱼目混珠。根据媒体本身的等级来考虑，多少会出现问题，因为媒体的广告原则是"我只提供媒体，不必对广告内容负责任"。因此，难免有时会放宽特许广告的审查标准。

3）重视同自身的相通性、相合性

不管多么有名的特许系统，若是不符合被特许人的个性和条件的话，以后的合作必定不顺利。

4）访问既有的加盟店铺

探寻、拜访已营业的加盟店，了解实际的工作，绝不是轻松的事。为了解除参与特许事业的迷惑与不安，达到成功的目的，要排除万难，至少要拜访两三家店铺。

9.7.2　合同缔结时的检查重点

1）接受详细的解释

对于特许经营合同能够逐条且亲切、详细说明的总部，可说是极度值得信赖的总部。一般来说，特许经营合同因其内容具有特殊性，许多律师也难以搞清。对一般想加盟的人来说，这也是加盟时最困扰之处。所以，运作成熟的总部就必须对合同有所说明。对合同的内容说明含糊其辞的总部，首先就该予以怀疑。

2）不明白之处的解说

在进行经营时，要仔细地确认销售额的客观根据。一有稍微不明白之处，就一定要求总部解说到完全明白为止。

9.7.3　人、物、钱的重点

1）取得家人的理解和协助

特许开始之时，最初的难关就是能否得到家人，尤其是配偶的充分理解与协助，有些加盟店的加盟条件之一就是要求在签约时有配偶共同签约。店内的从业人员，总部是不予以支援的，一定要自己全权负责。人事问题很多，一定要有万全的准备。

2）业态选择

广义地说，业态选择就是物的选择范围。要出售什么商品？这就是商品和业态的选择。

3）资金计划要充裕

若要快速加盟，则必要的资金调度也不可慌乱无章，从银行贷款的话，风险较大，但募集速度较快。而自行筹资的话，时间较长，容易错过机会。

9.7.4　其他重要事项

1）理解特许事业

对加盟店的理解和认识，一般人仍是非常浅显。但实际上对加盟店的理解和认识，对于加盟后的成功与否有很大的影响。这对加盟店与总部都是如此。

2）理解责任的原则

有无设定经营计划，全都是自己的责任，不可把责任归咎于总部。即使是多有名气的加盟事业，即使多么相信总部，但经营的责任总归在于自己。

🔍 **案例精析**

国际药品：以病人为中心，以盈利为导向

国际药品股份有限公司（简称MSI）是目前美国最大的独立特许经营药品零售商。该公司的特许经营药店系统有90%的利润来自医生开出的药方，而实际上这一切都来自柜台前药剂师卖出的药品，绝大多数的特许权经营人都是经过注册的药剂师。MSI开发了大量的专业医药服务工作，从而进一步支持MSI的医务工作者，包括质量保证项目、药剂师能满足咨询者不同要求的经营管理项目以及建立专业的药疗软件系统用来检测病人的健康状况和适合的治疗药物。

MSI的利润主要来自特许经营费用、金融活动、销售特许权购买人产品的利益及新开业的MSI特许药店的加盟费。

MSI主办了一个"国家顾问委员会（National Advisory Board）"，目的是要发展医药治疗的水平。现在，MSI的计划系统可以使一个立志于医药卫生事业的特许证申请者拥有自己当老板的机会，并能够把钱投资到自己的专业经验、知识以及技术上来。

1.吸引加盟商的动力

MSI的特许经营之所以在世界范围内得到如此快的发展并得到消费者的认可，关键是他自身价值的吸引力——质量、服务、专业性、物有所值以及他们对单个市场、风俗习惯和文化的灵活的适应性。

作为一个MSI的加盟商，可以从其特许经营系统中获利，并可降低所销售产品的成本，还拥有一个全国认可的专业形象并被顾客所信任。为了进一步加强MSI的领导地位和竞争优势，并给加盟者带来便利，MSI提供给加盟者与药物生产制造者共同合作和发展的机会，并提供最新的疾病治疗计划。这些计划包括关于特殊疾病的说明，如"处在危险中"的病人的特别药物疗法和用于治疗的相关的仪器设备、对病人针对性的治疗教育等。

作为一个MSI特许药店的加盟商，不仅仅只是产品销售商，也不像其他的药剂师是以产品为中心、以过程为导向进行实践活动。他们是以病人为中心，以最后结果为导向的。

在各种各样形式的培训过程中，MSI将教会加盟者表现得既像个特许权所有人又像个特许权购买人，方法就是向他们解释自己在做些什么和为什么这样做。加盟者们可以看到MSI在美国所实现的一切在他们自己的国家和药品销售市场也办得到。加盟者们可以在事先得到MSI总部的许可的前提下对其中的某些内容做些改变。

2.加盟步骤

（1）仔细阅读MSI公司提供的材料。

（2）对当前市场进行评估——是否有必要建立一个小型规模的零售特许药品商店。

（3）确定在时间与资源（金钱与人力）上的投资对建立一个全球规模的药业零售系统是有必要的。

（4）与MSI总部取得联系，要求得到一份经营许可协议的样本，以便作为参考。

（5）安排到美国圣路易斯MSI公司总部进行参观，以便首先了解MSI系统的全貌，同时向公司展示自己的业绩和商业信用以及针对许可协议中的商业条款进行磋商。

（6）签署商业许可协议。

（7）如果有必要，取得当地政府对协议的批准。

（8）安排MSI高级管理人员到自己国家考察，并一同开始制订第一家店铺的地点选择的计划和高级管理人员的培训计划。

（9）在美国圣路易斯进行高级管理人员培训。

（10）安排MSI人员到场进行第一家店铺的开业计划和活动。

（11）安排第二阶段的培训并开始准备下一家店铺的工作与事宜。

（12）始终使自己的工作系统不断与总部保持联系并加强团队协作的精神。

以上所有这些步骤都必须在一年之内完成。

3.加盟的费用支出

（1）创业费用

创业费用用来支付按照协议中的条款在被许可的区域内使用MSI系统的名称、商标和系统的独家经营权利。费用金额将由双方进行磋商并以地域的大小、流行程度、药品市场的潜力和MSI提供的支持程度确定。这笔费用需用美元支付。

（2）单个店铺的创业费用

数目不大，通常只需几千美元，加盟者在所在地域内开设第一家店铺时付给MSI公司。

（3）许可证延续费用

它通常是店铺销售额的百分数，由许可证持有人按月支付给总部。

（4）私人商标许可权费

MSI允许其加盟者独立合作MSI的一个品牌作为其私人商标，但要交付一小笔的费用。

许可协议中的条款有效期为20年，但每10年可以续约一次，除非当地的有关法律另有规定。

资料来源 曹静.特许经营原理与实务［M］.上海：立信会计出版社，2002.

精析：特许经营已扩展到许多行业，药品零售特许是发展速度最快的领域之一。国际药品公司以病人为中心，为加盟店提供多方面的服务，并进行各种培训，从而全方位地满足加盟者的需要。仔细了解加盟步骤和费用是加盟者必须做的准备之一。对加盟总部进行准确的评价事关加盟者事业的成败。

职场指南

投资特许经营前的自我测试

下面有20道测试选择题，请选择最接近自己的选项。全部完成后再对比最后的评分标准，看看现在的你是否适合成为加盟商。

请注意，这要求你填写自己的真实想法和做法，而不是问你哪个答案最正确，备选项目也没有好坏之分。不要猜测哪个答案是"正确"的或是哪个答案是"错误"的，以免测验结果失真。

1. 你的年龄?

a) 25岁以下或55岁以上　　　　b) 45~55岁

c) 25~35岁　　　　　　　　　　d) 35~45岁

2. 你对体面的生活感兴趣吗?

a) 当然，买的彩票中一次大奖就行

b) 不知道，我觉得现在活得就很舒服

c) 当然，只要不用工作得太辛苦就行

d) 我的机缘无限，肯定能通过自己的努力实现理想

3. 你明确自己的目标，并且准备坚持完成它们吗?

a) 我没有制定目标的习惯，有没有目标无所谓

b) 我以前没试过。不过，如果你告诉我怎么做，我愿意试试

c) 是的。我的目标就是通过投资创业，至于是自己独立创业还是加盟一个品牌还没想好

d) 我的目标是通过加盟一个好的品牌，在我喜欢的行业成就自己的事业，要不然我投资做什么呀

4. 驱使你通过加盟成就自己事业的动力有多强?

a) 我必须独立经营管理吗? 我投资找别人经营行吗?

b) 不太确定，让我想一想

c) 如果我专心去做，我的加盟店成功只是时间问题

d) 我有能力通过加盟一个好的品牌而成为一名成功者

5. 你是否有足够的精力和体力去适应日复一日，甚至没有节假日的经营活动?

a) 什么，做了投资人还得努力亲自经营加盟的项目?

b) OK，只要还能在周末和晚上休息就行

c) 当然，我不在乎劳累，只要有钱赚

d) 当然，为了自己事业的成功我不惜任何代价

6. 你有足够的资金帮你渡过加盟业务开始时的困难时期吗?

a) 我加盟的项目开始经营后，每个月的收入首先得还贷款（还债）

b) 我最多能抵挡3个月的困难期

c) 我预留了至少半年的流动资金

d) 我在其他方面还有投资和收入，资金不是问题

7. 你的亲朋好友支持你吗?

a) 我想加盟后再跟他们说比较好

b) 这一点我不太清楚

c) 只要能让我高兴，他们都会支持我

d) 他们会与我共进退，他们将是我创业计划的一部分

8. 你的个人意志有多强?

a) 我不喜欢这个问题，它让我紧张

b) 我自认为很坚强，只要外界的干扰不是很大

c) 我坚信我的自我价值和我创造把握机缘的能力

d) 坚如磐石，我就是自尊、自信、自强的化身

9. 你认为排除前进道路上的阻碍，努力完成任务是乐趣吗？

a) 可是有些事情可能永远也完不成

b) 哪有什么真正完成了的任务呀

c) 虽然有时会直接避免障碍免得造成麻烦，但通常是这么认为

d) 我一贯这么想，也这么做

10. 你喜欢解决问题吗？

a) 不，我讨厌有问题

b) 特许商不是应该为我解决问题吗？

c) 是，我喜欢尝试解决各种问题

d) 是，解决问题能力强是我最大的优势

11. 在需要做出决策的时候，你是否经常想："再让我仔细考虑一下吧？"

a) 经常　　　　　　　　b) 有时

c) 很少　　　　　　　　d) 从不

12. 你在决定重要的计划时常忽视其后果吗？

a) 经常　　　　　　　　b) 有时

c) 很少　　　　　　　　d) 从不

13. 你是否因不愿承担艰苦的事情而寻找过各种借口？

a) 经常　　　　　　　　b) 有时

c) 很少　　　　　　　　d) 从不

14. 你是否为避免冒犯某个或某几个有相当实力的客户而有意回避一些关键性的问题，甚至表现得曲意奉承呢？

a) 经常　　　　　　　　b) 有时

c) 很少　　　　　　　　d) 从不

15. 你是否无论遇到什么紧急情况，都习惯先处理琐碎的、容易做的日常事务？

a) 经常　　　　　　　　b) 有时

c) 很少　　　　　　　　d) 从不

16. 你是否常来不及躲避或预防困难情形的发生？

a) 经常　　　　　　　　b) 有时

c) 很少　　　　　　　　d) 从不

17. 你是否有较强的心理承受能力去接受可能出现的挫折和失败？

a) 加盟了还会有失败，特许商是不是应该弥补我的损失啊

b) 没经历过，到时候才知道

c) 暂时的挫折我想还是能承受的，只要最终能赚钱

d) 投资嘛，收益与风险总是相伴的，只要我尽力了就无怨无悔

18. 你喜欢与人交往吗？

a) 我不太擅长与人交往

b）我与人交往比较被动，一般与熟悉的人交往多

c）我性格外向喜欢与人交往，只要是不讨厌的人

d）是，我擅长与各种不同背景、不同文化层次的人打交道

19.你喜欢与人共事吗？

a）我只想一个人干

b）是的，和训练有素的人一起工作能提高效率

c）没错，不过不同的人要不同对待

d）正是因为和别人一起融洽共事才让工作变得有趣

20.你喜欢让别人替你做自己不愿做的事吗？

a）经常　　　　　　　　b）有时

c）很少　　　　　　　　d）从不

计分标准：

1.选a）得1分；选b）得2分；选c）得3分；选d）得4分。

2.40分以下说明你的个人素质与加盟者/创业者相去甚远，打工也许更适合你。

3.40~49分，说明你不算勤勉，应彻底改变拖沓、低效率的缺点，否则创业只是一句空话。

4.50~59分，说明你在大多数情形下充满自信，但有时犹豫不决。不过没关系，有时候犹豫也是一种成熟、稳重和深思熟虑的表现。

5.60~80分，说明你会是一个高效率的经营管理者，更会是一个成功的加盟商。你还在等什么呢？

(((○))) 课后拓展

　　盟享加（www.mxj.com.cn）是中国连锁经营协会唯一指定加盟平台，盟享加严格甄选每一个入驻品牌，为加盟品牌与创业者提供精准对接服务！已有超过2 000个严选优质项目入驻平台。学习盟享加精心准备的加盟教程，了解每一个严格甄选的优秀加盟项目，请关注微信公众号"盟享加"（微信号：imxj2017）。

本章小结

　　特许经营是有风险的。加入某个特许经营体系前，潜在被特许人应该对现有特许经营体系蕴含的机会进行研究，收集特许经营公司资料的途径有很多，可以是商业出版物、互联网、特许经营展览会、名录等。对于特许总部的考察包括对于特许人、特许经营的产品和服务以及特许人业务计划的考察。要判断最佳的潜在特许经营体系要分析研究特许经营体系的4P，即产品（product）、盈利能力（profitability）、方法（process）、人（people）。被特许人在对特许人进行考察的基础上，可进行综合的评估。评估的方法可以采用加权评分的方法。被特许人应了解加盟的程序，加盟前仔细阅读特许经营相关文件，了解特许经营内容和费用。

主要概念

特许经营体系的4P

基础训练

一、选择题

1.拜访既有加盟店铺的数量最好是（　　　）。

A.1家　　　　　　　　B.2~3家　　　　　C.10家以上　　　　　D.不必拜访

2.广义地说，业态选择就是（　　　）。

A.物的选择范围　　　　　　　　　　B.人的选择范围

C.资金的选择范围　　　　　　　　　D.位置的选择范围

二、判断题

1.一般来说，特许经营体系的风险越小，特许费和创业成本越高。　　　　（　　）

2.投资者加盟特许经营基本就可以高枕无忧了，没有太大的风险。　　　　（　　）

3.加盟前可以不访问既有的加盟店铺。　　　　　　　　　　　　　　　　（　　）

三、简答题

1.特许经营信息的获得有哪些途径？

2.被特许人购买特许经营权的步骤是什么？

3.购买国外特许经营权的方式有哪几种？

实践训练

【实训项目】

调查不同企业的特许总部和加盟店，对不同企业的特许经营体系进行评价。

【实训情境设计】

通过调查不同企业的特许总部和加盟店，掌握对不同企业特许经营进行评价的方法。

【实训任务】

以小组为单位，选取不同企业的特许总部和加盟店进行实地访察，评价不同企业的特许经营体系，并提交评价报告。

【实训提示】

不同的小组可以选取不同企业的特许总部和加盟店进行考察，评价特许经营体系。

【实训效果评价标准表】

实训效果评价标准表见表9-6。

表9-6　　　　　　　　　　　　　　调查报告评价表

项目	表现描述	得分
调查的对象和目的		
人员分工		
调查方法		
报告内容和形式		
合计		

得分说明：各小组的调查表现分为"优秀""良好""合格""不合格""较差"，对应得分分值为"25""20""15""10""5"，将每项得分记入得分栏，全部单项分值合计得出本实训项目总得分。得分90~100分为优秀，75~89分为良好，60~74分为合格，低于60分为不合格，必须重新训练。

第10章   特许经营法律法规

学习目标

通过本章的学习，了解规范特许经营行为的相关法律法规，掌握《商业特许经营管理条例》、《商业特许经营信息披露管理办法》和《商业特许经营备案管理办法》的相关规定。

【引例】

北京市商务局发布的京商罚字〔2017〕09120号行政处罚书显示，宝贝厨房（北京）企业管理有限公司因未在订立特许经营合同之日前至少30日向被特许人提供《商业特许经营管理条例》第二十二条规定的信息及特许经营合同文本，被罚款3.1万元。

行政处罚书显示，2017年9月11日，行政执法人员依据《商业特许经营管理条例》对宝贝厨房（北京）企业管理有限公司进行执法检查。经查，发现宝贝厨房（北京）企业管理有限公司未在订立特许经营合同之日前至少30日向被特许人魏××提供《商业特许经营管理条例》第二十二条规定的信息，也未在订立特许经营合同之日前至少30日向被特许人魏××提供"宝贝厨房"品牌特许经营合同文本。

宝贝厨房（北京）企业管理有限公司的上述行为违反了《商业特许经营管理条例》第二十一条的规定，依据《商业特许经营管理条例》第二十八条的规定，北京市商务局决定对宝贝厨房（北京）企业管理有限公司处以人民币3.1万元罚款。

公开资料显示，宝贝厨房成立于2011年，是一家儿童厨艺体验式教育的连锁企业，2015年，获得天使投资。

资料来源　千龙网.宝贝厨房违反《商业特许经营管理条例》被罚3.1万元〔EB/OL〕.〔2018-10-10〕. http://finance.china.com.cn/news/20171010/4412107.shtml.

10.1 规范特许经营行为的相关法律

10.1.1 规范特许经营活动的法律规范

特许经营本质上是一种商业组织行为，故受一般商业法规的约束，又因其组织行为区别于一般的商业行为，有一定的特殊性，立法机构又制定了特定的法律规范对特许经营在商业组织上的个性进行调整。

在特许法律关系中，特许经营体系的当事人特许人和被特许人各具有独立的法人身份，双方之间的法律关系由特许经营合同维系，当事人的权利义务主要由特许经营合同约定，所以特许商业行为适用的法律规范首先是民商法规范。因特许经营体系中当事人市场力量对比失衡，需要有特定法律规范来约束当事人的行为，又会涉及经济法律规范对特许法律关系的调整。又因特许制度设定的特殊性，为维护双方当事人的利益，立法机构就特许经营制定了专门的法规制度加以规范。在特许人与被特许人作为正常的商业存在与政府监管部门等打交道时，又会适用经济监管法律制度。特许经营中的法律关系如图10-1所示。

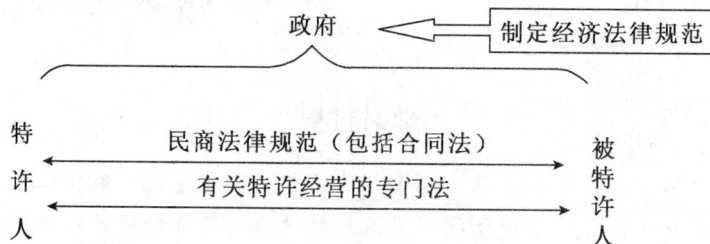

图10-1　特许经营中的法律关系

10.1.2　民商法规范

商法与民法都是调整平等主体之间关系的法律部门，学术界一直对商法与民法是否应合一存在有争论，我国目前的立法体系中，民商为合一状态，没有专门的商事法典，但有很多学者认为商法是规范商事主体之间的交易行为的，应从民事法律中分离出来。

特许经营行为为商事行为，在目前民商没有清晰分界的立法体系下，应受民商法的调整。

1）民法

民法是调整平等民事主体的自然人、法人及其他非法人组织之间人身关系和财产关系的法律规范的总称，是法律体系中的一个独立的法律部门。民法既包括形式上的民法（即民法典），也包括单行的民事法律和其他法律、法规中的民事法律规范。

民法具有如下特征：

①民法是有国家强制力（区别于道德等）的社会生活规范。

②民法是调整社会生活中财产关系和人身关系（其他关系不调整）的法律规范。

③民法是调整平等主体之间的社会关系的法律规范。

特许经营法律关系是平等主体之间的财产交易关系，符合民法的特征，所以受民法的调整。《中华人民共和国民法通则》于1987年1月1日开始施行，《中华人民共和国民法总则》于2017年10月1日施行，这两部法律都对民事活动中一些共性问题作了法律规定。

特许经营关系是民事法律关系中重要的一类合同关系，在我国由专门的合同法加以调整。改革开放以来，为适应以经济建设为中心的需要，我国陆续颁布了《中华人民共和国经济合同法》《中华人民共和国涉外经济合同法》《中华人民共和国技术合同法》。此外，《中华人民共和国民法通则》也对合同制度给出了大量规定，对促进经济发展发挥了重要作用。但是，随着经济的发展和改革开放的深入，原存的三部合同法已经不能适应经济发展的需要，三部合同法规定之间的矛盾与冲突也日渐显露。为了保护合同当事人的合法权益，维护社会经济秩序，我国于1999年颁布和施行了《中华人民共和国合同法》。

特许经营合同法律关系，除法律另有规定外，统一适用合同法的规定。

2) 商法

商法是指商事交易主体在其商业行为中所形成的法律关系，即商事关系法律规范的总称。在民商合一理论体系中，因商法所调整的为平等主体之间的财产关系与民法的调整范围存在一定的重合，而被认为应属于民法的一部分。但商事行为毕竟有其特殊性，主要表现如下：

①商法调整的是营利性的行为。

②商法调整对象具有特定性，主要适用于进行了商事登记而具有主体资格的法人和自然人。

③商法的规范具有较强的技术性和易变性。

商事法律中有关商事行为、合同登记、商号、商事账簿等规定及商法体系中公司法、破产法等法规都能对特许经营法律关系进行调整。

10.1.3 经济法

经济法是调整在国家协调本国经济运行过程中发生的经济关系的法律规范的总称。经济法与民商法显著的不同点在于后者调整的是平等主体之间的法律关系，前者则是国家对市场的协调监管关系，从特许经营的角度来看，主要是国家对特许经营主体竞争行为的规范。

经济法中的反垄断法、反不正当竞争法、消费者权益保护法、产品质量法等对特许经营主体的行为都有监管作用。

10.1.4 特许经营法规

由于特许经营在我国处于快速发展期，早在20世纪90年代就对其进行了一定的规范，早期的法律有《商业特许经营管理办法（试行）》、《特许经营企业备案管理办法（试行）》，及《商务部关于加强对特许经营活动管理的通知》等政策性文件。2007年1月又颁布了《商业特许经营管理条例》（以下简称《条例》），前述两办法同时废止。2007年4月和5月，又在《条例》的基础上颁布了《商业特许经营信息披露管理办法》和《商业特许经营备案管理办法》，对特许经营登记备案和信息披露制度进行了规定。

修订后的《商业特许经营备案管理办法》经2011年11月7日商务部第56次部务会议审议通过，自2012年2月1日起施行。

修订后的《商业特许经营信息披露管理办法》经2012年1月18日商务部第60次部务会议审议通过，自2012年4月1日起施行。

《商业特许经营管理条例》

10.2 特许经营法律规范概述

10.2.1 特许经营法律规范立法目的

特许经营体系中特许人与被特许人之间的经济关系是平等主体之间的关系，受民商法调整，则民商法的平等、自愿、公平、诚实信用原则也适用于特许经营法规，民法的原则和维护当事人财产权利的目标也是特许经营法规的目标。

特许人与被特许人在法律上是平等主体，但在市场体系中，因经济实力的差异，在很多情况下并不具有平等的市场力量，需要特许经营法规中的经济法规范加以协调，故经济法促进和维护市场交易的目标也是特许经营法规的目标。

综上所述，特许经营法律规范的立法目的在促进和维护特许人与被特许人之间及特许经营体系当事人与第三人之间的市场交易，保护当事人的权利，规范商业特许经营活动，促进商业特许经营健康、有序发展，维护市场秩序。

10.2.2　从事特许经营活动应当遵循的原则

如前所述，特许经营活动是商事活动的一类，特许经营活动过程中产生的法律关系属民商事法律关系，受民商法调整，则民商法的普遍原则也是特许经营法律规范的原则，主要有以下几点：

①自愿。自愿，即特许人与被特许人作为特许经营关系的当事人意思自治，当事人可以根据自己的判断去从事民事活动，国家一般不干预当事人的自由意志，充分尊重特许人和被特许人的选择。其内容应该包括自己行为和自己责任两个方面。自己行为，即当事人可以根据自己的意愿决定是否参与特许经营活动，以及参与的内容、行为方式等；自己责任，即特许法律关系主体要对自己参与特许经营活动所导致的结果承担责任。

②公平。公平原则是很多部门法律的价值目标，当然也是民商法及作为民商法一部分的特许经营法律规范的原则。公平原则的本质在于利益均衡。在特许经营关系中，特许人与被特许人的市场力量并不一致，市场力量强者往往有更多的话语权，能够利用这种优势获得更多的利益，甚至是通过破坏当事人之间的公平关系来达到获利的目的。特许经营法律当然要规范这种有违公平原则的行为，于是在制度设定上就出现了信息披露等体制，从而规范当事人之间因市场力量失衡产生的不公平行为。

③诚实信用。诚实信用原则更多体现在缔约过程中，包括缔约前、缔约中和缔约后对交易相对人的诚实信用。特许经营属重大交易活动，且当事人之间存在市场力量失衡和信息不对称等情况，尤其推崇诚实信用原则。在缔约前和缔约中，当事人双方的诚实表述对交易对方的商业决策至关重要，合同履行过程中，因特许经营合同具有长期性，要求当事人之间诚实交换经营信息。合同结束后则存在后合同义务，要求为交易对方诚实保持商业秘密。

10.2.3　特许经营监管部门

国务院商务主管部门依照《条例》规定，负责对全国范围内的特许经营活动实施监督管理。省、自治区、直辖市人民政府商务主管部门和设区的市级人民政府商务主管部门依照条例规定，负责对本行政区域内的特许经营活动实施监督管理。任何单位或者个人对违反条例规定的行为，有权向商务主管部门举报。商务主管部门接到举报后应当依法及时处理。

10.3　特许经营活动

10.3.1　特许人的资格

《条例》第七条规定，特许人从事特许经营活动应当拥有成熟的经营模式，并具备为被特许人持续提供经营指导、技术支持和业务培训等服务的能力。特许人从事特许经营活动应当拥有至少2个直营店，并且经营时间超过1年。根据该条规定，特许人必须满足以下几个条件：

①特许人应当有成熟的经营模式。判断特许人是否具有成熟的经营模式不仅要看他的特许经营体系的外在表现，而且要看特许人的收入模式。如果特许人的收入来源主要不是营业收入和与营业相关的服务收入，而是通过不断扩大特许规模，以持续向加盟店收取加盟费用为主要收入来源，营业收入及从加盟店的盈利分成只占特许人收入相当小的比例的话，则不能认定特许人有成熟的经营模式。

②有为被特许人持续提供经营指导、技术支持和业务培训等服务的能力。这就要求特许人有一定的技术储备或掌握足以使特许经营体系发展的商业秘密，并有能力为被特许人展开长期的培训。

③特许人至少拥有两个经营时间超过1年的直营店。这一要求是对特许人前两项软件要求在硬件即商业经营领域上的表现。两家经营时间超过一年的并具有盈利能力的直营店说明特许人具有相对成熟的经营模式，有一定的技术能力和资金储备，有发展特许经营体系的基础，并愿意为此投资。

10.3.2 特许经营备案管理

特许企业的设立除了要符合公司法等法律对有关国内企业相关设立程序的规定外，还应符合以《条例》为基础制定的《商业特许经营备案管理办法》。

1）备案机关

商务部及省、自治区、直辖市人民政府商务主管部门是商业特许经营的备案机关。在省、自治区、直辖市范围内从事商业特许经营活动的，向特许人所在地省、自治区、直辖市人民政府商务主管部门备案；跨省、自治区、直辖市范围从事特许经营活动的，向商务部备案。

商业特许经营实行全国联网备案。符合《条例》规定的特许人，依据本办法规定通过商务部设立的商业特许经营信息管理系统进行备案。

2）备案材料

申请备案的特许人应当向备案机关提交以下材料：

①商业特许经营基本情况。

②中国境内全部被特许人的店铺分布情况。

③特许人的市场计划书。

④企业法人营业执照或其他主体资格证明。

⑤与特许经营活动相关的商标权、专利权及其他经营资源的注册证书。

⑥符合《条例》第七条第二款规定的证明文件。在2007年5月1日前已经从事特许经营活动的特许人在提交申请商业特许经营备案材料时不适用于上款的规定。

⑦与中国境内的被特许人订立的第一份特许经营合同。

⑧特许经营合同样本。

⑨特许经营操作手册的目录（须注明每一章节的页数和手册的总页数，对于在特许系统内部网络上提供此类手册的，须提供估计的打印页数）。

⑩国家法律法规规定经批准方可开展特许经营的产品和服务，须提交相关主管部门的批准文件。

⑪经法定代表人签字盖章的特许人承诺。

⑫备案机关认为应当提交的其他资料。

以上文件在中华人民共和国境外形成的，需经所在国公证机关公证（附中文译本），并经中华人民共和国驻所在国使领馆认证，或者履行中华人民共和国与所在国订立的有关条约中规定的证明手续。在香港、澳门、台湾地区形成的，应当履行相关的证明手续。

3）备案时效、信息变更及信息真实保证

特许人应当在与中国境内的被特许人首次订立特许经营合同之日起15日内向备案机关申请备案。特许人的以下备案信息有变化的，应当自变化之日起30日内向备案机关申请变更：

- 特许人的工商登记信息。
- 经营资源信息。
- 中国境内全部被特许人的店铺分布情况。

特许人应当在每年3月31日前将其上一年度订立、撤销、终止、续签的特许经营合同情况向备案机关报告。

特许人应认真填写所有备案事项的信息，并确保所填写内容真实、准确和完整。

4）备案公告及撤销备案

（1）备案公告

备案机关应当自收到特许人提交的符合本办法第六条规定的文件、资料之日起10日内予以备案，并在商业特许经营信息管理系统予以公告。

特许人提交的文件、资料不完备的，备案机关可以要求其在7日内补充提交文件、资料。备案机关在特许人材料补充齐全之日起10日内予以备案。

（2）备案的撤销

已完成备案的特许人有下列行为之一的，备案机关可以撤销备案，并在商业特许经营信息管理系统予以公告：

①特许人注销工商登记，或因特许人违法经营，被主管登记机关吊销营业执照的。

②备案机关收到司法机关因为特许人违法经营而作出的关于撤销备案的司法建议书。

③特许人隐瞒有关信息或者提供虚假信息，造成重大影响的。

④特许人申请撤销备案并经备案机关同意的。

⑤其他需要撤销备案的情形。

各省、自治区、直辖市人民政府商务主管部门应当将备案及撤销备案的情况在10日内反馈商务部。

备案机关应当完整准确地记录和保存特许人的备案信息材料，依法为特许人保守商业秘密。

特许人所在地的（省、自治区、直辖市或设区的市级）人民政府商务主管部门可以向通过备案的特许人出具备案证明。

5）备案信息的公开与查询

公众可通过商业特许经营信息管理系统查询以下信息：

①特许人的企业名称及特许经营业务使用的注册商标、企业标志、专利、专有技术等经营资源。

②特许人的备案时间。

③特许人的法定经营场所地址与联系方式、法定代表人姓名。

④中国境内全部被特许人的店铺分布情况。

10.3.3 特许经营合同

1）合同内容

特许经营合同是特许经营法律关系存在的基础，本书对其有详细论述（参见第4章），根据《条例》第十一条规定，从事特许经营活动，特许人和被特许人应当采用书面形式订立特许经营合同。

特许经营合同应当包括下列主要内容：

①特许人、被特许人的基本情况；

②特许经营的内容、期限；

③特许经营费用的种类、金额及其支付方式；

④经营指导、技术支持以及业务培训等服务的具体内容和提供方式；

⑤产品或者服务的质量、标准要求和保证措施；

⑥产品或者服务的促销与广告宣传；

⑦特许经营中的消费者权益保护和赔偿责任的承担；

⑧特许经营合同的变更、解除和终止；

⑨违约责任；

⑩争议的解决方式；

⑪特许人与被特许人约定的其他事项。

2）权利义务平衡条款

如前所述，特许经营中存在双方当事人市场实力不平衡现象，一般特许人因掌握更多的市场资源和信息而处于强势地位，被特许人则处于相对弱势地位，为避免两者之间因市场实力的差距产生经济上的不公平现象，《条例》规定了一些限制特许人的条款以防止被特许人受到不公正的待遇。

（1）任意解除权

特许人和被特许人应当在特许经营合同中约定，被特许人在特许经营合同订立后一定期限内，可以单方解除合同。

（2）合同期限

特许经营合同约定的特许期限应当不少于3年。但是，被特许人同意的除外。

特许人和被特许人续签特许经营合同的，不适用前述规定。

（3）技术与培训支持义务

特许人应当向被特许人提供特许经营操作手册，并按照约定的内容和方式为被特许人持续提供经营指导、技术支持、业务培训等服务。

（4）质量条款

特许经营的产品或者服务的质量、标准应当符合法律、行政法规和国家有关规定的要求。

（5）费用支付限制

特许人要求被特许人在订立特许经营合同前支付费用的，应当以书面形式向被特许人说明该部分费用的用途以及退还的条件、方式。

特许人向被特许人收取的推广、宣传费用，应当按照合同约定的用途使用。推广、宣传费用的使用情况应当及时向被特许人披露。

特许人在推广、宣传活动中，不得有欺骗、误导的行为，其发布的广告中不得含有宣传被特许人从事特许经营活动收益的内容。

3）对被特许人的限制

未经特许人同意，被特许人不得向他人转让特许经营权。

被特许人不得向他人泄露或者允许他人使用其所掌握的特许人的商业秘密。

4）特许人的汇报义务

特许人应当在每年第一季度将其上一年度订立特许经营合同的情况向商务主管部门报告。

10.4 信息披露

10.4.1　信息披露概述

信息披露制度，又称公示制度或公开披露制度，最初产生于资本市场，是指企业在证券的发行、上市、交易等过程中，依照法律，将与证券发行有关的一切真实信息予以公开。信息披露制度是现代资本市场监管的核心内容。

综合《商业特许经营信息披露管理办法》有关规定，本书认为信息披露是指特许人与被特许人在达成特许加盟合同过程中及合同履行过程中，由特许人向被特许人披露相关经营信息，帮助被特许人更好地完成商业决断和经营。信息披露产生的原因在于特许人相对于被特许人掌握更多的市场资源和经营信息，有经营上的优势，如不要求特许人对相关信息进行披露，会导致被特许人在经营中遭受损失或遭到特许人的欺诈。

10.4.2　信息披露内容

特许人应当按照《条例》的规定，在订立商业特许经营合同之日前至少30日，以书面形式向被特许人披露《商业特许经营信息披露管理办法》第五条规定的信息，但特许人与被特许人以原特许合同相同条件续约的情形除外。

特许人进行信息披露应当包括以下内容：

1）特许人及特许经营活动的基本情况

①特许人名称、通讯地址、联系方式、法定代表人、总经理、注册资本额、经营范围以及现有直营店的数量、地址和联系电话。

②特许人从事商业特许经营活动的概况。

③特许人备案的基本情况。

④由特许人的关联方向被特许人提供产品和服务的，应当披露该关联方的基本情况。

⑤特许人或其关联方过去2年内破产或申请破产的情况。

2）特许人拥有经营资源的基本情况

①注册商标、企业标志、专利、专有技术、经营模式及其他经营资源的文字说明。

②经营资源的所有者是特许人关联方的，应当披露该关联方的基本信息、授权内容，同时应当说明在与该关联方的授权合同中止或提前终止的情况下，如何处理该特许体系。

③特许人（或其关联方）的注册商标、企业标志、专利、专有技术等与特许经营相关的经营资源涉及诉讼或仲裁的情况。

3）特许经营费用的基本情况

①特许人及代第三方收取费用的种类、金额、标准和支付方式，不能披露的，应当说明原因，收费标准不统一的，应当披露最高和最低标准，并说明原因。

②保证金的收取、返还条件、返还时间和返还方式。

③要求被特许人在订立特许经营合同前支付费用的，该部分费用的用途以及退还的条件、方式。

4）向被特许人提供产品、服务、设备的价格、条件等情况

①被特许人是否必须从特许人（或其关联方）处购买产品、服务或设备及相关的价格、条件等。

②被特许人是否必须从特许人指定（或批准）的供货商处购买产品、服务或设备。

③被特许人是否可以选择其他供货商以及供货商应具备的条件。

5）为被特许人持续提供服务的情况

①业务培训的具体内容、提供方式和实施计划，包括培训地点、方式和期限等。

②技术支持的具体内容、提供方式和实施计划，包括经营资源的名称、类别及产品、设施设备的种类等。

6）对被特许人的经营活动进行指导、监督的方式和内容

①经营指导的具体内容、提供方式和实施计划，包括选址、装修装潢、店面管理、广告促销、产品配置等。

②监督的方式和内容，被特许人应履行的义务和不履行义务的责任。

③特许人和被特许人对消费者投诉和赔偿的责任划分。

7）特许经营网点投资预算情况

①投资预算可以包括下列费用：加盟费；培训费；房地产和装修费用；设备、办公用品、家具等购置费；初始库存；水、电、气费；为取得执照和其他政府批准所需的费用；启动周转资金。

②上述费用的资料来源和估算依据。

8）中国境内被特许人的有关情况

①现有和预计被特许人的数量、分布地域、授权范围、有无独家授权区域（如有，应说明预计的具体范围）的情况。

②现有被特许人的经营状况，包括被特许人实际的投资额、平均销售量、成本、毛利、纯利等信息，同时应当说明上述信息的来源。

9）最近2年的经会计师事务所或审计事务所审计的特许人财务会计报告摘要和审计报告摘要

10）特许人最近5年内与特许经营相关的诉讼和仲裁情况，包括案由、诉讼（仲裁）请求、管辖及结果

11）特许人及其法定代表人重大违法经营记录情况

①被有关行政执法部门处以30万元以上罚款的。

②被追究刑事责任的。

12）特许经营合同文本

①特许经营合同样本。

②如果特许人要求被特许人与特许人（或其关联方）签订其他有关特许经营的合同，应当同时提供此类合同样本。

10.4.3 特许双方信息披露的附随义务

1）特许人的诚信义务

特许人在推广、宣传活动中，不得有欺骗、误导的行为，发布的广告中不得含有宣传单个被特许人从事商业特许经营活动收益的内容。

2）被特许人的保密义务

特许人向被特许人披露信息前，有权要求被特许人签署保密协议。

被特许人在订立合同过程中知悉的商业秘密，无论特许经营合同是否成立，不得泄露或者不正当使用。

特许经营合同终止后，被特许人因合同关系知悉特许人商业秘密的，即使未订立合同终止后的保密协议，也应当承担保密义务。

被特许人违反规定，泄露或者不正当使用商业秘密给特许人或者其他人造成损失的，应当承担相应的损害赔偿责任。

特许人在向被特许人进行信息披露后，被特许人应当就所获悉的信息内容向特许人出具回执说明（一式两份），由被特许人签字，一份由被特许人留存，另一份由特许人留存。

特许人隐瞒影响特许经营合同履行致使不能实现合同目的的信息或者披露虚假信息的，被特许人可以解除特许经营合同。

10.5 特许经营常见法律问题

10.5.1 格式合同

各国对格式合同又称格式条款，各国对其称谓各不相同，在德国法上称为一般交易条款，法国法上称为附合合同，英国法上称为标准合同，我国台湾地区称为定型化契约。

格式合同是当事人为了重复使用而预先拟定，并在订立合同时未与对方协商的合同。格式条款多在使用频率较高的合同中出现，如银行的借款合同、大型企业的买卖合同、公用企业与消费者之间的特殊消费合同（如供水合同、供电合同）、保险合同、货

物运输合同。

格式合同具有如下特征：

①由当事人一方为了重复使用而预先拟定。

②适用于不特定的相对人。

③内容稳定而不易变化。

④相对人在订约中居于附从地位。

特许经营合同是典型的格式合同，由特许人事先制定。被特许人决定加盟后，双方在特许经营格式合同的基础上议定可变条款，签字后合同即告成立。故被特许人在特许经营合同的制定上缺少话语权，原因在于特许人相较于被特许人具有更强的市场力量，对行业更为熟悉，占有更多的技术优势，被特许人在专业知识上无法与特许人相比。这样，如果特许人利用自身的市场优势和知识优势，要订立特许经营格式合同时限制并侵犯被特许人的利益怎么办？合同法专门就格式合同作了相关规定，以限制格式合同提供者滥用合同制定能力，侵犯相对人权益的情况。

《合同法》第三十九条规定，采用格式条款订立合同的，提供格式条款的一方应当遵循公平原则确定当事人之间的权利和义务，并采取合理的方式提请对方注意免除或者限制其责任的条款，按照对方的要求，对该条款予以说明。

第四十条规定，格式条款具有合同法第五十二条和第五十三条规定情形的，或者提供格式条款一方免除其责任、加重对方责任、排除对方主要权利的，该条款无效。第五十二条规定了有下列情形之一的，合同无效：一方以欺诈、胁迫的手段订立合同，损害国家利益；恶意串通，损害国家、集体或者第三人利益；以合法形式掩盖非法目的；损害社会公共利益；违反法律、行政法规的强制性规定。第五十三条规定合同中的下列免责条款无效：造成对方人身伤害的；因故意或者重大过失造成对方财产损失的。

《合同法》第四十一条规定：对格式条款的理解发生争议的，应当按通常理解予以解释。对格式条款有两种以上解释的，应当作出不利于提供格式条款一方的解释。格式条款和非格式条款不一致的，应当采用非格式条款。

以上《合同法》对格式合同的相关规定在合同订立运行阶段和诉讼阶段保护了处于相对弱势地位的被特许人的利益。

10.5.2 立法对被特许人的保护

如前文所述，特许人与被特许人在市场实力、对行业知识技能的掌握等方面处于不均衡的状态，导致特许人相对于被特许人居于强势地位，如果法律对此不加约束，会增加发生特许人侵害被特许人权益的情况，并不利于商业特许的最终发展。为维护特许人和被特许人的长远利益，我国特许经营立法，主要是《条例》、《商业特许经营信息披露管理办法》和《商业特许经营备案管理办法》对特许人的权利作了限制，主要表现在以下几个方面：

①对特许人经营能力的要求。《条例》要求特许人应当拥有成熟的经营模式，并具备为被特许人持续提供经营指导、技术支持和业务培训等服务的能力。特许人从事特许经营活动应当拥有至少2个直营店，并且经营时间超过1年。

②对特许人备案的要求。特许人应当自首次订立特许经营合同之日起15日内，依

照《条例》的规定向商务主管部门备案，并提交相关文件。商务主管部门对此进行公示。这一要求体现了政府商务主管部门对特许人的监督，同时被特许人也可通过查询特许人在政府部门备案的信息，了解特许人的经营状况，避免上当受骗。

③明确特许经营合同必须约定的事项。通过立法的形式明确特许经营合同必须约定的事项，减少特许人利用知识优势减少或增加订约事项，损害被特许人权益的情况。

④对被特许人单方解除合同权的规定。根据《条例》规定，特许人和被特许人应当在特许经营合同中约定，被特许人在特许经营合同订立后一定期限内，可以单方解除合同。

⑤对合同最低年限的要求。特许经营合同约定的特许经营期限应当不少于3年。但是，被特许人同意的除外。这一规定能够保证被特许人的投资有足够的回收期。

⑥关于特许人的告知义务。特许人应当向被特许人提供特许经营操作手册，并按照约定的内容和方式为被特许人持续提供经营指导、技术支持、业务培训等服务。特许人要求被特许人在订立特许经营合同前支付费用的，应当以书面形式向被特许人说明该部分费用的用途以及退还的条件、方式。

⑦费用使用符合合同要求义务。特许人向被特许人收取的推广、宣传费用，应当按照合同约定的用途使用。推广、宣传费用的使用情况应当及时向被特许人披露。

特许经营立法并非单方面的限制特许人的行为，对被特许人的行为也进行了限制：

①被特许人特许经营权的转让限制。被特许人在没有经过特许人同意的情况下，不得转让特许经营权。

②被特许人不得向他人泄露或者允许他人使用其所掌握的特许人的商业秘密。

案例精析

特许经营合同纠纷中违约责任的认定

一、案情介绍

陆先生通过浏览网站，与上海某餐饮管理公司取得联系。据公司工作人员介绍，他们公司受让韩国某炸鸡品牌，正在中国地区推广加盟，全国已有N家加盟店，发展势头非常迅猛，所有加盟店生意异常火爆。公司员工极力劝说陆先生投资加盟，并承诺会提供开业前期、后期帮扶等全程服务，保证稳赚不赔。陆先生在2015年1月12日与公司签订了代理合同，随附《总部帮扶流程》《合作方案》《加盟政策》等材料，约定由陆先生作为辽宁省大连市某县代理，陆先生为此支付加盟费16.8万元及管理费1万元。

合同签订后，公司工作人员欺骗陆先生，称有人要做大连地区总代理，但因为陆先生已经拿下大连下辖某县代理，公司会优先考虑由他作为大连地区总代理。经不住工作人员的蛊惑，陆先生于2015年2月12日再次与公司签订代理合同，约定陆先生作为大连地区的总代理，支付加盟费38万元。

随后，陆先生在大连某县开设了一家加盟店，主要经营公司推广加盟的炸鸡品牌。根据公司的宣传资料，公司会在意向选址、店面确定、强化培训、开业营销、驻店指导、保姆服务等方面开展全面前期、后期帮扶工作。陆先生在实际经营时，公司一改先前态度，未依约提供任何帮扶服务，即便陆先生在经营中遇到困难时，公司亦未能给予关注和指导。陆先生苦苦支撑一年后，最终不得不关店歇业。由此造成代理费、店铺租金、设备等损失计100多万元。陆先生认为系公司欺骗了自己，非常气愤，遂将该公司诉至法院，要求其赔偿全部损失。

二、关于法院管辖

原告开始在被告住所地（松江法院）提起诉讼，法院将案由定为"挂靠经营合同纠纷"，后被告提出管辖异议，要求按"特许经营合同纠纷"案由处理，法院作出裁定，移送至徐汇法院管辖。

特许经营合同纠纷是指拥有注册商标、企业标志、专利、专有技术等经营资源（知识产权）的企业（即特许人），将其拥有的经营资源许可其他经营者（即被特许人）使用，被特许人按照合同约定在统一的经营模式下开展经营，并向特许人支付特许经营费用的合同而引起的纠纷。特许人与被特许人均系独立的经营者。本案中，双方签订了代理合同，约定被告将其商号、企业标准等经营资源提供给原告，并对原告经营进行必要的指导和扶助，原告在统一经营体系下从事经营活动，并向被告支付加盟等费用，同时还约定双方为独立的企业法人，独立核算，自负盈亏，不因诉争合同签订或执行而解释成双方存在任何隶属、投资、雇佣、承包关系。综上，可以看出，陆先生与公司之间的合同关系符合特许经营合同的特征。

为什么要移送至徐汇法院呢？根据《上海高院调整上海法院知识产权民事案件管辖规定》（沪高法〔2016〕35号）第一条：基层人民法院管辖著作权、商标、不正当竞争、技术合同、特许经营合同等第一审知识产权民事案件，但法律和司法解释规定应由知识产权法院管辖的除外。基层人民法院管辖上述案件，不受诉讼标的额限制。第四条：跨区划片集中管辖：浦东新区人民法院管辖浦东新区辖区的第一审知识产权案件；黄浦区人民法院管辖黄浦区、长宁区辖区内的第一审知识产权案件；杨浦区人民法院管辖杨浦区、虹口区、宝山区、崇明县辖区内的第一审知识产权案件；徐汇区人民法院管辖徐汇区、松江区、金山区辖区内的第一审知识产权案件；闵行区人民法院管辖闵行区、奉贤区辖区内的第一审知识产权案件；普陀区人民法院管辖普陀区、静安区、嘉定区、青浦区辖区内的第一审知识产权案件。

三、关于合同无效

根据《商业特许经营管理条例》第七条规定，特许人从事特许经营活动应当拥有至少2个直营店，并且经营时间超过1年。第八条规定，特许人应当自首次订立特许经营合同之日起15日内，依照本条例的规定向商务主管部门备案。在省、自治区、直辖市范围内从事特许经营活动的，应当向所在地省、自治区、直辖市人民政府商务主管部门备案；跨省、自治区、直辖市范围从事特许经营活动的，应当向国务院商务主管部门备案。

本案中，被告公司在与原告签订代理合同时，并不具备"两店一年"，且也没有依法向商务主管部门申请备案，那他们之间签订的代理合同是否有效？根据上海高院的指导意见，上述规定均属于管理性的强制性法律规范，不必然导致合同无效。如果双方签订的合同不存在《合同法》第五十二条之情形：一方以欺诈、胁迫的手段订立合同，损害国家利益；恶意串通，损害国家、集体或者第三人利益；以合法形式掩盖非法目的；损害社会公共利益；违反法律、行政法规的强制性规定；一般应当认定合同有效，以保护和促进交易。具体到本案中，法院不会认定合同无效，故而不必提起合同无效之诉。

四、关于合同解除

合同解除可以分为意定解除和法定解除。意定解除主要有：双方当事人协商一致，可以解除合同。或者，当事人可以约定一方解除合同的条件，解除合同的条件成就时，解除权人可以解除合同。根据《合同法》第九十四条规定，法定解除主要有以下几种情形：(1) 因不可抗力致使不能实现合同目的；(2) 在履行期限届满之前，当事人一方明确表示或者以自己的行为表明不履行主要债务；(3) 当事人一方迟延履行主要债务，经催告后在合理期限内仍未履行；(4) 当事人一方迟延履行债务或者有其他违约行为致使不能实现合同目的；(5) 法律规定的其他情形。《合同法》第九十七条规定，合同解除后，尚未履行的，终止履行；已经履行的，根据履行情况和合同性质，当事人可以要求恢复原状、采取其他补救措施，并有权要求赔偿损失。本案中，无双方协商一致或约定条件成就解除合同的情形，亦无法定解除的条件，且合同在原告起诉时已经履行完毕，再主张合同解除已经没有意义。原告主要认为，被告在合同签订后，并未能提供承诺的帮扶政策，认为其构成违约，如果只是一般违约，并未致使合同目的不能实现，不构成法定解除合同的条件。准确来讲，当事人想追究对方的违约责任，应当适用《合同法》第一百零七条之规定，当事人一方不履行合同义务或者履行合同义务不符合约定的，应当承担继续履行、采取补救措施或者赔偿损失等违约责任。

五、关于违约责任

仔细查阅双方签订的代理合同，并未规定实质性的合同义务，基本上都是一些比较笼统的约定，无具体可操作内容。但被告曾向原告提供许多宣传材料，比如《总部帮扶流程》《合作方案》等，该材料中有诸多具体合同义务，但被告认为这些不是合同附件，不能作为合同条款直接援引，且代理合同中第十条将此明确排除使用。从调查的事实中得知，被告在当初联系时，就以邮件附件形式将上述材料发送给原告，并且在与原告的口头沟通中多次承诺材料中涉及的义务，双方在签订合同时，亦同时将上述材料一并提供给原告。根据上述事实，我们认为其应当构成合同的组成部分。被告在合同中明确约定排除使用，对于该约定，应当认为系提供格式条款一方免除其责任、加重对方责任、排除对方主要权利的，该条款无效。

根据法律规定，当事人一方不履行合同义务或者履行合同义务不符合约定的，应当承担继续履行、采取补救措施或者赔偿损失等违约责任。具体到本案，原告已经关门歇业，无须继续履行、采取补救措施，那唯一的救济途径只剩下赔偿损失。虽然原告提出了被告的种种违约行为，但法院对此并不认可，因为未能提供证据予以证明。在原告提出要求被告赔偿所有损失时，法官认为原告有点无理取闹，即使认定被告违约，也只能要求被告承担部分损失，不可能要求承担全部损失，其实这只是一种诉讼策略而已。

六、关于法定义务认定

1.被告未履行法定信息披露义务。

根据《商业特许经营管理条例》第二十二条规定，被告应当在订立合同之日前至少30日以书面形式披露重要信息，比如，向原告提供产品、服务、设备的价格和条件；

为原告持续提供经营指导、技术支持、业务培训等服务的具体内容、提供方式和实施计划；对原告的经营活动进行指导、监督的具体办法；特许经营网点投资预算；在中国境内现有的被特许人的数量、分布地域以及经营状况评估等。本案中，被告未尽法定披露义务。

2. 合同中并未设立一定期限的冷静期。

根据《商业特许经营管理条例》第十二条规定，特许人和被特许人应当在特许经营合同中约定，被特许人在特许经营合同订立后一定期限内，可以单方解除合同。双方代理合同中并未有如此规定。

3. 被告涉嫌虚假宣传。

在被告宣传材料及公开网页上可以看到：韩式"炸鸡××"在中国唯一一家中央电视台上榜名牌；第 22 届上海连锁加盟展览会参展韩国知名品牌；中国总部在央视、地方卫视强势宣传，成为中国第一大韩国炸鸡加盟品牌；中国总部在 2015 年广告投放 3 000 万元；斥巨资联合制作《婚礼日记》电影，电影大量植入"chicken×××炸鸡××"品牌；联手买断《来自星星的你》电影版权；利润率是传统餐饮业的 5 倍以上，快餐业的 3 倍以上，日销量过万单，月营业额过百万元不是问题；一个区域最少可以发展 1~8 家店，代理商每家有 5 万元至 10 万元利润。根据数据保守分析，一年内获得物料返利 8 万元至 30 万元。通常一个单店月利润为 6 万元至 20 万元。

根据诚实信用的原则，上述应当构成合同义务，被告违反上述规定应当承担违约责任，这样才能使被告加强自身管控。

七、本案结果

在法官不断释明及积极斡旋下，最后双方达成调解协议，被告给予原告一次性补偿 10 万元，原告不再追究任何责任。

资料来源　王景林.特许经营合同纠纷中"违约责任"认定［EB/OL］.［2018-11-12］. http://blog.sina.com.cn/s/blog_9ddca0e80102wpn5.html.

精析：从本案看出，特许人一般会夸大宣传，积极劝诱订立合同。待收取加盟费后，服务一般无法按承诺或约定及时跟上，从而最终导致纠纷频发。对于被特许人而言，应当学会冷静对待投资，加强自我保护意识，注意对合同条款的研究，必要时可以求助法律专业人士。

🛡 职场指南

特许经营风险的防范

特许经营风险主要体现为合同争议及商业欺诈，两者都与合同有关，特许经营法律规范其实是对当事人合意的一种强制性调整，以维护双方当事人特别是被特许人的权益。

被特许人在加入特许经营体系前应对特许经营相关的法律规范有一个相对全面的了解，并应理解其立法精神，才能更好地保护自己。对于利用特许经营欺诈的现象，可通过一些措施加以防范。如法律规定的特许经营中的有关信息披露的制定，是对被特许人的一种保护，被特许人应利用法律赋予的权利要求特许人对相关信息进行披露。同时，被特许人在订立特许经营合同前，应对特许人的信用、财务、经营情况等进行全面调查，以确保不会上当受骗。

(((◉))) 课后拓展

　　修订后的《商业特许经营备案管理办法》经2011年11月7日商务部第56次部务会议审议通过，自2012年2月1日起施行。修订后的《商业特许经营信息披露管理办法》经2012年1月18日商务部第60次部务会议审议通过，自2012年4月1日起施行。《商业特许经营备案管理办法》《商业特许经营信息披露管理办法》具体条款，可通过中国政府网查询或扫描二维码查看。

《商业特许经营备案管理办法》

《商业特许经营信息披露管理办法》

📎 本章小结

　　在特许法律关系中，特许经营体系的当事人特许人和被特许人各具有独立的法人身份，双方之间的法律关系由特许经营合同维系，当事人的权利义务主要由特许经营合同约定，所以特许商业行为适用的法律规范首先是民商法规范。因特许经营体系中当事人市场力量对比失衡，需要有特定法律规范来约束当事人的行为，会涉及经济法律规范对特许法律关系的调整。又因特许制度设定的特殊性，为维护双方当事人的利益，立法机构就特许经营制定了专门的法规制度加以规范。在特许人与被特许人作为正常的商业存在与政府监管部门等打交道时，又要适用经济监管法律制度。

　　我国目前的特许经营法规主要有《商业特许经营管理条例》、《商业特许经营信息披露管理办法》和《商业特许经营备案管理办法》。这些法律规范对特许经营立法目的、商业特许经营的定义、从事特许经营应当遵循的原则、特许经营监管部门、特许人资格、特许经营备案管理、特许经营合同、信息披露制度等做了详细的规定。

📎 主要概念

　　商业特许经营　信息披露

📎 基础训练

一、选择题

1.在特许法律关系中，特许经营体系的当事人特许人和被特许人（　　　）。

A.同一法人身份　　　　　　　　　B.各具有独立的法人身份

C.仅特许人具有法人身份　　　　　D.仅被特许人具有法人身份

2.以下属于规范特许经营行为的法律规范的有（　　　）。

A.民商法规范　　　　　　　　　　B.经济法规范

C.特许经营专门立法　　　　　　　D.宪法规范

3.以下对特许人和被特许人的经营行为有监督作用的法律有（　　　）。

A.反垄断法　　　　　　　　　　　B.反不正当竞争法

C.消费者权益保护法　　　　　　　D.产品质量法

二、判断题

1.经济法与民商法显著的不同点在于后者调整的是平等主体之间的法律关系，前者则是国家对市场的协调监管关系，从特许经营的角度来看，主要是国家对特许经营主体竞争行为的规范。　　　　　　　　　　　　　　　　　　　　（　　）

2.特许人从事特许经营活动只需有经营模式构想，并具备为被特许人持续提供经营指导、技术支持和业务培训等服务的能力。　　　　　　　　　　　　　（　　）

3.信息披露制度，又称公示制度或公开披露制度，最初产生于特许经营领域，后运用于资本市场。　　　　　　　　　　　　　　　　　　　　　　　（　　）

三、简答题

1.要成为特许人，必须满足哪些条件？

2.请描述特许经营的备案机关。

3.信息披露包括哪些内容？

实践训练

【实训项目】

核实特许加盟项目的真实性。

【实训情境设计】

在网上随意搜索寻找一个开展特许经营项目服务平台业务的网站，从网站中随意确定一个你没有见过的加盟项目，查询这一项目的真实性。

【实训任务】

1.进入商务部的商业特许经营信息查询系统，查询该特许人的相关信息。

2.确认该特许项目的真伪。

3.通过与特许人通话等方式进一步验证该项目的真伪及可行性。

【实训提示】

商业特许经营管理查询网址：http://txjy.syggs.mofcom.gov.cn。

【实训效果评价标准表】

实训效果评价标准表见表10-1。

表10-1　　　　　　　　"核实特许加盟项目的真实性"项目评价表

项目	表现描述	得分
验证结果评价		
政府查询系统查询过程评价		
电话验证方式过程评价		
其他验证方式过程评价		
合计		

得分说明：各小组的表现分为"优秀""良好""合格""不合格""较差"，对应得分分值为"25""20""15""10""5"，将每项得分记入得分栏，全部单项分值合计得出本实训项目总分。得分90~100分为优秀，75~89分为良好，60~74分为合格，低于60分为不合格，必须重新训练。

【实训项目】

设计并编写特许经营招募计划书和管理手册。

【实训情境设计】

调查某连锁便利店,对门店经营情况和总部情况进行考察,并与总部管理人员和门店店长进行交流。

【实训任务】

1.设计该连锁便利店特许经营招募计划书。

2.编写门店管理手册。

3.编写总部管理手册。

【实训提示】

1.注意连锁便利店的经营特点。

2.招募计划书包括被特许人的要求和投资计划书等。

3.门店管理手册和总部管理手册应尽可能具有可操作性。

【实训效果评价表】

实训效果评价表见综表-1、综表-2、综表-3。

综表-1　　　　　"特许经营招募计划书"项目评价表

评价指标	具体评价	得分
内容全面		
内容合理		
语言符合专业要求		
可操作性		
行业关联度		
合计		

综表-2　　　　　"门店管理手册"评价表

评价指标	具体评价	得分
内容全面		
内容合理		
语言符合专业和行业要求		
可操作性		
具有行业特点		
合计		

综表-3   **"总部管理手册"评价表**

评价指标	具体评价	得分
内容全面		
内容合理		
语言符合专业和行业要求		
可操作性		
具有行业特点		
合计		

得分说明：各小组的表现分为"优秀""良好""合格""不合格""较差"，对应得分分值为"20""15""12""10""8"，将每项得分记入得分栏，全部单项分值合计得出综合实训各项目总分。得分90~100为优秀，75~89分为良好，60~74分为合格，低于60分为不合格，必须重新训练。

主要参考文献及网站

（一）主要参考文献

[1] 中国连锁经营协会.商业特许经营加盟商投资指南［M］.北京：中国商业出版社，2007.

[2] 程爱学，徐文锋.特许连锁经营运作操典［M］.北京：北京大学出版社，2008.

[3] 赵桂莲，王吉方.特许经营法律与实务［M］.北京：科学出版社，2008.

[4] 蒋令，张明明.连锁经营总部运营管理［M］.北京：机械工业出版社，2012.

[5] 张垠，潘忠志.特许经营法律与实务［M］.重庆：重庆大学出版社，2013.

[6] 陈葆华.连锁经营管理与实务［M］.北京：北京大学出版社，2014.

[7] 荆涛.连锁王国：系统解析连锁模式［M］.北京：中华工商联合出版社，2014.

[8] 侯吉建，袁东.特许经营概论［M］.北京：中国人民大学出版社，2014.

[9] 曹静.特许经营原理与实务［M］.上海：立信会计出版社，2015.

[10] 罗天宇.特许经营行业分析［M］.北京：中国人民大学出版社，2016.

[11] 潘慧明.连锁经营法规［M］.北京：中国人民大学出版社，2017.

[12] 李轻舟，等.实用连锁门店选址技术［M］.成都：西南交通大学出版社，2017.

[13] 黄宪仁.连锁店操作手册［M］.5版.北京：电子工业出版社，2017.

[14] 郭伟.连锁经营管理原理［M］.2版.北京：电子工业出版社，2017.

[15] 郭萍.连锁超市经营实训［M］.北京：机械工业出版社，2017.

[16] 蒋小龙.连锁企业门店营运与管理［M］.北京：化学工业出版社，2017.

[17] 陈方丽，林瑜彬.门店管理实务［M］.2版.北京：机械工业出版社，2017.

[18] 王吉方.连锁经营管理：理论、实务、案例［M］.3版.北京：首都经济贸易大学出版社，2017.

[19] 肖怡.特许经营管理［M］.3版.大连：东北财经大学出版社，2018.

[20] 汤伟伟.现代连锁经营与管理［M］.2版.北京：清华大学出版社，2018.

[21] 潘茜茜.连锁促销实务［M］.厦门：厦门大学出版社，2018.

（二）主要参考网站

[1] 特许经营第一网，www.texu1.com。

[2] 赢商网，http：//www.winshang.com。

[3] 龙商网，https：//www.longsok.com。

[4] EC中国，http：//www.ecrchina.org。

[5] 盟享加，https：//www.mxj.com.cn。

[6] 联商网，www.linkshop.com.cn。

[7] 世界经理人，http：//www.ceconline.com。

[8] 中国连锁经营协会，www.ccfa.org.cn。

［9］国家市场监管总局，http：//samr.saic.gov.cn。

［10］商务部，http：//www.mofcom.gov.cn。

［11］国际特许经营协会，https：//www.franchise.org。